재일상공인과 한국 경제

'모국공헌'의 시대

이 도서의 국립중앙도서관 출판예정도서목록(CIP)은 서지정보유통지원시스템 홈페이지(http://seoji.nl.go.
kr)와 국가자료종합목록 구축시스템(http://kolis-net.nl.go.kr)에서 이용하실 수 있습니다.
CIP제어번호: CIP2020001426(양장), CIP2020001429(무선)

재일한인 연구총서 **3**

在日韓人

재일상공인과 한국 경제

'모국공헌'의 시대

정진성 · 김백영 · 정호석 지음

한울
아카데미

간행사

 구한말 피폐한 농촌을 떠난 농민들이 해외로 삶의 터전을 찾아 나선 이
래 개항과 식민지 시기를 거치면서 한인들의 해외 이주는 세계 각지로 확
대되었다. 낯선 땅에서 삶을 일궈내야 했던 해외 이주 한인들의 다수가 역
사의 격랑 속에서 귀환하지 못한 채 이주지에 정착하여 새로운 뿌리를 내
렸다. 이 시기에 일본으로 건너간 한인들 중에서도 약 60만 명이 해방 후
여러 가지 이유로 일본에 잔류하여 오늘날에 이르고 있다. 근현대사를 통
해 재일한인들이 걸어온 길은 거주국과 본국 어느 쪽의 역사로도 환원될
수 없는 독자적인 궤적을 그리고 있다. 동시에 그 궤적은 거주국과 본국 각
각의 역사와 불가분하게 연결되어 있다. 그러나 그동안 대한민국의 현대사
에서 재일한인은 제대로 자리매김되지 못했다. 재일한인의 존재와 그들의
삶에 대한 기술이 교과서에 실린 일도 없었다.
 재일한인은 구종주국에서 엄혹한 민족 차별에 맞닥뜨리며 생계를 꾸리
고 자식들을 키워내면서 억척스럽게 살아왔다. 절대다수가 본국 국적을 지
니고 살았으며, 고달픈 생활 속에서도 '조국' 또는 고향과의 연결선을 유지
하고 그 발전에 기여하고자 노력했다. 본국의 적대적 분단과 냉전 체제 공
고화로 인해 '조국'과의 연계 강화가 재일한인 사회의 내적 분단과 갈등의
심화로 이어지는 구조적 모순하에서 다양한 주체들이 여러 형태로 본국과
관계를 형성해 왔다. 그러나 한국 현대사의 복합적인 동학 속에서 우리에
게 재일한인은 어떤 존재였고, 재일한인에게 '조국'은 어떤 의미를 지닌 존
재였는가에 대한 학문적 성찰은 충분히 이루어지지 못했다.
 '재일한인 연구총서' 전 4권은 이러한 문제의식에서 기획된 공동연구의

성과들을 묶어낸 것이다. 2015년 1월 초, 사회학, 인류학, 경제학 전공의 연구자 6명이 모여 각자의 연구 관심과 시각에서 재일한인에 대한 생각을 나누고 문제의식을 공유했다. 이들의 연구 분야는 도시·공간, 지식과 권력, 시민사회, 커뮤니케이션과 미디어, 젠더, 경제사, 기업 등으로, 각자의 관심 영역에서 재일한인에 관한 주제들을 제안하여 이를 토대로 학제적인 공동 연구를 조직하게 되었다. 공동연구의 관점과 방향은 다음과 같이 설정했다.

첫째, 다양한 주체들의 구체적인 실천을 통해 재일한인의 능동적인 역사를 부각시키고 해방 후 재일동포 사회의 역동성과 다양성을 입체적으로 파악한다.

둘째, 해방 이후 한국의 사회 변동과 한일 관계의 변화 속에서 이루어진 재일한인과 한국 사회의 관계 양상을 사회동학적으로 조망한다.

셋째, 재일한인 연구를 넘어 보편적으로 적용할 수 있는 이론적 함의를 발견하는 데 힘쓴다.

넷째, 한국의 연구자 또는 학계의 재일한인 연구는 어떤 독자적인 관점을 가질 수 있는지 성찰해 본다.

공동연구는 2015년 3월부터 2018년 2월까지 3년에 걸쳐 수행되었다. 그동안 공동 현지 조사와 개별 현지 조사 및 연구를 수행하는 한편, 월례 세미나, 워크숍(3회), 심포지엄(3회), 국제학술대회 단독 세션 등을 통해 연구 내용을 점검하고 다양한 국내외 연구자들과 의견을 교환하는 기회를 가졌다. 그중 세 차례의 연례 심포지엄은 다음과 같은 주제로 이루어졌다.

제1차 "'재일한인은 누구인가'를 다시 묻는다"(2016년 9월 23일, 서울대
　　　학교 국제대학원. *서울대학교 재일동포연구단·한국사회사학회
　　　공동 주최).
제2차 "1세들의 대한민국: 재일한인의 삶과 정체성, 그리고 조국"(2017년

9월 29일, 대한민국역사박물관. *대한민국역사박물관, 서울대학교
재일동포연구단·서울대학교 일본연구소 공동 주최).

제3차 "재일한인의 주체성, 정체성, 공동체"(2018년 2월 23일, 서울대학
교 국제대학원).

2017년에는 심포지엄 외에도 4월 체코 프라하에서 열린 제28회 유럽한
국학회에 단독 세션을 조직하여 참가했다. 본 연구단은 "First-generation
Ethnic Koreans in Japan Re-explored: Diversity and Agency"라는 주제
로 연구팀 전원이 참가하여 주제 발표와 토론을 했다.

그동안 연구 성과물은 대부분 한국의 전문 학술지에 게재했으며, 특히
제1차 연구 성과는 ≪사회와 역사≫, 113권(한국사회사학회, 2017.3)에 특집
으로 발표되었다. 이번에 출간하는 '재일한인 연구총서' 전 4권은 그동안
학술지에 게재한 논문들을 수정, 보완하고 여기에 참여 연구자의 기존 글
들 중 이번 연구와 긴밀하게 연결되는 것 두 편을 더해서 묶어낸 것이다. 3
년간의 공동연구가 종료된 후 연구팀은 1년여 동안 다섯 차례의 세미나를
통해 단행본 편제를 구상하고 그에 맞게 논문들을 수정, 보완하는 작업을
했다. 참여 연구자들의 논문을 다 함께 읽고 토론하면서 이 글들이 어떤 소
주제들로 다시 묶일 수 있는지 생각해 보는 과정은 지적 자극이 넘치는 또
하나의 공동연구와도 같은 작업이었다. 당초 2권으로 기획했던 단행본은
이 과정을 거치면서 결국 4권의 시리즈로 바뀌게 되었다. 그런 점에서, 각
권의 저자는 1~3명이지만 사실상 4권 모두가 연구팀 전원의 참여로 탄생한
것이라고 할 수 있다.

이번 연구 및 출판은 '이희건 한일교류재단'의 지원을 받아 이루어졌다.
동 재단의 설립자 故 이희건 신한은행 명예회장은 재일한인 1세로, 재일동
포들이 힘을 모아 설립한 신한은행의 창립을 주도한 분이다. 연구 지원의

취지를 살려 2017년 9월에 있었던 제2차 심포지엄은 명예회장 탄생 100주년을 기념하는 특별 학술 행사로서 기획되었다. 공동연구와 출판이 원활하게 이루어질 수 있도록 지원해 주신 '이희건 한일교류재단'과 관계자 여러분께 깊은 감사를 드린다. 아울러 총서 출간을 보지 못하고 얼마 전 타계하신 故 박노수 전 이사장께도 생전의 진지한 관심과 협조에 감사드리며 삼가 명복을 빈다.

이훈 동 재단 고문과 故 이희건 명예회장의 가족분들께도 감사드린다. 명예회장의 손녀인 이훈 고문은 필자가 마련한 재일한인 무용가 김리혜 선생 특강을 청강한 것이 계기가 되어 재일한인 연구에 대한 생각을 나누게 되었고, 우리의 문제의식과 연구 방향에 공감하여 재단과의 가교 역할을 해주셨다. 또한 명예회장의 자제분인 이승재, 이경재 선생은 연구 출발 무렵, 연구에 도움이 될 지인들을 소개해 주고 가족사를 전해 주는 등 도움을 주셨다.

3년간의 공동연구 과정에서 정말 많은 분들과 기관으로부터 다양한 협조를 받았다. 민단(중앙본부, 도쿄지방본부, 오사카지방본부, 아이치지방본부, 효고지방본부, 오사카 이쿠노미나미지부, 오사카센슈지부), 민단 신문사, 재일한인역사자료관, 가와사키 후레아이관, 고베학생청년센터, 오사카한국인상공회의소, 도쿄한국인상공회의소, 이상의 기관들로부터는 1차 자료와 기출판 문헌들 중에서도 지금은 입수하기 어려운 것들, 문헌 관련 정보들에 관해 많은 도움을 받았다. 자료 입수에 협조를 아끼지 않으신 관계자 여러분께 감사드린다.

대한민국역사박물관, 한국사회사학회, 서울대학교 일본연구소는 학술대회 공동 개최를 통해 연구 내용을 발전시키고 더 많은 사람들과 공유할 수 있는 장을 마련해 주었다. 각 기관 관계자분들께도 감사를 드린다.

위 기관들 외에도 더 많은 단체들로부터 자료와 정보 제공, 소개 등의 다양한 협조를 받았으나, 그 모든 기관과 관계자분들께 감사드리며, 여기서 거명하여 인사를 드리는 것은 비교적 연구팀의 여러 범위에 걸쳐 협조를 받은 기관에 국한하는 점, 양해 부탁드린다.

기관 외에 개인으로서 협조해 주신 분들도 매우 많았다. 야마다 다카오(山田貴夫) 선생과 배중도 선생은 연구의 전 과정에서 자료 제공부터 현지 답사 안내, 중요 인물 소개, 구술 등 다방면에서 지원을 아끼지 않으셨다. 이지치 노리코(伊地知紀子) 교수는 일본에서 재일한인 관련 연구자 및 활동가늘과의 간담회를 주선하여 우리의 연구 방향과 관점을 성찰할 수 있는 기회를 제공하고 연구의 전 과정에서 연구 내용에 관한 조언과 구술자료를 제공하고, 중요한 인물을 소개해 주는 등 다방면에서 큰 도움을 주었다. 이분들의 우정 어린 협조에 진심으로 감사드린다. 그 외 연구 과정에서 인터뷰에 응해주신 분들, 워크숍과 심포지엄 등 학술 행사에서 기조 강연, 토론, 사회 등으로 참가하여 날카롭고 유용한 조언을 해주신 분들 등 감사드려야 할 분이 많으나 총서 각 권의 논문들에서 다시 인사를 드릴 것으로 생각하고 여기서는 한 분 한 분 거명하는 것은 생략한다.

공동연구가 원활하게 진행되는 데 있어서 조교의 역할은 무엇보다도 중요하다. 1, 2차 연도에는 안예담, 3차 연도에는 가와세 에마리(川瀨愛舞璃) 조교가 꼼꼼하고 성실한 일처리로 연구진들을 뒷받침해 주었다. 조교들의 노고에 감사드린다.

출판 사정이 좋지 않은 가운데 상업성과는 거리가 먼 이 총서의 출판 제안을 주저 없이 받아들여 준 한울엠플러스 출판사의 김종수 사장님께도 진심으로 감사를 드린다. 윤순현 차장님은 여러 가지 문제들을 편안하게 조율해 주고, 조수임 팀장님을 비롯한 편집자들은 원고를 꼼꼼하게 챙겨 보면서 단행본에 적합한 모양새로 다듬어주었다. 이분들의 노고에 힘입어 우리의 연구 성과가 좋은 책으로 거듭날 수 있는 것에 감사드린다.

연구를 시작한 지 5년 만에 '재일한인 연구총서'(전 4권) 출판으로 공동연구는 완전히 일단락이 된다. 연구 과정에서 얻게 된 많은 이야기들, 생각들, 자료들이 '추억'으로만 남기기에는 미안하고 아쉬움도 있는 것 같다. 단행본으로 세상에 내어놓은 우리의 그동안의 노력이 '종료'된 '연구 성과'로 남을지, 새로운 이야깃거리를 만들어나가는 마중물이 될지, 두렵기도 하고 설레기도 한다.

2019년 12월

한영혜

서울대학교 재일동포연구단을 대신하여 쓰다

차례

█ 일러두기 █
'재일한인'은 일본에 거주하는 한인들에 대한 총칭이다. 한국에서 흔히 '재일동포'로 일컬어지는 이들에 대해서는 현재 '재일조선인(在日朝鮮人)', '재일한국인(在日韓国人)', '재일한국·조선인(在日韓国·朝鮮人)', '재일코리안(在日コリアン)', '자이니치(在日)' 등 상이한 호칭이 나름의 역사적 배경과 고유한 정치사회적 뉘앙스를 가지고 병존, 경합하고 있다. 이 책에서는 '재일한인'이라는 명칭을 공유하되 각 글의 관점과 문맥에 따라 다양한 용어를 함께 사용했다.

서문

이 책은 재일상공인(在日商工人), 즉 해방 후 일본에 남아 기업 활동에 종사한 한인들이 한국과 어떠한 관계를 맺었는지를 다룬다. 그간 재일한인에 대한 연구는 다방면에 걸쳐 상당한 축적을 이루었지만, 한국 현대사에서 재일상공인들이 차지하는 위상에 대한 논의가 시작된 것은 비교적 최근의 일로서, 다른 분야에 비해 연구 축적도 두텁지 않다. 무역, 자본 조달, 기술 도입 등 그간 한국의 경제성장에서 한일 간의 경제 교류가 차지해 온 무거운 비중을 생각할 때, 그 일익을 담당했던 재일상공인에 대한 연구가 비교적 소홀했다는 점은 기이하기까지 하다.

그동안 재일상공인 및 그들의 모국을 향한 활동에 대해 연구자들의 관심이 쏠리지 않았던 이유는 무엇일까? 먼저 재일한인에 대한 학술적 논의가, 일본 사회에서 그들이 겪고 감내해야 했던 억압과 차별의 역사 및 그 결과 그들이 놓이게 된 사회문화적 문제 상황, 그러한 사회적 배제에 맞선 투쟁과 저항, 그리고 이산(離散)집단으로서의 정체성 형성과 같은 '절실한' 문제들을 중심으로 이루어졌다는 사정을 들 수 있다. 전후 일본이라는 역사적 공간에서 재일한인들이 놓인 사회적 약자, 즉 소수자(minority)라는 위치를 전제하는 이러한 시각에서 그들과 본국과의 관련성에 대한 질문은 후경으로 밀려날 수밖에 없었던 것으로 보인다.

물론 '한국'이라는 요소가 재일한인 연구에서 전혀 등장하지 않는 것은 아니다. 오히려 재일한인들의 삶과 정체성을 법적·제도적인 면에서 틀 짓는 '본국'의 핵심적인 역할, 즉 한국 정부가 그들의 국적과 영주권 문제를 어떻게 다루었는가 하는 문제에 관해서는 적지 않은 연구가 축적되어 왔다. 그러나 이 경우 한국은 주로 재일한인의 존재를 규정 및 규제하는 일종의 외인(外因) 혹은 독립변수로 간주되어 왔기 때문에 역방향의 측면, 즉 재일한인들의 모국 지향적 행위에 의해 영향을 받는 종속변수로서의 모습은 시야에서 배제되곤 했다.

이처럼 재일한인들이 모국에 대해 발휘하고자 했던 능동적 행위자성(agency) 및 주체적 영향력이라는 측면이 연구사의 공백으로 남아 있는 것과는 대조적으로, 재일한인들 자신이 남긴 각종 기록과 미디어 담론에서는 비록 단편적이기는 하지만 재일상공인의 모국에 대한 다양한 '기여'와 '공헌'의 모습을 전하고 있다. 특히 한인 1세들의 회고록이나 자서전, 한인 단체들이 발행한 공식 문서, 특히 향토회에서 펴낸 기록물에서 조국 및 고향의 발전에 헌신한 상공인들의 '미담'을 찾아보기는 그리 어렵지 않다.

이와 같은 각종 자료를 바탕으로 해 민간인으로 구성된 '재일동포모국공적조사위원회'가 2008년에 펴낸 『모국을 향한 재일동포의 100년 족적(母國을 향한 在日同胞의 100年 足跡)』은 현재 가장 체계적으로 재일한인들의 모국에 대한 공헌의 역사를 담아낸 문헌이라고 할 수 있다.[1] 이 책은 '재일동포는 일본 이주 한 세기 동안 조국에 어떤 기여를 해왔을까', 그리고 '그때 재일동포의 심정과 동기는 무엇일까'라는 질문을 제기하고, 그에 대해 전쟁이나 외환위기와 같은 국가적 위기상황 극복을 위한 지원 활동, 고도성장기 본국투자를 통한 경제적 기여, 출신 지역의 발전에 이바지하기 위한 다양한 애향적 활동 등 풍부하고 생생한 사례들을 통해 대답함으로써[2] "재일동

---

[1] 이와 유사한 성격을 띠며 일부 내용이 중복되는 문헌으로, ≪統一日報≫ 기자 이민호의 『민단은 대한민국과 하나이다』(2014), 『자이니치 리더』(2015) 등을 들 수 있다.

[2] 이 책은 총 5부로 구성되어 있는데, 6·25, 올림픽, IMF와 같은 한국의 국가 유사시 재일한인의 공헌, '한강의 기적'에 기여한 재일한인의 본국투자, 재일한인들의 유별난 고향 사랑 등을 주된 내용으로 하고 있다.

포들이 당당히 대한민국 역사의 한 축을 담당해" 왔음을 선언하고 있다.

그럼에도, 안타깝게도 학계로부터는 재일동포모국공적조사위원회가 던진 이와 같은 질문에 대한 본격적인 응답이 나타나지 않고 있는 실정이다. 이러한 '아카데미즘의 태만'은 재일한인을 대한민국 역사의 일부로서 적극적으로 끌어안고자 하는 주체적인 문제의식이 결여된 탓으로 여겨진다. 전술한 바와 같이 오늘날 한국의 재일한인에 대한 학술적 논의는 일본에서의 '자이니치 연구'의 경향과 큰 차별성 없이 이루어지는 가운데 그들의 경제사회적 실태나 차별과 투쟁의 역사, 혹은 법적 지위와 정체성 문제에 우선적인 관심을 기울여 왔다. 그렇다면 이제껏 재일한인은 한국현대사의 복합적인 동학(動學)과 유리된 채로 존재하는 '재외국민'이자 일본 사회 속의 '소수자', 혹은 한국 정부에 의해 일방적으로 규정되어 온 수동적인 존재로서만 인식되었던 것은 아닐까? 혹여 권위주의 정권하의 개발독재 프로젝트와 결부된 그들의 행위를 '굳이 들추어내고 싶지 않은 불편한 과거'로 치부하려는 어떤 심리적인 회피 내지 억압 기제가 작동한 것은 아니었을까?

앞서 언급한 『모국을 향한 재일동포의 100년 족적』에 수록된 내용만 보더라도 재일한인들이 해방 이후 한국 사회 변동에 적지 않은 영향을 미쳤다는 것은 부정할 수 없는 사실이다. 그렇다면 대한민국 현대사 속에서의 재일한인들의 위상에 대한 고민, 경제성장 과정에서 그들이 수행한 역할에 대한 실증적·체계적인 연구는 '본국'의 아카데미즘에 주어진 당연한 책무라 할 것이다. 이때 재일한인들이 줄곧 강조해 온 '모국을 향한 헌신'을 보다 생산적인 학술적 탐구의 문제 영역으로 벼려내기 위해서는, 역사 속 '모국공헌'의 구체적인 양태에 대한 다차원적이고 입체적인 분석과 조망이 필요하다. 즉, 그것의 '내용'(각 시기와 국면에 따른 활동의 다양성과 행위의 구체성)과 '너비'(다양한 스펙트럼의 행위자들과 상이한 지역성의 조우로 인해 빚어진 상이한 결과들) 그리고 '깊이'(각 행위와 활동에 개입된 정서적 투여의 정도와 그 진정성에 결부된 개인적·집단적 정체성 문제)에 대한 다양한 문제 제기와 새로운 자료의 발굴, 다각도의 분석과 학제적인 토론이 뒤따라야 할 것이다. 그것이 긍정적인 것이든 혹은 부정적인 것이든, 지난 시기 재일상공인들이 보여준 다채로운 활동상은 보다 주체적이고 적극적인 논의를 통해 비로소 현대사의 음영과 생생한 긴장감을 형성하게 될 '한국사의 일부'로서 제자리를 찾을 수 있을 것이다. 물론 이러한 작업은 재외한인을 바라보는 '한국'이라는 위치(position)를 특권화하거나 그들의 삶을 일국사적인 내러티브로 포섭 또는 회수하려는 가부장적 역사 쓰기(historiography)에 대한 욕망에 의해 추동되기보다는, 오히려 해방 후 분단과 냉전을 끌어안은 채 혹독한 독재정치와 급속한 산업화의 굴곡을 거쳐 70여 년 만에 옛 '종주국'과 비견할 만한 정치적·경제적 성장을 일군 '과거 피식민지국'의, 세계사적으로도 극히 이례적인 지난 역사에 대한 거시적인 성찰과 비교사적 탐구를 자극하는 마중물로서 기능해야 할 것이다.

이런 관점에서 볼 때, 최근 재일상공인의 '본국투자'와 관련된 사례를 중심으로 한국 경제에 대한 재일한인의 직접적인 관여를 다루는 연구가 나타나고 있는 것은 고무적인 현상이다. 이 책에 실린 세 편의 논문은 재일상공인 및 그들의 한국 투자에 관한 최근의 연구 성과를 토대로 하면서도, 기존 연구와 차별화된 관점에서 한국의 경제성장 과정에서의 재일상공인의 역할을 가늠해 보고자 하는 시도이다. 특히 기존의 연구가 주로 개별 사례 분석에 치중해 온 데 비해, 이하의 연구는 민단계 재일상공인의 집단적 또는 조직적 행위라는 점에 초점을 두고[3] 각각 대표적인 재일상공인 단체인 오

---

3) 집단적·조직적 행위의 분석이라는 특징은 처음부터 의도적으로 계획된 것이 아니라 필자들이 각자의 연구 과정에서 자료의 제약이나 각자의 관심 문제에 따라 우연히 공유하게 된 공통 항임을 밝힌다. 다만 '모국공헌'에 대한 사회과학적 해명을 위해서는 유명 기업인 및 투자자들의 개별 사례의 집적을 넘어서는 명확한 분석의 지점들을 발견·수립할 필요가 있다는 점을

사카한국인상공회의 활동, 구로공단·마산공단·구미공단에 대한 상공인들의 진출, 한국 정부의 1970년 일본만국박람회 참가에 대한 후원 활동을 분석의 대상으로 했다. 각 논문의 개요는 다음과 같다.

먼저 정진성의 논문은 재일상공인과 한국 경제의 관계를 오사카한국인상공회의 활동을 통해 조망해 본 작업이다. 종래의 재일상공인 연구가 상공인의 개별적인 활동에 대한 소개를 중심으로 하고 있는 데 반해, 이 논문은 재일상공인의 '조직적 활동'의 기반이 된 오사카한국인상공회를 분석의 대상으로 삼았다. 재일상공인과 한국 경제 사이에 아직 긴밀한 관계가 형성되기 전에, 오사카한국인상공회는 '중간조직'으로서 재일상공인과 한국 경제 사이의 정보의 수집, 공유, 전달 등에서 핵심적인 역할을 함으로써 본국 진출에 기여했음을 밝혔다. 보론에서는 오사카상공회의소에서 활동한 56명의 상공인에 대한 데이터를 활용해, 상공인들의 성장 과정을 경제사회적 환경 변화에 대한 대응이라는 측면과 재일상공인의 기업가로서의 능력 확보라는 측면에서 살펴보았다. 이에 제2차 세계대전기의 전시경제 및 전후의 암시장은 재일상공인이 성장하는 중요한 계기였으며, 재일상공인들의 창업 전 취업 경험과 상대적으로 높은 학력이 경제사회적 환경 변화에 대응해 기업가로서 성장할 수 있는 토대가 되었음을 확인할 수 있었다.

다음으로 김백영의 논문은 1960년대 재일상공인들의 모국투자가 이루어진 구체적 양상을 구로공단, 마산공단, 구미공단 세 곳의 사례에 대한 비교·분석을 통해 지역적 차원에서 살펴본다. 구로공단의 경우는 1960년대 초 정부와 교포자본 간 이해관심의 일치에서 출발해 한국 최초의 '교포자본 전용 수출산업공업단지'로 기획되었지만, 이후 국내외 상황 변화와 사회적·제도적 제약으로 본래의 취지가 충분히 구현되지 못한 채 '용두사미'로 다시금 확인할 수 있었다.

그치고 만 사례다. 마산기계공단 조성계획은 정부의 국책 의지 및 지역사회와 교포자본 간 이해관심의 일치에서 비롯되었지만, 재일교포에 대한 사회적 불신, 일본계 자본의 국내 경제 침식에 대한 경계심, 그리고 반공주의 이데올로기의 작동으로 인해 좌절과 지연 및 계획 변경의 우여곡절을 거쳐 애초의 계획과는 달리 수출산업단지가 조성된 사례다. 경북 내륙 지역에 위치한 구미공단은 수도권 지역 또는 경남 임해 지역이라는 입지상의 이점을 지닌 앞의 두 사례에 비해 입지와 인프라 면에서 상대적으로 불리한 조건에서 출발했음에도, 재일상공인과 지역사회 그리고 중앙정부 삼자의 이해관심이 일치되면서 국가의 전폭적 지원에 힘입어 수출형 전자산업공단으로 성공적으로 개발된 사례다. 이러한 지역별 사례에 대한 비교를 통해 1960년대 재일한인 기업가들의 모국투자라는 '애국'과 '애향'의 정체성 정치가 정치적 상황과 지역적 맥락에 따라 사회적으로 수용되거나 굴절되거나 거부되는 등 다양한 방식으로 전개되었음을 확인할 수 있다.

정호석의 논문은 1970년 오사카에서 열린 일본만국박람회 당시 재일한인들이 한국 정부의 참가를 후원하기 위해 펼친 조직적인 활동상을 조명한다. 당시 급속하게 성장하던 오사카 지역 상공인들을 주축으로 민단 산하에 조직된 '재일한국인만박후원회'는 50만 달러에 달하는 한국관 건설 비용을 모금하고 그 운영을 지원했으며 약 1만 명에 달하는 본국 친지를 초청했는데, 이러한 전례 없는 규모의 동원은 지역 내 상공업자들의 결속 및 한국 정부와의 협력적 의존 관계를 한층 더 강화시키면서, 이후의 재일한인 사회 및 대정부 관계에 큰 영향을 끼쳤다. 아울러 이 사업은 '과거'를 극복하고 '미래'를 모색하던 '1세'들의 고민과 도전의 산물이었던 바, 특히 '협정영주권 체제'하의 비전과 정체성, 즉 일본에 영주하면서 고향과 조국에 공헌하는 새로운 '본국 지향'의 가능성을 열었다. 이 글은 이렇게 만박이라는 구체적인 사례를 들여다봄으로써 현실에 개입하고 새 흐름을 빚어내는 재일한인들의 '공헌'의 역동성을 조명하는 동시에, '모국공헌'이 갖는 역사적 현상으로서의 특질이라는 보편적인 질문과 함께 재일한인과 한국의 지난 발자취를 재삼 음미해야 할 필요성을 제기한다.

마지막으로 권말에는 이상의 논고에서 언급되거나 공통적으로 다루어지는 각종 사건들을 중심으로 해방 후부터 1970년경까지의 재일한인 관련 역사 연표를 수록했다. 특히 재일상공인들의 주요 활동 안팎을 개괄할 수 있도록 함으로써 기존의 연표들과의 차별성을 가질 수 있게 하는 데 주안점을 두었다.

이 책이 재일한인을 바라보는 다양한 관점에 대한 생산적인 토론을 활성화하고, 더 나아가 그들이 본국과 맺어온 복합적이고 역동적인 관계의 과거와 미래를 돌아보고 내다보는 데 도움이 될 수 있다면 더 바랄 나위가 없겠다.

한국 진출을 위한 재일상공인의 조직적 활동*

오사카한국인상공회의 사례(1953~1980년)를 중심으로

정진성

1. 머리말

재일한국인 상공인(이하 재일상공인으로 줄임)의 한국 진출 또는 한국 경제 발전에 대한 공헌에 관한 연구는 그 중요성에도 불구하고 그동안 연구자들의 주요 관심사가 되지 못했으나, 최근 개별적인 재일상공인·재일기업가에 대한 사례 분석이 시도되고 있다.[1] 이러한 개별 기업가의 사례 분석은 그 자체로서 대단히 의미 있는 작업이지만, 재일상공인의 한국 진출은 몇몇

---

* 이 글은 정진성(2019)를 수정·보완해 작성했다.

1) 나가노 신이치로(2010)는 각 산업 부문에서 성공한 재일한국인 기업가의 사례 분석을 통해 이들이 한국의 경제발전 초창기에 한국에서 창업함과 동시에 경제발전에 대한 아이디어를 제공하는 등 한국의 경제발전에 크게 기여했음을 밝혔으며, 김인덕(2014)은 1960년대를 중심으로 재일동포의 한국 내 경제 활동에 대해 분석했다. 한국 경제에 대한 기여라는 점에 국한하지 않고 폭넓게 재일상공인·재일기업가 및 재일기업을 다룬 문헌으로는 이민호(2015), 韓載香(2010), 李洙任(2012), 河明生(2003)이 있다. 한편 재일상공인·재일기업가뿐만 아니라 재일교포 전체의 차원에서 한국의 발전에 기여한 측면에 관한 문헌으로는 재일동포모국공적조사위원회(2008)가 있다. 재일조선인 상공인에 관한 연구로는 吳圭祥(1992)이 있으나, 주로 '재일조선인 운동'에서의 상공인의 역할에 연구의 초점이 맞추어져 있어, 상공회나 개별 상공인의 경제 활동에 대한 구체적인 분석은 충분히 이루어지지 않고 있다.

개별 기업가의 노력만으로 가능한 것은 아니었다. 한국 경제에 대한 정보가 부족하고 한국 정부 정책에 의해 재일상공인의 한국 진출이 크게 영향받는 상황에서 안전하고 확실한 한국 진출을 위해서는 재일상공인의 조직적인 대응이 필요했으며, 오사카한국인상공회의 활동은 그 대표적 사례라고 할 수 있다. 이 글은 재일한국인 상공인의 한국 진출 과정에서 오사카한국인상공회의 역할을 구명하는 것을 과제로 한다.

"특정 지역에서 사업하는 이업종 조직의 협조기관(association)"(松本貴典, 2002: 266)으로 정의되는 상공회는 경제단체의 한 형태로서, 시장과 조직 사이에 존재하며 양자를 보완하는 중간조직으로 볼 수 있다. 중간조직으로서의 경제단체는 "본래 시장에서 경쟁관계에 있는 복수의 기업이 개별 기업 내부 혹은 시장을 통해 해결하기가 곤란하거나 해결에 막대한 비용을 요하는 문제에 직면할 때 이 문제에 대해 공동으로 대처하는 것을 목적으로 해 결성"된다(宮本又郎, 1993: 166). 예를 들면 상공회의소는 구성원 간의 이해를 조정하고, 공동으로 정부의 정책 결정에 영향력을 행사하거나, 정보센터로서의 기능을 수행함으로써 기업과 시장의 기능을 보완하고 있다(松本貴典, 2002: 266).

오사카한국인상공회 역시 중간조직으로서 시장과 기업 사이에서 양자를 보완하는 여러 가지 기능을 했는데, 이러한 기능들은 특히 재일상공인이 한국 진출을 도모할 때 유효하게 발휘되었다. 본론에서 자세히 보는 바와 같이 오사카한국인상공회는 재일상공인의 한일무역 참여라든가 재일상공인의 안전한 본국투자가 이루어지기 위한 제도적 장치의 마련을 위해 한국 정부에 영향력을 행사하고자 했고, 본국 경제 상황 등에 관한 정보센터로서의 역할을 했으며, 때로는 한국 정부 정책의 수행기관 역할을 하기도 했다. 재일상공인의 한국 진출은 오사카한국인상공회를 통한 재일상공인의 조직적 활동의 기반 위에서 가능했던 것이다.

[상자글 1-1] 상공회, 상공회의소

일본의 상공회의소(chamber of commerce and industry)는 시(市)를 지역 단위로,
상공회(society of commerce and industry)는 정촌(町村)을 지역 단위로 해 조직된
다. 일본의 '상공회법'(1960년 5월 20일 성립)에 따르면, 상공회는 일정 지역(町村)
내 상공업자의 경영 개선에 관한 상담과 그 지도, 지역 내 경제 진흥을 도모하기 위한
활동 및 사회일반의 복지 증진에 기여하는 것을 목적으로 해 그 지역의 상공인을 회
원으로 조직된 단체로, 법인의 자격을 가지고 있다. 한편 재일한국인상공회도 일정
지역에 거주하는 상공업자의 권익 증진을 목적으로 하는 단체인 점에서는 일본의 상
공회와 다를 바 없으나, 회원이 재일한국인에 한한다는 민족조항이 있다는 점, 법인
자격을 갖추지 못한 임의단체라는 점, 커버하는 지역이 도도부현(都道府県)과 같은
광역지자체라는 점에서 차이가 난다. 특히 재일한국인상공회는 임의단체였기 때문
에 일본 정부로부터 보조나 세제상의 우대를 받을 수 없었으며, 법인의 자격을 가지
고 있지 않아 그 법적 지위도 불안했다.

이처럼 오사카한국인상공회가 중요한 역할을 했음에도 불구하고, 오사
카한국인상공회를 비롯한 재일한국인상공회에 대해서는 몇몇 개괄적인 소
개[2] 외에는 거의 연구자들의 관심을 끌지 못했다. 이 글은 오사카한국인상
공회의 설립(1953년)에서 신한은행의 창립(1981년)에 이르는 시기를 대상으
로 해, 오사카한국인상공회가 재일상공인의 한국 진출 과정에서 수행한 역
할을 밝히고 그러한 역할 수행이 필요 내지는 가능했던 근거를 구명하는
것을 과제로 한다.[3]

---

[2] 徐龍達(2010)은 오사카한국인상공회를 비롯한 재일한국인상공회에 대한 개괄적 설명을 하고
있으며, 나가노(2010)는 재일한국인 경제계와 한국과의 관계에서 간단히 언급하고 있다. 나
가노(2010)는 永野慎一郎(2010)에서 徐龍達의 위 논문을 번역하지 않았다.

[3] 이 글에서는 상공회의 또 다른 목적, 즉 회원의 복지 증진을 위한 활동은 다루지 않는다. 이것
은 지면의 제약 때문이기도 하지만, 재일한국인상공회의 회원복지 증진 사업은 대체로 저조했
기 때문이기도 하다. 그 이유의 하나로 재일한국인상공회가 임의단체였기 때문에 법인 자격을
가지고 있는 일본의 상공회가 누리고 있는 국가 보조나 세제상의 우대 조치 등을 받을 수 없었
던 점을 생각할 수 있다. 따라서 재일한국인상공회는 회원에게 매력 있는 서비스를 제공하는

재일상공인과 한국 경제 사이에서의 연결 고리 역할은 비단 오사카한국인상공회에 국한된 것은 아니며, 모든 재일한국인상공회에 해당되는 것이다. 그럼에도 불구하고 이 글이 거의 모든 도도부현에 걸쳐 존재하고 있는 재일한국인상공회 전반이나 상공회의 연합체인 재일한국인상공회연합회가 아닌 오사카한국인상공회에 주목하는 것은 재일한국인 사회에서 가지는 오사카한국인상공회의 탁월한 지위 때문이다. 주지하는 바와 같이 오사카 지역은 재일한국인의 최대 집주지였으며, 오사카한국인상공회는 재일한국인상공회 중에서 최대의 회원 수를 거느린 상공회였다. 그뿐만 아니라 오사카한국인상공회는 후술하는 바와 같이 재일한국인상공회연합회의 활동이나 본국투자협회 설립 등에서 주도적인 역할을 했다.

오사카한국인상공회는 현재까지도 활동하고 있으나(1992년 오사카한국상공회의소로 명칭 변경), 이 글의 분석 범위는 1970년대까지로 한정한다. 그 이유는 1970년대에 본국투자협회(1974년)와 교민은행인 신한은행(1981년)이 설립되고, 상공회 구성 멤버도 재일 1세에서 재일 2세로 넘어가면서 상공회의 본국 지향적인 성격 역시 변화를 보이기 시작함에 따라, 1980년대 이후 재일상공인의 한국 진출에서 오사카한국인상공회가 가지는 의미가 크게 축소되었다고 판단하기 때문이다.

데 한계가 있었고, 이 점은 재일상공인에게 상공회 가입의 메리트가 없다는 인식을 주었다.

2. 재일한국인오사카상공회의 탄생

1) 해방 직후의 오사카 한국인 상공인의 동향

해방 직후 재일한인4)들은 자신들의 권익 보호를 위해 1945년 10월 15일 '재일조선인연맹[조련(朝連)]'을 설립했는데, 재일한인 상공인들의 단체도 조련 설립을 전후로 해 각지에서 결성되었다. 도쿄에서는 1945년 9월에 '재일조선공업회'가 결성되었으며, 10월에서 11월에 걸쳐 일본 각지에서 조선인 상공회 또는 실업회 등이 설립되었다(吳圭祥, 1992: 46).

오사카에서는 오사카조련 경제부의 하부조직으로서 '오사카조선인실업회'가 결성되었는데, 이것은 곧 '오사카조선인상공회'로 개칭되었다. 오사카조선인상공회의 결성 시기는 1945년 말에서 1946년 초 사이로 추정되는데, 오사카조선인상공회는 기관지 ≪경제문화(經濟文化)≫(1946년 3월 20일 창간호 발행)에 실린 "오사카 재주, 조선인 상공업자에 고함(大阪在住, 朝鮮人商工業者에 고함)"에서 자신이 조련의 지시로 설립된 유일한 경제지도기관이며, 그 설립 취지가 조선인 상공업자의 복지 증진과 경제적 지위의 강화에 있음을 천명했다(徐龍達, 2010: 25).

1945년 12월부터 재일한인 경제단체들 간의 통일적인 단체를 만들기 위한 협의가 시작되어 1946년 2월 24일 도쿄에서 재일본조선인상공연합회결성준비위원회가 설치되고, 26일에 개최된 재일본조선인상공회전국대회에서 재일본조선인상공회연합본부[상공련(商工連), 1952년 재일본조선인상공연합회로 개칭]가 결성되었다. 상공련의 결성 목적은 재일조선인의 생활 향상과 경제발전을 위한 상호 협력 그리고 민주조선 건설에 기여하는 것이었으며,

---

4) '재일한인'이란 용어는 재일한국인, 재일조선인의 총칭으로 사용한다.

당시 회원 수는 약 400명에 달했다(徐龍達, 2010: 24~25). 상공련과 각지의 재일조선인상공회는 재일한인 상공인의 권익 옹호를 위해 업종별 조합을 결성하고, 부당한 과세에 대항하기 위해 조선인납세조합의 결성을 지도하는 등의 활동을 했다(吳圭祥, 1992: 47~50).

일반적으로 상공련은 조련 산하에 있었던 것으로 생각되고 있으며, 1949년 9월 조련 해산 후 상부기관의 지도 없이 독자적인 활동을 하다가 1959년 재일본조선인총연합회(조총련)에 가맹해 그 산하기관이 됨으로써, 1953년에 설립된 오사카한국인상공회와는 계보를 달리한다. 그럼에도 불구하고 이 글에서 재일조선인상공회에 대해 언급하는 이유는 서용달(徐龍達, 2010: 29)이 주장하는 바와 같이 조련이 반드시 조총련의 전신이라고 할 수 없으며, 조련 또는 상공련 소속 인사 중에 후일 한국계 상공회에서도 중요한 역할을 하는 인물이 다수 있었기 때문이다.[5] 설립 당시의 오사카조선인상공회 회원을 알 수 있는 자료는 없으나, 당시 동 상공회의 주요 회원이었던 손달원(孫達元), 서갑호(徐甲虎), 유수현(柳洙鉉)은 나중에 오사카한국인상공회에서 지도적 역할을 하게 된다.[6]

---

5) 조련이 상공련의 이니셔티브를 장악한 것처럼 보이나, 상공련 조직 내부에서는 우파, 중립파, 좌파가 각각 파벌을 이루고 있어 통일적인 조직이라고는 할 수 없었다고 한다(高佑二, 2014: 117). 韓載香(2010: 162)도 1950년대에 선명해지는 재일한인 사회의 정치적 대립이 경제단체 내에서는 명확하지 않았음을 지적하고 있다.

6) 오사카조선인상공회의 멤버로 확인되는 사람은 다음과 같다. 서성만(徐成萬, 이사장), 구대환(具大煥)·손달원 등 7명(상임이사), 서갑호·황성필(黃性弼) 등 20명(이사). 유수현 등 5명(고문).

[상자글 1-2] 전후 직후 오사카의 재일상공업자[7]

손달원 손달원(孫達元, 1911년생)은 (구제)경성중학교를 졸업한 후 도일해, 오사카에서 염료공장에 취직해 번 돈 5000엔이라는 저축금을 기반으로 1935년 오사카 히가시나리구(東成区)에서 개인상점 야마구치코르크(山口コルク)를 설립하고, 1939년 자본금 1만 엔으로 법인화해 오사카코르크공업주식회사를 설립했다. 그는 1942년 '군의 관리공장이 되기 위해 상당한 결심'을 하고 10만 엔을 투자해 최신식 설비를 도입했다. '군의 관리공장'이란 육군의 식료품을 저장하는 양말지창(糧秣支廠)이나 군복을 보관하는 피복지창의 감독공장으로 지정되는 것이다. 그리하여 오사카 산하 4개 코르크회사의 통합의 선두에 서서 스스로는 전무에 취임하고, 사실상 회사 운영의 일체를 관장했다. 사장직에는 예비역 모토가와 쇼조(本川省三) 육군 소장을 영입해 군과의 파이프를 강화했고, 최성기에는 190명의 종업원을 고용했다. 오사카코르크는 수통의 마개, 코르크로 만든 구명동의 등을 제조했다. 전후에는 GHQ와의 관계를 강화해 PX 냉장고에 사용하는 코르크 부품의 일괄 납부를 청부받는 데 성공하고, 이윽고 PX 전부의 공사를 청부받게 되어, 미쓰비시전기 등 대기업이 오사카코르크의 하청이 되었다고 한다. 1947년 오사카코르크는 종업원이 200명에 이르렀다. 손달원은 납입선이었던 모리시마노미야(森島ノ宮)의 피복창 터를 입수하고, 히로시마의 양말지창에 잠자고 있던 제관(製缶)기를 낙찰받아 1950년 2월에 본격적인 제관공장을 설립했다. 1952년에는 야와타제철(八幡製鉄)과 제휴하고, 1953년에 사명을 다이와제관(大和製缶)으로 개칭했다. 다이와제관은 1956년 신일본공기(新日本工機)를 산하 회사로 편입하고 동회사는 다이와제관의 기술을 도입해 제관기계 개발을 개시했다. 그는 박정희 정권 초기 마산의 임해공업단지를 조성해 기계공업을 육성할 계획을 세워 추진했으나, 1968년 한국 정부가 이 계획을 백지화함에 따라 한국 투자를 포기했다. 손달원은 오사카상공회 3기 이사, 5기 상담역이었으나 이후 오사카상공회와는 멀어진 듯하며, 1973년 회원 명부에도 등재되어 있지 않다.

유수현 전후 재일한인이 특히 많이 진출한 산업 부문은 고무산업이었는데, 그 배경에는 전후 대도시에서 발생한 암시장의 존재가 있었다. 고무제품은 암시장으로 흘러들어 오는 상품 중에서도 가장 중심적 존재였으며 고무산업은 당시의 재일한인이 종사한 가장 중요한 산업 부문이었다. 유수현(柳洙鉉)은 당시 고무업계에서 성공한 대표적인 재일상공인이었다. 그가 경영하던 타이어·튜브제조업체인 아사히산업(朝日産業)은 당시 '고무업계 삼총사(ゴム屋三羽ガラス)' 중 하나로, 나는 새도 떨어트릴 기운으로 번창했다. 유수현은 고무업 외에 ≪조선신보(朝鮮新報)≫, ≪신세계신문(新世界新聞)≫도 경영해 재일동포 대상의 신문을 발행하기도 했으며, 통제경제 철폐 후 고무공업이 퇴조함에 따라 부동산업으로 전환했다. 그는 오사카상공회의 6~14기(1963~1972년)에 걸쳐 상공회 회장(제6~8대)으로서 상공회를 이끌면서 회원 수를 크게 늘리고 조직 기반을 탄탄히 하는 데 성공했으나, 제8대 회장 재직 중 급서했다.

서갑호 오사카 남부 센슈(泉州) 지역의 방적공업 지대에는 전전(戰前)부터 다수의 재일조선인이 관련 공장의 직공으로서 종사해 왔다. 이러한 재일조선인들이 전후 재생모업(反毛業)에서 출발해 하청공장을 세우고 동 지구 섬유산업의 저변을 형성했다. 특히 방모(紡毛), 면 2차 제품 분야의 메리야스·타월 제조에 재일한인의 종사 비율이 높았다. 예를 들면 방모방적에서는 1948, 1949년경에 조업하고 있던 25, 26개 사 중 8~10개 사가 동포의 공장이었다. 섬유산업에서 성공한 대표적 인물은 서갑호(徐甲虎, 1915년생)였다. 서갑호는 1928년에 도일해 오사카의 상가에서 견습직원(丁稚奉公)을 하며 기직(機織) 기술을 배웠다고 한다. 전후 그는 조련 간부로 활동하면서 군수물자 매매로 번 돈으로 오사카 남부의 센난(泉南)에서 포목(反物)이나 어망을 제조하는 사카모토산업(坂本産業)을 세워, 1947년에 이미 종업원 100명을 고용하고 있었다. 1948년에는 전시기에 폐기처분되었던 방적기를 매집하는 데 성공해, 같은 해 3월에 사카모토방적을 설립했다. 방적업이 한국전쟁 특수 등으로 급성장함에 따라 그는 1955년에 사카모토방적 외에 오사카방적, 히타치방적까지 3개 회사를 거느린 방적그룹의 주인이 되었으며, 오사카 지역에서 가장 소득세를 많이 내는 사람이 되었다. 서갑호는 한국에 가장 먼저 거액을 투자한 상공인이었다. 그는 1963년 한국의 태창방적의 인수자금으로 한국산업은행에 100만 달러를 송금했다. 1973년에 7000만 달러에 가까운 자금을 투입해 구미에 건설한 윤성방적이 1974년 1월 화재로 전소하면서 그의 사업은 기울기 시작해, 1976년 11월 재기하지 못한 채 별세했다. 서갑호는 오사카상공회에서 제3대(1955~1957년)와 제5대(1960~1963년) 회장을 역임했다.

안재호 안재호(安在祜, 1915년생)가 조련이나 조선인상공회에서 활동했는지는 확인되지 않으나, 그는 전전부터 자신의 사업을 경영해 전후에는 이미 상당한 규모의 기업으로 성장시키고 있었다. 그는 13세(1928년)에 도일해 (구제)오사카조토상업학교(大阪城東商業學校; 야간중학)를 졸업한 후, 오사카합성수지화학연구소(大阪合成樹脂化學研究所)에 취직해 앞으로 일으킬 사업의 기반이 된 기초 지식을 습득했다. 1939년 25세 때 오사카시 조토구(城東区)에 야스모토화학공업소(安本化學工業所)를 설립해 합성수지 가공업을 시작했다. 전후 1947년 5월 일본유기화학공업(日本有機化學工業)주식회사의 전신인 야스모토화학공업(安本化學工業)주식회사를 히가시오사카시(東大阪市)에 설립했다. 1947년 1월 조사에는 야스모토전기제작소(安本電氣製作所) 이름으로 90명을 고용하고 있다는 기록이 있다. 제작된 제품은 날개 돋친 듯이 팔려 1948년에는 종업원은 200명을 넘었고, 1950년에는 500명 이상을 고용하는 사업체로 성장했으며, 명칭을 유기화학공업으로 변경했다. 1952년에는 플라스틱 단추회사 일본단추공업(日本釦工業)주식회사를 설립했으며, 그 후 10년간 일본 국내 단추 생산량의 70%를 점했다. 안재호는 오사카상공회 초기에 이사(3~4기)와 부회장(5기)을 역임했다. 안재호는 1960년대 초에 한국 정부에 화학섬유 원료 공장 건설 계획을 제출했고, 이것은 국내 외자도입촉진위원회의 첫 심의 안건이 되었다.

2) '재일한국인상공회'의 결성

(1) 결성의 배경

재일조선인상공회와 계보를 달리하는, 한국 정부를 지지하는 재일상공인 최초의 조직이라고 할 수 있는 것은 1950년 4월 17일에 설립된 '재일간사이한국인실업회(在日関西韓国人実業会)'(이하 간사이실업회로 줄임)이다. 설립 당시의 회원은 51명으로, 회장은 정천의[鄭天義, 대우화학공업(大優化學工業)]가, 서갑호[사카모토방적(坂本紡績)], 손달원[동양상사(東洋商事)], 유수현[세계신보사(世界新報社)]이 고문, 고처일[高處日, 공예인쇄(工藝印刷)]과 이희건[李熙健, 친영양행(親榮洋行)]이 상담역으로 추대되었다.

간사이실업회의 설립 배경에는 일본에서 도지라인(Dodge line)이 실시됨에 따라 관리무역에서 자유무역으로의 이행이라는 일본 무역정책의 변화가 있었다. 일본 무역정책의 변화라는 흐름 속에서 연합군최고사령부(Supreme Commander for the Allied Powers: SCAP) 주도로 한일무역 촉진을 위한 움직임이 시작됨에 따라 일본인 상공업자의 한국 수출이 적극화되고 재일한국인이 그 창구가 되는 경우도 많아지는 상황에서, 유력 재일한국인 상공인들의 조직적 경제 활동이 모색되는 가운데 간사이실업회도 설립된 것이다(大阪韓国人商工会, 1983: 210). 간사이실업회의 구체적인 활동 내용은 명확하지 않으나 방일하는 한국 주요 인사들의 환영 간담회 등을 주최해 본국과의 교류에 공헌하는 정도였고(大阪韓国人商工会, 1983: 212), 상공회와 같은 회원 상호 간의 정보 공유나 회원들의 경제적 이익을 옹호하기 위한 조직적인 단체는 아닌 것으로 보인다.

---

7) 이하 상자글에서 소개되는 재일상공인 관련 기술이 의거하고 있는 자료는 1장 보론의 〈부표〉를 참고하라.

그림 1-1 _ 재일한국인상공회 창립 기념사진(전열 오른쪽 세 번째가 하갑조 회장)

자료: 大阪韓国人商工会(1983: 216).

한일무역이 재개되고 한일 간의 국교 수립을 위한 한일회담이 1952년 2
월부터 시작되는 등[8] 단절되어 있던 한일관계의 변화 조짐이 보이는 가운
데, 1953년 5월 12일 60여 명의 재오사카 한국인 상공업자가 재일본대한민
국거류민단(이하 민단으로 줄임)의 산하 단체로 '재일한국인상공회'(일반명사인
재일한국인상공회와 구별해 1953년에 오사카에서 설립된 재일한국인상공회는 '재일한
국인상공회'로 표기함)를 발족함으로써, 재오사카 한국인 상공인의 조직적인

....

8) 1951년 10월의 예비회담을 거쳐 1952년 2월에 제1차 한일회담이 개시되었으나 이승만 대통령
의 '평화라인'의 설정으로 동년 4월 25일에 결렬되었으며, 제2차 한일회담은 샌프란시스코 강
화조약 체결 후인 1953년 4월 15일에 재개되었으나, 동년 7월 23일에 무기 휴회로 들어갔다.

경제 활동이 시작되었다. 설립 당시의 회원 수는 58명이었으며, 초대 회장으로 하갑조[河甲祚, 가와무라일관당(河村一貫堂)]가, 부회장으로 전채진[全採辰, 해동방적(海東紡績)], 강흥옥[姜興玉, 삼익고무공업(三益ゴム工業)]이 선출되었다. 동 상공회는 창립 다음 해인 1954년에 간사이실업회와 통합함으로써 오사카 지역의 유력 상공인 조직으로서의 지위를 확립했다.

재일한국인 상공인이 결집해 상공회를 결성한 사례는 오사카가 최초이며, 다른 지역은 1960년대에 들어와서 비로소 상공회를 결성하게 된다. 이와 같은 조기적인 '재일한국인상공회'의 결성은 오사카가 재일한국인의 최대 집주지이며, 오사카가 당시에는 도쿄를 능가하는 상공업의 중심지였다는 점이 작용했다고 생각된다.

1953년에 '재일한국인상공회'가 설립된 배경으로 한국 정부가 1953년 3월 국무회의의 심의를 거쳐 재일한국인 중소기업자 육성자금으로 200만 달러의 송금을 승인한 사실이 주목된다. 민단은 1950년 10월 총회에서 「본국 정부에 요청 건의안」을 채택해 한국 정부에 "한국인 업자는 일본 은행으로부터 금융의 길이 차단"되어 있음을 이유로 "한국은행 도쿄지점을 통해 한국인 중소기업에 융자할 것"을 요청했다(民団五〇年史編纂委員会 編, 1997: 74).[9] 한국 정부의 200만 달러 융자라는 대규모 지원의 승인은 이 건의안에 대한 대응이었다. 한국 정부가 빈약한 재정에도 불구하고 200만 달러 융자를 승인한 이유는 알 수 없으나, 이러한 결정이 이승만 대통령이 1953년 1월 5일 마크 웨인 클라크 유엔군 사령관 개인의 초청으로 갑자기 일본을 방

---

9) 『大阪韓国人商工会三十年史』(211쪽)에는 민단이 직접 한국 대통령에게 이 건의안을 제출하고 "재일동포의 중소기업자 육성자금으로 200만 달러를 융자할 것" 또는 "한국 정부의 대일 무역 일부는 민단을 통해 재일동포의 생산품을 구입할 것" 등을 호소했다고 되어 있다. 민단이 한국 정부에 중소기업자 육성자금의 융자를 요청한 것은 민단의 재정 문제를 해결하고 조직을 강화하기 위해 동포 경제인을 포섭하는 것이 긴요했기 때문이다(韓載香, 2010: 171).

문한 뒤 이루어진 것으로 보아 미국의 영향력이 있었음을 짐작하게 한다.

『오사카한국인상공회 30년사(大阪韓国人商工会三十年史)』에 따르면, 한국 정부의 200만 달러 융자 승인에 따라 재일한국인 사회에서는 융자의 수입(受入)기관 설치가 긴요한 문제로 부상했고, 이에 따라 각지에서 상공회 또는 금융기관(신용조합)의 설립 움직임이 활발해졌다고 한다. 200만 달러 융자를 발표했을 당시에는 200만 달러의 수입기관이 어느 기관이 될 것인지는 명확하지 않았던 것 같다. 그러나, 1954년 2월 21일 주일대표부 김용식(金溶植) 공사가 오사카에서 민단과 '재일한국인상공회'가 공동주최한 만찬회에서 200만 달러 중 우선 50만 달러를 지원하게 되었다는 점과 그 자금의 수입기관으로서 신용조합의 설립이 필요함을 시사함에 따라 신용조합 설립의 움직임이 고양되었다(大阪韓国人商工会, 1983: 211~212).[10] 이후 오사카에서는 1953년에 이미 설립된 오사카상은(大阪商銀)에 이어 1955년 오사카흥은(大阪興銀)이 설립되었으며, 다른 지역에서도 1954년 도쿄상은(東京商銀)의 설립을 비롯해 각지에서 재일한국인의 신용조합이 설립되기 시작했지만, 재일한국인의 상공회는 오사카에서만 결성되었다.

'재일한국인상공회' 설립에 관해서 이희건 씨의 흥미로운 회고가 있다. 회고담에 따르면 당시 '미스터 돈'이라고 하는 한국계 미군이 박한식(朴漢植), 정천의, 이희건을 초청해 한국인끼리의 조직을 만들라는 요청을 한 것이 오사카의 실업인을 규합해 상공회를 조직하게 된 계기라는 것이다(在日韓国人商工会連合会, 1992: 239). 이 회고의 진위를 가릴 길은 없지만, 이것이 사실이라면 200만 달러 융자 건과 함께 '재일한국인상공회' 결성에도 미국

---

10) 한국 정부는 당초부터 200만 달러를 신용조합원을 대상으로 융자한다는 방침이었고, 민단도 1952년 이래 공문으로써 수차례 신용조합의 결성을 촉구했다고 한다(韓載香, 2010: 172) 그러나 실제로 한국 정부의 융자는 이승만 정권 하에서는 실현되지 않다가 정권이 바뀐 후 1960년 11월에 비로소 50만 달러가 송금되고, 다음 해 전액 송금되었다.

의 입김이 있었다는 것이 된다.

이상에서 '재일한국인상공회'의 설립은, 한일무역의 재개 및 한일회담의 개시라는 한일관계의 전환 국면에서 발표된 한국 정부의 200만 달러 융자 승인이 재일한국인 상공업자의 조직적인 대응을 불러일으킨 결과라고 할 수 있으며, 이 과정에서 미국이 재일한국인 상공인의 조직 결성을 지원하고 있었다는 정황이 간취된다. 미국의 개입 여부는 현재 확인할 길이 없지만, 적어도 한일무역 재개 및 한일회담 개시라고 하는 한일관계의 전환이 재일한국인상공회 결성의 계기였음은 명확하다. 이처럼 한일관계의 전환이 '재일한국인상공회' 결성의 직접적인 계기가 되었다는 것은 '재일한국인상공회'의 태생적인 본질을 상징적으로 보여주는 것으로, 이후의 '재일한국인상공회' 활동은 항상 한일관계에 강하게 규정되면서 전개되었다.

(2) '재일한국인상공회'의 목적

재일한국인상공회결성준비위원회가 작성한 '재일한국인상공회'의 설립 취지에 따르면, "전 재류 상공인의 종합체를 설립해, 특히 중소기업 보호육성대책 및 본국 무역에 관한 지도와 대책, 세금 기타 금융대책, 본국이 희망하는 필수품의 생산 장려와 지도하에 수출 알선 등 전 상공업자를 위한 제 시책을 강구·실천"을 상공회의 목적으로 내걸고 있다(大阪韓国人商工会, 1973: 17). 또 1953년 6월의 제3차 확대이사회에서는 ① 생산 실태 조사 및 상업 실태의 파악, ② 중소기업자 융자대책, ③ 한일무역 촉진 및 대책, ④ 회원 기업자 간의 거래 알선, ⑤ 본국산업시찰단의 파견이란 활동 방침이 정해졌다(大阪韓国人商工会, 1973: 71).

설립취지문에 명기되어 있는 바와 같이 '재일한국인상공회'는 당초 오사카 지역만이 아니라 일본 전체 재일한국인 상공업자의 '종합체'로 설립되었음을 알 수 있다. 그러나 '재일한국인상공회' 설립 이후의 활동은 오사카 지

그림 1-2_ 신입회원 권유 포스터

자료: 大阪韓国人商工会(1983: 321).

역에 한정되어 있었고, 전국적인 상공회 조직으로 발전시키려는 움직임을 보이지 않았다. 따라서 재일한국인 상공업자의 '종합체'라는 것은 설립 당시의 과도한 이상을 표시한 것에 불과하고, '재일한국인상공회'라는 명칭은 내용과 부합되지 않는 것이었다. 그러나 당시 '재일한국인상공회'가 실질적으로 일본에 존재하는 유일한 재일한국인의 상공회였기 때문에, '재일한국인상공회'라는 명칭은 1950년대까지 그대로 사용되다가, 다른 지역에서도 재일한국인상공회의 설립 움직임이 나타나기 시작하는 1960년 11월에 '재일오사카한국인상공회'로 명칭을 변경해 오사카 지역의 상공회임을 분명히 했다.

취지문에서 또 하나 주목되는 것은 중소기업 보호육성대책, 세금 및 기타 금융대책 등 일본인 상공회에서도 보이는 상공회 일반의 공통적 사업과 함께, 한국과의 관계 구축, 특히 한일무역 촉진을 중요한 사업으로 강조하고 있다는 점이다. 이것은 국교가 없는 상태에서 이제 막 개시되고 있는 한일무역의 촉진과 재일한국인 상공업자의 한일무역 참가가 '재일한국인상공회' 설립의 주요 목적이었음을 보여주는 것이다.

(3) 창립기의 상공회 회원

'재일한국인상공회'의 창립회원 전부를 알 수 있는 자료는 찾지 못했다. 〈표 1-1〉은 제1기 임원진과, 임원진에는 포함되지 않았지만 간사이실업회

표 1-1 _ 오사카상공회 창립기의 회원

성명	간사이실업회원	상공회제1기임원	1947년의 상호	1950년대 전반의 상호		업종	
강희택 (姜熙沢)	회원			오카다무역 (岡田貿易)	삼화흥업 (三和興業)	상업	무역
김두일 (金斗日)		이사		하세가와상회 (長谷川商会)		상업	
김상진 (金尚振)		감사		가네다상점 (金田商店)		상업	
김수진 (金寿鎮)		이사		미야모토상회 (宮本商会)		상업	
이임득 (李壬得)	상담역		대신연료공업소 (大信燃料工業所; 25명)	대신연료공업 (大信燃料工業)		상업	연료
이희건 (李熙健)	상담역			친영양행 (親榮洋行)	삼양실업 (三洋実業)	상업	
정상용 (鄭相鎔)	회원			후타와무역 (二和貿易)	영상 (永商)	상업	무역
정세표 (鄭世標)		이사		미야다상회 (宮田商会)		상업	
조성만 (趙成萬)		감사		야마모토상회 (山本商会)		상업	
강석용 (姜錫鏞)		이사		공영여관 (共栄旅館)		서비스/ 레저	숙박
권종엽 (權宗葉)	회원			후세교통 (布施交通)		서비스/ 레저	운수
김육영 (金六栄)	회원			도호상사 (東邦商事)		서비스/ 레저	
김용수 (金容守)		상무 이사		미도원 (味道園)	동양산업 (東洋産業)	서비스/ 레저	음식업
박한식 (朴漢植)	회원			아사히양행 (朝日洋行)		서비스/ 레저	
유수현 (柳洙鉉)	고문		조선신보 (朝鮮新報)/ 신세계신문 (新世界新聞; 50명)	세계신보사 (世界新報社)		서비스/ 레저	
정천의 (鄭天義)	회장		대우산업 (大優産業; 26명)	대우회학공업 (大優化學工業)		서비스/ 레저	
차충흥 (車忠興)		이사		동아교통 (東亜交通)		서비스/ 레저	운수

성명	간사이 실업 회원	상공회 제1기 임원	1947년의 상호	1950년대 전반의 상호		업종	
최인환 (崔仁煥)	회원			인도카레		서비스/레저	음식업
하갑조 (河甲祚)		회장		가와무라일관당 (河村一貫堂)		서비스/레저	창고업
강병회 (姜棅會)	회원			니시무라선상점 (西村善商店)		제조	잡화 (양산, 솔 등)
강훈 (康勳)	회원		대양화학공업 (大洋化学工業; 90명)	대양물산 (大洋物産)		제조	금속
강흥옥 (姜興玉)		부회장	나가시마 고무공업 (永島ゴム工業; 200명)	삼익고무공업 (三益ゴム工業)		제조	고무
고두길 (高斗吉)		이사	동아고무공업소 (東亜ゴム工業所; 35명)	동아고무 (東亜ゴム)		제조	고무
고명현 (高明現)		상무 이사		매일고무 (毎日ゴム)		제조	고무
권덕주 (権徳柱)		감사		나카무라반모공업 (中村反毛工業)		제조	섬유
김교붕 (金教鵬)		이사		대양고무공업 (大洋ゴム工業)		제조	고무
김득봉 (金得奉)		감사		가네하라목공소 (金原木工所)		제조	목제품
김정균 (金正均)		상무 이사		요시노섬유공업 (吉野繊維工業)		제조	섬유
문석호 (文奭浩)		이사		후미카와양복점 (文川洋服店)		제조	섬유
박명초 (朴明初)		이사		기하라제화 (木原製靴)		제조	잡화 (신발)
백형기 (白瀅基)		이사		시라카와 반모공업 (白川反毛工業)		제조	섬유
서갑호 (徐甲虎)	고문		오사카산업 (阪本産業; 100명)	사카모토방적 (阪本紡績)		제조	섬유
손달원 (孫達元)	고문		오사카코르크 (大阪コルク; 200명)	와카야마제강 (和歌山製鋼), 신일본공기 (新日本工機)	동양상사 (東洋商事)	제조	금속

성명	간사이 실업 회원	상공회 제1기 임원	1947년의 상호	1950년대 전반의 상호		업종	
안달진 (安達進)		감사		의료제조업 (衣料製造業)		제조	의류
양순옥 (梁順玉)		감사	아사히나베카마 제조소 (朝日鍋釜製造所; 17명)	아사히경금속 (朝日軽金属)	아사히물산 (朝日物産)	제조	금속
오국선 (吳国善)		이사		야스다금속 (安田金属)		제조	금속
이석용 (李石用)		전무 이사	일본내연기공업 (日本内燃機工業; 10명)	후지도금 (富士鍍金)		제조	화학
장수성 (張守成)	회원	이사	던롭타이어 (150명)	광양고무공업 (光洋護謨工業)	이마모토 고무공업 (今本ゴム工業)	제조	고무
전시연 (全時然)	회원		와타나베반모 (渡辺反毛; 30명)	와타나베 모사방적 (渡辺毛糸紡績)		제조	섬유
전채진 (全採辰)	이사	부회장		해동방적 (海東紡績)		제조	섬유
전화순 (全化順)	회원	이사	나카무라 메리야스가공소 (中村メリヤス 加工所; 2명)	마루젠메리야스 (丸全メリヤス)		제조	섬유
조병호 (曺秉昊)	회원		태평양고무 주식회사 (太平洋ゴム 株式会社; 80명)	태평양산업 (太平洋産業)		제조	고무
채상대 (蔡尙大)	이사			메이다이 메리야스 (明大メリヤス)		제조	섬유
채필수 (蔡弼寿)		이사		도미카와제작소 (富川製作所)		제조	
최인준 (崔仁俊)	감사	이사		한난제작소 (阪南製作所)		제조	금속
홍방혁 (洪昉赫)		이사		도쿠야마제화소 (德山製靴所)		제조	잡화 (신발)
홍순압 (洪淳鴨)		이사		신화강재 (新和鋼材)		제조	금속
김진환 (金鎭桓)		상무 이사					
이성남 (李聖南)		사무 국장					

성명	간사이 실업 회원	상공회 제1기 임원	1947년의 상호	1950년대 전반의 상호	업종
차복수 (車福守)		감사		다이와산업 (大和産業)	

주: 1947년 상호의 ( ) 안 수치는 종업원 수이다.
자료: 大阪韓国人商工会(1985); 在日本朝鮮人連盟大阪本部(1947). 1947년의 상호는 在日本朝鮮人連盟大阪本部(1947)에 의함.

멤버 중에서 '재일한국인상공회' 회원이 된 것이 확인되는 인물 50명의 1950년대 상호를 표시한 것이다. 산업 분야별로 보면, 상업 9명, 서비스업 10명, 제조업 28명, 업종이 확인되지 않는 사람이 3명이다. 제조업에서는 고무공업, 섬유(방적 및 메리야스), 금속·기계업의 비중이 높다. 한재향에 따르면 1947년의 오사카부(大阪府)의 재일한인 소유 사업소의 업종별 구성은 고무가공업, 음식점, 메리야스 제조업이 전체의 5할을 점하고 있으며, 음식점을 제외하면 대부분이 제조업이었는데(韓載香, 2010: 41~43),[11] 이것은 '재일한국인상공회' 창립 멤버들의 업종 구성과 크게 다르지 않다.

창립 멤버가 경영하는 기업의 규모를 알 수 있는 자료는 없지만, 1947년 자료에서 확인되는 14개 사의 종업원 수를 보면 대개는 수명에서 수십 명 정도의 영세한 규모였다(在日本朝鮮人連盟大阪本部, 1947). 그러나 강홍옥(1~2기 부회장, 고무공업, 200명), 서갑호(2기 이사, 3·5기 회장, 방적업, 100명), 손달원(3기 이사, 금속, 200명), 장수성(張守成, 1기 이사, 고무공업, 150명)과 같이 100명 이상을 고용한 중견 및 대경영도 존재했으며 이들은 '재일한국인상공회' 초기에 주요 임원으로서 활약했다.

---

11) 이러한 산업 구성은 제2차 세계대전 전의 재일한인의 취업 구조와 관련이 있다. 한재향이 의거한 자료는 在日本朝鮮人連盟大阪本部(1947) 참조.

[상자글 1-3] 오사카한국인상공회 창립기의 회원

정천의 정천의(鄭天義, 1917년생)는 전후 비누와 화장품을 제조하는 대우산업(大優産業)주식회사(나중에 대우화학으로 개칭)를 설립했는데, 1947년에 26명을 고용하고 있었다. 이희건에 따르면 정천의가 만든 비누가 날개 돋친 듯이 팔렸다고 한다. 정천의는 1950년에 설립된 간사이실업회의 회장에 취임했으며, 간사이실업회가 오사카상공회와 합병한 후 상공회 제2대(1954~1955년), 제4대(1957~1960년) 회장을 역임했다. 정천의는 1955년에 아카데미상사를 설립해 부동산업으로 업종을 전환했다.

하갑조 하갑조(河甲祚, 1905년생)는 오사카상공회의 초대회장으로 추대될 만큼 1953년 시점에 이미 재일상공인 사이에 지도적 인물이었던 것 같으나, 그에 관한 기록은 거의 없다. 1973년 시점에서 경영하던 가와무라창고(河村倉庫)는 1970년에 설립한 것으로 되어 있으나, 1953년에 이미 가와무라일관당(河村一貫堂)을 경영하고 있었던 기록이 있다. 그가 실제로 사업 경영을 시작한 것은 1953년보다 더 빠른 시기일 가능성이 크다.

차충흥 차충흥(車忠興, 1909년생)은 1928년에 도일해 택시 운전수로 일하다가 전후 1946년에 아시아자동차상회를 설립하고, 1950년에 동아교통(東亜交通)을 설립했다. 차충흥은 오사카상공회의 창립 때부터 이사로 상공회에 참여했으며, 민단오사카본부단장(1959~1961년)을 역임했다.

강훈 강훈(康勳, 생년 미상)은 1938년 오사카교고쿠고교(大阪興国高校)를 졸업하고 수년 후에 합성수지 성형 판매업을 시작했다. 전후 1946년 대양화학공업(大洋化学工業)을 설립했으며, 1949년에는 강재압연 방면으로 진출해 조토제강(城東製鋼)을 설립했다. 대양화학은 1947년에 이미 종업원이 90명(남자 30명, 여자 60명)에 이르는 중견기업이었다. 강훈은 오사카상공회 13~15기(1970년 4월~1972년 5월) 이사를 역임했다.

전시연과 채상대 이 두 사람은 모두 오사카 남부 센슈 지역의 섬유공업 지대에서 사업을 일으켰다. 전시연(全時然, 1919년생)은 1945년 도쿄흥아의학전문학교(東京興亜医学専門学校)를 졸업했으나 의료 부문에 종사하지 않고 섬유산업에서 자신의 사업을 시작해, 1947년에 이미 종업원 30명을 고용하는 와타나베반모(渡辺反毛)를 경영했고, 1948년 와타나베모사방적(渡辺毛糸紡績)을 설립했다. 전시연은 간사이실업회의 멤버였으며, 오사카상공회 5기부터 이사 및 감사를 역임했다. 채상대(蔡尙大, 1914년생)는 15세부터 섬유업계에 종사하다(1989년) 1948년 메리야스 제조업체 메이다이(メイダイ)를 설립했다. 채상대는 간사이실업회의 이사였으며 오사카상공회 5~19기 이사, 20~23기 부회장을 역임했다.

고무제품 제조업자 강흥옥, 고두길, 장수성, 조병호 유수현 외에 고무공업 부문에서 사업을 경영하며 초기 상공회의 설립·운영에 기여한 사람으로 강흥옥(1~2기 부회장), 고두길(高斗吉, 1기 이사), 장수성(간사이실업회 회원, 1기 이사), 조병호(曺秉昊, 간사이실업회 회원, 상공회 5기 이사)가 있었다. 재일본조선인연맹오사카본부(在日本朝鮮人連盟大阪本部, 1947)에 따르면, 1947년 시점에서 강흥옥은 나가시마고무(종업원 200명, 이하 동일), 고두길은 동아고무(35명), 장수성은 던롭타이어(150명), 조병호는 태평양고무(80명) 등 상당한 규모의 사업체를 경영하고 있었다.

3. 1950년대의 '재일한국인상공회'

1) 무역 참여를 위한 모색

이 시기 '재일한국인상공회'의 활동은 회원 복지에 관한 것보다는 주로 한국과의 무역 루트를 개척을 통한 상공인들의 무역활동 참여 기회 확보 및 재일상공인 기업 상품의 한국 수출 기회 확보에 중점이 놓여 있었다. 따라서 '재일한국인상공회'의 활동은 한일회담의 진전 상황에 크게 좌우되곤 했다(이하에서는 '재일한국인상공회'와 '재일오사카한국인상공회'를 구별하지 않고 오사카상공회로 약칭하며, 필요한 경우에만 정식 명칭으로 표기한다).

재일한국인 상공업자의 한일무역 참여를 위해 오사카상공회가 가장 열정적으로 추진한 것은 본국산업시찰단의 파견이었다. 〈표 1-2〉에서 알 수 있는 바와 같이 오사카상공회는 1950년대에 네 차례의 본국산업시찰단을 파견해 본국의 산업시찰과 함께 한국 정재계의 요인들과 간담회를 가지면서, 재일한국인 상공업자들의 요망 사항을 전달했다. 오사카상공회의 요망 사항은 주로 재일한국인 상공업자의 생산품 구매에 대한 배려 및 재일한국인 상공업자에 대한 금융 지원에 관한 것이었다.

표 1-2 _ 1950년대의 오사카상공회 본국산업시찰단의 활동

시찰단 (파견 날짜)	단장 (시찰단 인원)	활동 내용
제1차 (1953년 7월 12일)	강흥옥 (18명)	• 본국의 정재계 요인과 간담 • 대한상공회의소와 공최로 재일동포기업생산품견본전시회의 연내 개최 합의
제2차 (1954년 3월 26일)	하갑조 (19명)	• 본국의 정재계 요인과 간담 • 부흥도상의 본국에서는 재일교포 업자의 자재와 기술을 도입 • 본국 금융기관(산업은행)의 재일교포 운영자금 융자 • 상공부 혹은 외자 구매처는 재일교포 업자의 생산품을 우선 구입할 것 등의 약속을 받아냄
제3차 (1955년 4월 11일)	이희건 (20명)	• 본국의 정재계 요인과 간담 • 재일동포 기업 제품(원자재와 생활필수품)에 대해 특별한 배려로 수입에 노력할 것, 재일동포 대상의 중소기업육성융자 200만 달러 중 50만 달러를 시급히 실시할 것을 요망
제4차 (1956년 11월 7일)	김귀순(金貴順) (26명)	• 본국의 정재계 요인과 간담 • 본국의 시장 조사 및 생산 현황의 파악

자료: 大阪韓国人商工会(1985).

시찰단 파견 외에 오사카상공회의 한일 간 무역 진흥을 위한 시책으로서 대운무역(大運貿易)주식회사 설립, 무역간담회의 지원 육성, 무역부회 설치, 진정서 송부, 재일동포생산품수출입협동조합 결성 등이 있었다.

대운무역주식회사는 한국과의 거래를 전담하는 창구로 1953년 11월에 설립되었다. 이 회사는 제3차 한일회담이 '구보타(久保田) 망언'으로 결렬되고 이에 격노한 이승만 대통령이 일본과의 거래 금지를 발표한 후, 민단과 오사카상공회의 노력으로 '재일교포 기업의 생산품에 한해 구입한다'라는 특별 조치를 얻어낸 뒤 한국과의 무역 창구를 일원화하기 위해 설립한 회사였다(大阪韓国人商工会, 1983: 222).

오사카상공회는 회원 무역업자의 간담회를 지원·육성하다가, 1956년 1월 한국 정부가 대일무역 수속 세목을 발표하자 이에 대응해 1956년 2월에 상공회 내에 무역부회를 설치했다. 같은 시기에 도쿄에서도 재일한국인무

그림 1-3 _ 이와쿠니(岩国) 비행장에서 이륙 전의 제2차 모국산업시찰단

자료: 大阪韓国人商工会(1983: 220).

역회가 결성(1956년 1월 21일)되어, 1956년 8월 10일 연합체 조직인 재일한
국인무역협회의 설립총회가 도쿄에서 열렸다.

재일동포생산품수출입협동조합은 재일 상공업자의 본국 무역 진출을 위
해 민단이 주도해 결성된 것으로, 오사카에서도 1956년 9월 동 조합의 간
사이지부를 설치했으나 생각만큼의 성과를 얻지는 못했다(大阪韓国人商工
会, 1983: 241~242).

이러한 일련의 노력 중에 재일한교생산품본국전시회(在日韓僑生産品本国
展示会)는 비교적 성공적인 것이었다. 이 전시회는 민단중앙본부 내의 재일
본한교공업품수출입협동조합(在日本韓僑工業品輸出入協同組合)이 주최하는
형태로 추진되어 1958년 12월 1~15일 서울의 중앙상공장려관에서 개최되

었다.[12] 이 전시회에는 총액 3만 달러에 달하는 생산품이 전시되었는데, 민단 주최이긴 하나 전시회를 주도한 주요 그룹은 오사카상공회 회원들이 었다.[13]

한편 전시회의 해산식(1959년 2월 28일, 서울)에서는 일본 전국의 재일상공인을 망라하는 재일한국인경제인연합회[한경련(韓經連)]의 결성을 요망하는 의견이 나와, 같은 해 6월 20일 민단중앙본부 강당에서 결성총회가 개최되었다(大阪韓国人商工会, 1983: 256~257). 한경련에는 오사카상공회의 인사도 다수 참여했지만 이렇다 할 활동은 하지 못한 채, 후술하는 바와 같이 1963년 재일한국인상공회연합회에 흡수·통합되었다.

이상에서 본 바와 같이 재일상공인의 한일무역 진출은 당시의 재일상공인들의 최대의 관심사였으며, 오사카상공회도 이를 위해 많은 노력을 했으나 그 성과는 미미한 것이었다. 그 이유로는 우선 한일 간의 무역 자체가 1950년대에는 정체 상태에서 벗어나지 못하고 있었다는 점을 들 수 있다. 오사카상공회 결성 2년 후인 1955년에 한국의 대일수출은 7.3백만 달러, 대일수입은 19.1백만 달러였는데, 1959년에도 대일수출은 12.7백만 달러, 대일수입은 32.4백만 달러에 불과했다(〈표 1-3〉 참조).[14]

---

12) 전시회에 참여한 재일한국인 상공인은 전시회 개최의 목적이 "고립된 한교와 본국과의 유기적 연관성을 맺기 위한 계기를 마련하고자" 한 것이라고 하며, "비록 일본 지역에서 수입한다고 하더라도 한교 제품 도입 시에 있어서만은 수입 지역의 차별을 철폐하라고 주장"했다(≪동아일보≫, 1958.12.7).

13) 1958년 6월 23일의 전시회 준비위원회에서는 전시회 추진위원회의 설치에 합의하고 잠정 임원을 선출했는데, 회장단 8명 중 5명이 '재일한국인상공회' 회원, 1명이 민단오사카본부장이었으며, 서갑호가 고문이었다. 그러나 동년 8월 28일의 추진회의에서 추진위원이 개선되면서 부회장 4명 중 1명만이 '재일한국인상공회' 회원이 되었으며, 고문 4명 중에 정천의 회장과 최인주 민단오사카본부장이 이름을 올렸을 뿐이다. 이 과정에서 전시회의 추진 주체의 변화가 있었던 것으로 추정되지만 그 내용은 확인되지 않는다. 전시회에 출품한 전체 기업 수는 알 수 없으나, '재일한국인상공회'에서 14개 사가 출품했다(大阪韓国人商工会, 1983: 253~255).

14) 대일수출입액의 1957년 이전 수치는 미분류가 많아 신뢰성이 떨어지며, 1958년 이후부터가 신뢰할 수 있는 수치이다.

표 1-3 _ 대일수출입액의 추이(1955~1980년)(백만 달러)

연도	1955	1956	1957	1958	1959	1960	1961	1962	1963	1964	1965	1966	1967
대일수출	7.3	8.1	10.8	9.8	12.7	20.2	19.4	23.5	24.8	38.2	44.0	66.3	84.7
대일수입	19.1	20.7	33.5	49.9	32.4	70.4	69.2	109.2	159.3	110.1	166.6	293.8	443.1

연도	1968	1969	1970	1971	1972	1973	1974	1975	1976	1977	1978	1979	1980
대일수출	99.7	133.3	234.3	262	408	1,242	1,380	1,293	1,802	2,148	2,627	3,353	3,039
대일수입	624.0	753.8	809.3	954	1,030	1,727	2,621	2,434	3,099	3,927	5,981	6,657	5,858

자료: 공보처 통계국(公報處 統計局).

이와 같은 한일무역 정체 요인의 하나는 한국 정부의 대외균형수지 원칙에 입각한 대일수입 억제정책에 있었다. 한국 정부는 대일수출 부진 및 대일역조 확대에 대해 수출입 다변화 정책 및 대일수입 억제로 대응했다(정진성, 2005: 136~140).

오사카상공회의 무역 진출 노력이 기대한 성과를 올리지 못한 또 하나의 요인은 한일무역이 정치적 논리에 의해 지배되고 있었다는 점이다. 제1차 시찰단은 재일동포기업생산품견본전시회의 개최를 합의했으나, 제3차 한일회담이 결렬되고 이승만 정권이 일본과의 거래를 일체 금지한다는 성명을 발표함에 따라 생산품견본전시회는 좌절되었다.

1955년 8월에 한국 정부는 일본과 중화인민공화국이 무역협정을 체결한 데 대한 보복으로 일본과의 교역 금지 조치를 취했다(1955년 10월 14일의 경과 조치를 거쳐 1956년 1월부터 교역 재개). 1959년 6월 15일에는 재일교포 북송에 대한 항의로 두 번째 대일무역 중단 조치가 취해졌다(1960년 4월 7일에 해제). 이러한 단교 조치에 대해서는 당시에도 "경제정책의 일환으로서의 무역정책이 경제적인 사려에서가 아니라 지나치게 경제 외적인 힘에 지배된 결과 발생"(韓国貿易協会, 1957)한 것이라는 비판을 받았다.

이처럼 한국 정부가 한일무역에 소극적이고, 더구나 무역정책이 정치적 논리에 의해 좌지우지되는 상황에서 재일상공인이 한일무역에 참여할 수 있는 기회는 원천적으로 제약될 수밖에 없었다.

2) 신용조합의 설립

1950년대에는 오사카 지역에서 재일한인을 중심으로 오사카상은과 오사카흥은이란 두 개의 신용조합이 설립되었다. 오사카상은은 한일합작의 신용조합이었지만 재일 한국인이 헤게모니를 가지고 있었으며, 오사카흥은은 순전히 재일한국인을 조합원으로 하는 신용조합이었다.

이 두 신용조합의 설립에는 오사카상공회 회원의 전폭적인 지원이 있었으며, 신용조합 임원 중에 오사카상공회 관계자가 많았다. 오사카상은(이하 상은)의 설립 당시(1953년 6월) 이사 18명 중 재일한국인은 9명이었는데, 이들은 모두 '재일한국인상공회' 회원이었으며 이사장은 박한식이었다. 한편 오사카흥은(이하 흥은)의 설립 당시(1955년 5월) 임원 47명 중 26명이 오사카상공회 회원이었으며, 초대 이사장은 박승완(朴勝完)이었으나 1956년 5월 제1회 통상총회에서 이희건이 이사장이 되어 1963년까지 흥은을 이끌었다. 특히 흥은의 설립에는 상공회의 구간사이실업회 멤버들이 적극 지원해 흥은의 이사가 되었다(大阪韓国人商工会, 1983: 58). 상은과 흥은은 설립 이후에도 오사카상공회의 활동에 깊숙하게 관여하게 되는데, 후술하는 바와 같이 1960년대에는 상공회의 회장과 부회장을 상은과 흥은 출신 인사가 차지하게 되면서 두 신용조합은 오사카상공회를 떠받치는 기둥의 역할을 하게 된다.

상은과 흥은의 설립은 향후 오사카상공회가 발전하는 데 대단히 중요한

[상자글 1-4] 박한식과 이희건

박한식과 이희건은 제각기 오사카 재일상공인의 주요 금융기관이었던 오사카상은과 오사카흥은의 이사장으로서 오사카 재일상공인의 리더적 존재였으며, 또한 전후에 각각 우메다(梅田) 암시장과 쓰루하시(鶴橋) 암시장의 정상화 과정에서 재일동포 사회의 리더로서 두각을 나타냈다는 공통점을 가지고 있다.

박한식(1913년생)은 조선에서 소학교를 졸업한 후 15세에 형과 조카를 의지해 도일했다. 처음에는 주점에서 5년간 견습점원을 한 후 독립해 행상, 토목 노동자, 신문 배달, 우유 배달, 유리공장 근무 등 각종 노동을 전전했다. 노동하는 중에도 밤에는 오사카 도요사키(豊崎)의 갑종전수학교(甲種專修学校)에 다녔다. 유리공장을 그만둔 후에는 청량음료수점에서 외교원(영업사원)으로 근무했으며, 결혼 후 처가의 원조를 받아 잡화상을 경영했으나, 1943년 기업 정비로 잡화상을 중지하고 금속 수집(ヒキモ ノ) 공장을 운영했다. 이 공장은 A 정공의 하청공장이었는데, 40명 정도를 고용했으며 월 5~6만 엔의 수입이 있었다고 한다. 전후 그는 철공소를 그만두게 되고 무일푼이 되었으나 지인으로부터 면포, 구두, 작업복 등 트럭 2대분 시가 73만 엔 정도의 물자 융통을 받아 이를 사용인들이 팔도록 했다. 이후 브로커를 하다 1947년 지인을 의지해 4만 엔의 돈을 갖고 오사카 우메다 암시장에 진출했다. 그는 암시장의 질서를 잡기 위해 조선인상우조합(朝鮮人商友組合)을 만들고 서무부장에 취임했다. 1948년 암시장 폐쇄 명령이 내려진 후에는 상우회의 조합장으로서 미군 헌병대의 바네트 소령을 방문해 암시장 정상화에 노력했다. 그 결과 그는 1950년경에 '우메다섬유도매협회(梅田繊維卸協会)'를 만들어 우메다 암시장을 섬유센터 거리로 발전시키는 데 성공했으며, 동 협회의 회장을 3기 연속 역임했다. 1952년부터는 일본인과의 합자에 의한 신용조합인 오사카상은 설립을 주도해, 1953년 오사카상은 설립과 함께 이사장으로 취임했고, 1956년 결성된 재일한국인신용조합협회[한신협(韓信協)]의 부회장(1956~1959년), 회장(1959~1972년)을 역임했다. 오사카상공회에서는 1954~1960년에 이사와 부회장을 역임했다.

이희건(1917년생)도 박한식과 같은 나이인 15세에 도일해 육체노동과 공장노동을 전전하다, 전후 오사카 쓰루하시에서 고무 튜브 제조·판매를 하면서 최초의 사업 기반을 마련했다. 이희건은 박한식이 우메다 암시장에서 활약한 것처럼 전후 오사카의 쓰루하시 암시장의 폐쇄와 정상화 과정에서 지도력을 발휘했다. 쓰루하시 암시장이 1946년 8월 1일 폐쇄되어 재일한일들의 생계가 위협받았을 때, 그는 GHQ와 일본 경찰과 교섭해 1947년 3월 '쓰루하시국제상점가연맹(鶴橋國際商店街連盟)'이라는 이름의 합법적 시장으로 재개하는 데 성공하고 30세의 나이로 동 상점가연맹 초대회장이 되었다. 그는 1955년 쓰루하시 지역 재일상공인을 중심으로 한 신용조합인 오사카흥은 설립에도 기여해, 1956년부터 이사장에 취임했다. 또한 한신협의 부회장(1959~1972년) 및 회장(1972~1981년)으로서 오사카만이 아니라 재일한국인 전체의 리더로서 활약해, 본국투자협회의 설립과 신한은행의 설립에 공헌했다. 이희건은 오사카상공회 3~4기 이사, 5기 부회장을 역임했다.

의미를 가진다. 신용조합과 오사카상공회가 밀접한 관련을 가지면서 함께 발전해 가는 구도가 이 시기에 확립된 것이다. 일본 금융기관으로부터 융자받기가 곤란한 재일상공인에게 민족계 신용조합의 존재는 생명줄 같은 존재라고 할 수 있었다. 거꾸로 상은과 흥은은 오사카의 재일상공인이라는 확실한 거래처를 확보할 수 있었다. 상은과 흥은은 1960년대에 급속히 발전하면서 1970년대에는 조총련계 신용조합을 제치고 최대의 민족계 금융기관으로 성장하는데, 이러한 상은·흥우의 발전은 오사카상공회 발전의 배경이 되는 한편, 오사카상공인의 성장은 다시 상은·흥은의 성장을 이끌어 내었다.

3) 취약한 조직 기반

1950년대의 오사카상공회 활동에 대해, 오사카상공회 스스로도 "의욕과 희망에 불타서" 상공회를 창립했지만 결국은 "정체와 배회의 가운데에서" 1950년대 말을 보내게 되었다고 기술하고 있다(大阪韓國人商工会, 1973: 62~63). 이처럼 오사카상공회 활동이 저조한 데에는 한일무역의 정체라는 대외적 요인도 있었지만, 상공회의 기반이 취약해 상공회 활동을 추진할 수 있는 역량이 부족하다는 내부적 약점도 있었다.

오사카상공회 회원은 설립 초기에는 60여 명이었는데, 1960년경까지도 회원 수는 100명 정도에 불과했다. 이와 같이 회원 획득이 저조했던 이유로는 조직 면에서 조총련계의 상공회에 뒤처졌다는 것, 그리고 상공인들이

상공회를 통해 구체적인 이득을 볼 수 있는 측면이 별로 없었다는 점을 들수 있다. 회원들의 상공회에 대한 충성심도 적어서 한국에서 고관이 오면 모이지만 평소에는 뿔뿔이 흩어져 있는 상태였으며, 회비를 내는 회원은 10여 명에 불과했고, 이로 인해 상공회에서 일하는 직원의 급료도 제대로 지불하지 못할 정도의 재정난을 겪었다고 한다(大阪韓国人商工会, 1983: 59).

이와 같이 조직 기반이 취약한 오사카상공회는 결국 몇몇 유력한 상공인에게 상공회의 운영을 의존할 수밖에 없었다. 정천의의 회고에 따르면 설립 당시는 어떤 일이든 본인과 서갑호에게 일임해 연중 비행장에 나가 한국 손님을 맞이하는 것이 일과였다고 한다(大阪韓国人商工会, 1983: 58).

따라서 서갑호나 정천의와 같은 유력한 상공인이 상공회에 관심을 가지지 못하면 상공회 활동 자체가 정체되어 버리는 상황이었다. 예를 들어 상공회의 활동이 침체되고 있는 상황에서 4·19 혁명 등으로 한국의 정세가 요동치게 되자 1960년 11월 서갑호가 많은 기대 속에 재차 오사카상공회 회장이 되었지만, 그가 다망을 이유로 상공회에 전념하지 못하게 되자 상공회 활동의 침체는 계속되었다(大阪韓国人商工会, 1973: 63).

4) 1950년대 오사카상공회 회원의 업종

오사카상공회가 1955년에 자체 실시한 '재판(在阪) 동포기업' 실태 조사에 의하면(大阪韓国人商工会, 1973: 99), 방적·섬유 26%, 금속공구 29%, 고무 20%, 비닐 6%, 목공 4%, 셀룰로이드 4%, 경금속 4%, 기타 7%였다. 그러나 이 자료에는 업종별 구성만이 나와 있을 뿐, 이 조사의 샘플 기업 수가 몇 개 사인지 알 수 없으며, 상업이나 서비스업 부문은 조사 대상이 아니었는지 나타나 있지 않다.

오사카상공회 창립 이후에서 1960년 11월까지 오사카상공회와 관련을

표 1-4 _ 1950년대 오사카상공회 회원의 업종

업종		회원 수	구성비(%)
제조업		33	50.0
	고무/화학	9	13.6
	금속	7	10.6
	섬유/의류	11	16.7
	목제품	2	3.0
	잡화	3	4.5
	불명	1	1.5
상업		13	19.7
금융		2	3.0
운수		2	3.0
창고		1	1.5
서비스/레저		15	22.7
소계		66	100.0
불명		14	
합계		80	

자료: 大阪韓国人商工会(1973)와 大阪韓国人商工会(1985)의 내용을 토대로 작성함.

가지고 있는 인물 151명[15])의 존재를 확인할 수 있는데, 그중 오사카상공회 회원임이 확인되는 사람은 80명이다(상공회 임원이거나 1973년의 오사카상공회 명부에서 확인되는 자). 80명 중 업종이 확인되는 66명의 업종 구성을 보면, 제조업 33명(50%), 상업 13명(19.7%), 서비스·레저 18명(22.7%), 금융 2명이다(〈표 1-4〉). 제조업에는 고무·화학, 금속, 섬유·의류가 80% 이상을 차지하고 있다. 1955년의 실태 조사에는 나와 있지 않은 상업이나 서비스·레저

---

15) 151명은 오사카상공회의 임원과, 오사카상공회의 각종 사업(본국시찰단, 대운무역회사, 무역 간담회, 상공인 협동조합 등)에 참가한 사람을 망라한 것이다.

[상자글 1-5] 요음업(料飲業)계의 재일상공인

전후에는 카바레 등에 진출하는 재일한인도 많았다. 1947년 자료에서 오사카부 재일기업 중 음식점이 12.3%에 달하고 있는데, 대부분이 한국요리점이었다. 그러나 요리음식계 분야에서 전후 눈에 띄는 변화는 카바레, 나이트클럽의 융성과 대규모화였다. 점령군의 진주로 오락지대에 서양화가 진행되어 전통적인 화류계가 사양화되고, 그에 대신해서 카바레나 나이트클럽 등의 고급 요음점이 대두했는데, 이 부문에서의 재일한인의 진출이 현저했다(大阪興銀, 1987: 28~29).

김양조(金良祚, 1915년생)는 전전 선원 생활 중에 익힌 댄스를 활용해 전후 오사카의 중심지에 자광클럽(紫光クラブ)을 설립했다. 그에 관해서는 1958년경에 저명한 국악인인 박귀희가 국악예술학교를 설립하는 데 500만 원을 기부해 후원했다는 기록이 있다.

한록춘(韓禄春, 1922년생)은 함경도 흥남의 군수공장에서 잠시 일하다 14~15세경에 도일해, 가고시마(鹿児島)에서 어선의 선원 생활을 하다 곧 오사카로 이동해 바에서의 보이 겸 접시닦이로 일했다. 전후 오사카에서 우동집, 요리점, 바, 카바레 등을 경영하다 1948년에 오사카 도톤보리(道頓堀) 근방에 소요리집 신주쿠(新宿)을 출점하고, 그 후 오사카 소네자키(曽根崎) 경찰서 뒤에 카바레 비너스를 오픈했다. 1953년에 오사카의 미나미[난바(難波)] 일대에 맘모스 카바레 후지를 오픈했는데, 카바레 후지의 건설을 당시의 신문은 다음과 같이 보도했다.

"후지의 신축공사는 총공비 5억 엔으로, 오사카구미가 공사를 담당했다. 총 철근콘크리트 건물로 지하 1층, 지상 3층 연건평 3000평, 종업원 1500명의 종합 댄스홀로서 옥내외, 무대장치, 조명장치 등 모든 것이 참신한 근대 양식에 동양 제일의 규모라고 말해지고 있다."

그는 야쿠자의 오야붕(두목)이기도 했다. 오사카에서 요음업을 운영하면서 다른 야쿠자 조직과의 전투도 불사하다가, 1957년 야마구치구미(山口組)에 스스로 지참금을 들고 참여함으로써 이후 '한록춘＝야마구치구미 오야붕'으로 공식화되었다.

그는 오사카만박에 개인으로서는 최고 금액인 1000만 엔을 기부하고, '오사카총영사관 건설기성회' 회장으로서 부지 매입비로 5000만 엔을 기부했다. 이외에도 재일한국인 관련 사업에는 언제나 최대의 기부를 하는 등 아낌없는 후원을 했다. 민단오사카본부단장을 역임했던 황칠복은 자서전에서 "진정으로 사심 없이 조국에 공헌하는 애국자는 한록춘 말고는 본 적이 없다"라고 기술했다. 한록춘은 오사카상공회 4기 이사를 역임했다.

에자키 미쓰오(江崎光雄, 林光植)는 전후 야키니쿠(焼肉, 불고기)로 성공한 대표적인 상공업자이다. 사사키 미치오(佐々木道雄, 2011)에 따르면, 오늘날의 일본에서 볼 수 있는 야키니쿠는 1930년대 한국의 남부에서 나타난 불고기가 조선인의 집주 지역인 오사카의 이카이노(猪飼野) 지역에 전래되고 일본의 식문화와 접촉하며 탄생한 것이라고 한다. 그러나 제2차 세계대전 후 정육의 입수가 곤란한 상황에서 재일한인들은

암시장에서 내장류를 굽고 조려 '호르몬(ホルモン)'이라고 하는 내장을 중심으로 하는 점포를 내기 시작했다. 전후 혼란이 정리되기 시작한 1950년경부터 내장류뿐만 아니라 갈비나 로스 같은 정육을 정규 루트로 입수할 있게 되고, 한국전쟁 특수로 일본 경제도 활성화되면서 제대로 된 야키니쿠야(焼肉屋, 불고기집)가 전국에 탄생하게 되었다. 이와 같이 전후 암시장을 중심으로 발달한 호르몬에서 '야키니쿠야'로 전환하는 데 중요한 역할을 한 사람이 에자키다(朴健市, 2002). 에자키는 원래 화가를 지망해 미술학교에서 공부했으나, 전후 1946년 오사카 센니치마에(千日前)에서 식도원(食道園)을 설립하고, 한국인의 민속 음식인 불고기를 일본인도 좋아하는 고급 요리로 이미지를 바꾸는 데 성공해 훌륭한 기업으로 발전시켰다. 그는 일찍이 귀화했으나 상공회 초기부터 상공회의 상담역으로서 상공회 활동을 지원했으며, 오사카만박에 500만 엔을 기부하고, 오사카총영사관 건립에도 거액을 후원하는 등 재일한국인 사회에 기여했다.

부문이 전체 회원의 절반 가까이 되고 있음이 주목되는데, 서비스·레저 부문의 주 업종은 음식·숙박업 등이며 나중에 재일한국인 상공인의 주요 업종이 되는 유기업(遊技業)은 아직 많이 보이지 않고 있다. 한편 제조업 부문의 업종별 구성은 1955년의 실태 조사와 유사하다.

4. 한일국교 정상화와 오사카상공회의 활동: 1960년대

1) 한일관계의 변화와 재일한국인상공회연합회의 창립

반일 노선을 선명히 해왔던 이승만 정권이 1960년에 들어서서 4·19에 의해 붕괴되자 한일관계는 크게 변화했다. 민주당의 장면 정부는 한일 정상화를 추구했고, 한일회담도 10월부터 재개되면서 한일관계의 개선이 기대되었다. 또한 장면 정부는 경제개발 제일주의를 전면에 내세우면서 적극적인 무역정책을 실시했는데, 이 과정에서 대일교역의 활성화도 추진되었다. 이와 같은 민주당 정권의 경제개발 제일주의와 무역진흥책은 5·16 후의 군사정권에서 유지·강화되었다. 5·16으로 중단되었던 한일회담도 재개되어 1965년 6월 22일 한일기본조약이 조인됨으로써 한일 양국의 국교가 수립되었다.

이와 같은 한일관계의 개선 및 정상화의 흐름 속에서 재일상공인 사회 각지에서는 재일한국인상공회 설립 붐이 일어나고, 각 지역 상공회의 연합체인 재일한국인상공회연합회[이하 한상련(韓商連)으로 줄임]가 결성되기에 이르렀다.

재일한국인상공회 결성의 움직임이 가장 빨리 나타난 곳은 도쿄였다. 도쿄에서는 이강우(李康友, 동아흥행)가 장면 정부가 성립하자마자 방한해 장면 총리와 면담한 후, 귀일해서 허필석(許弼奭, 모나미), 유동열(柳東烈)과 함께 상공회 결성을 추진해 1961년 5월 20일 도쿄한국인상공회의 창립총회를 개최했다(東京韓国人商工会, 1991: 24~25).

도쿄한국인상공회(이하 도쿄상공회로 줄임)는 처음부터 일본 각 현에 상공회를 결성할 것과 상공회 연합체를 결성할 것을 3대 활동 목표의 하나로 정하고, 우선 일본 각 현의 상공회 결성을 정력적으로 추진해 불과 창립 1년 만에 나고야(名古屋), 교토(京都), 야마구치(山口), 후쿠오카(福岡), 히로시마(広島), 센다이(仙台), 아키타(秋田) 등 7개 지역에서 상공회를 결성했다. 각 지역의 상공회 결성이 일단락된 후 1962년 2월 22일 도쿄에서 도쿄, 오사카와 상기 7개 지역 상공회 대의원 159명이 참석해 재일한국인상공회연합회 결성대회가 개최되고, 3월 22일 제1회 상임이사회에서 연합회의 기본 활동 방침과 임원진이 선출되었다(회장 이강우).

한상련은 1962년 4월과 8월에 각각 한국 정부에 제1건의서와 제2건의서를 상신해, 제1건의서에서는 한상련을 "재일한교의 유일한 경제인 단체로서 인정할 것"과 "본국투자촉진합동위원회의 설치" 및 "한국 무역 교류에서의 재일교포 업자에 대한 특별 배려"를, 제2건의서에서는 "재일한교 상공인으로서 본국에 대한 경제행위 혹은 단체교류를 할 경우에는 반드시 본회를 통과하도록 하는 조치" 등을 요망했다. 한국 정부는 재일한교의 유일한 경제인 단체로서 한상련을 인정하긴 했으나, 제2건의서의 요망 사항, 즉 본국과의 경제행위 등을 할 경우 한상련 통과 조치에 대해서는 받아들이지 않았다(在日韓国人商工会連合会, 1992: 51~54).

한상련은 한국 정부로부터 '재일한교의 유일한 경제인 단체'로 인정받았지만, 당시에는 이미 한경련이란 전국적인 재일상공인 경제단체가 존재하고 있었다. 한상련과 한경련의 합동을 한국 정부와 민단이 강하게 요구함에 따라 두 단체는 1963년 12월 15일 통합대회를 개최하고, 다음해 2월 21일 한상련의 이름으로 통합했다. 이 과정에서 통합 단체의 회장 인선을 둘러싸고 난항했지만, 최종적으로는 한상련 측 인물인 허필석 씨가 통합 단체의 회장으로 선출되었다(東京韓国人商工会, 1992: 38~42).

한상련은 그 활동 방침에 기존 상공회의 강화, 상공회 미결성 지역에서의 상공회 결성 추진, 전국 상공인의 유기적 단결 등을 내걸었지만, 한상련 결성은 재일상공인의 권익 증진과 같은 상공회 본연의 목적을 위한 상공인의 자발적인 의지에서라기보다는, 국교 정상화가 예상되는 상황에서 재일상공인의 통일된 조직이 필요했던 한국 정부의 강력한 이니셔티브와 지원하에 이루어졌다. 한상련 창립 시 활약한 박종(朴鐘)의 회고에 따르면 5·16 후 박정희 국가혁명평의회 의장이 재일상공인을 초대해 재일한인 상공인의 조직적 단합의 필요성을 강조했으며(在日韓国人商工会連合会, 1992: 237),[16] 한상

---

16) 대한상공회의소의 초청으로 이희건을 단장으로 하는 재일교포산업시찰단이 1961년 10월 28일에 한국에 도착해 4일간 체재하는 중에 박정희 의장을 만났다(≪경향신문≫, 1961.10.29, ≪동아일보≫, 1961.10.28). 시찰단의 규모는 53명(≪동아일보≫ 기록) 또는 49명(≪경향신

런 결성대회에 당시 국가재건최고회의 산하 중앙정보부 부장인 김종필이 참석했다는 점 등에서 5·16 후의 군사정권이 한상련의 결성을 강력히 요구하고 지원했음을 알 수 있다.[17]

당시의 한국 정부가 재일상공인의 조직에 관심을 가졌던 것은 향후 경제개발의 중요한 자금원으로서 재일상공인을 염두에 두었기 때문이었다. 한국 정부는 장면 정권 때부터 재일교포 자본에 주목하고 있었으며, 군사정부도 경제개발계획의 추진에 필요한 자본 조달이 용이하지 않자 재일교포 자본의 도입을 추진했다. 구로공단을 건설해 재일교포의 재산과 기술을 도입하고자 한 것이 그 대표적 사례라고 할 수 있다(이상철, 2012).[18]

한국 정부는 외국 자본의 도입을 위해 해외 교포의 재산반입제도의 개정, '외자촉진법'의 개정, 대일본 장기결제 방식에 의한 자본 재도입 절차 제정 등의 제도적 정비를 추진했는데, 이러한 제도 정비는 재일교포 자본의 도입을 의도한 것이기도 했다(신재준, 2015; 이정은, 2017). 이처럼 한국 정부는 재일교포 자본의 도입을 위한 제도적 정비를 추진하면서, 다른 한편으로는 상공인의 조직화를 통해 재일상공인의 한국 투자를 적극 유도하려는 방침이었던 것으로 생각된다.

그러나 한상련은 정부의 이러한 기대에 부응하지 못하고, 결성 이후 이렇다 할 활동도 하지 못한 채 유명무실한 존재가 되어버렸다. 한상련 초대

문≫ 기록)이다.

17) 김종필 정보부장은 대통령특사 자격으로 1962년 2월 19일에 마닐라에서 도쿄에 도착했다. 김종필은 일본의 이케다 하야토(池田勇人) 수상, 고사카 젠타로(小坂善太郎) 외상과 회담한 후 22일 재일한국인상공연합회 결성식에 참석하고, 23일 오사카 지방의 교포기업체를 시찰했다(≪동아일보≫, 1962.2.19). 한상련 초대회장인 허필석의 회고에 따르면, 김종필은 한일회담 타결을 전후하여 자주 내일해 재일상공인·경제인의 절대적인 지지와 재일상공인 단체의 결성을 요망했다고 한다(在日韓国人商工会連合会, 1992: 235).

18) 구로공단 건설 구상은 1963년 초 이원만의 주도로 등장했으며, 1965년 3월 공단 기공식이 거행되고, 동년 5월 4개의 재일한국인 기업이 최초로 입주 지정을 받았다.

회장인 허필석에 따르면, 그 이유는 재일상공인들의 한상련에 대한 기대와 한국 정부의 한상련에 대한 인식 사이에 낙차가 컸기 때문이었다(在日韓国人商工会連合会, 1992: 235).

한국 정부는 한상련에 재일상공인을 조직해 교포자본의 한국 투자를 촉진하는 역할을 기대했으나, 한상련 조직을 추진한 재일상공인은 교포자본 진출에 대해 한상련이 일정한 권한을 행사함으로써 경제적 이익을 얻고자 하는 의도가 있었던 것으로 생각된다. "한상련 결성의 목적이 재일한국인을 위한 것이라기보다 장래 타결될 한일국교 정상화를 예상하고 무언가의 이권행위를 하고자 하는 데 있는 것으로 보여, 협력하지 않았다"는, 한상련의 상임이사로 이름을 올렸던 이희건의 회고담은 이런 추정을 뒷받침해 주는 것이다(在日韓国人商工会連合会, 1992: 240). 그러나 '이권행위'를 노렸던 재일상공인의 의도는 한상련이 제2건의서에서 요망한 "재일한교상공인으로서 본국에 대한 경제행위 혹은 단체교류를 할 경우에는 반드시 본회를 통과하도록 하는 조치"를 한국 정부가 인정하지 않음으로써 실현되지 못했으며, 재일상공인의 한상련에 대한 관심은 급속히 식어버렸다.[19]

한국 정부 역시 한상련에 대해서는 큰 기대를 하지 않았던 듯하다. 그 이유로 첫째, 한국 정부가 재일교포 자본의 유치에 관심을 가지게 되면서 한일 간 경제계 인사의 교류가 활발해져, 한국의 경제계가 한상련이란 조직이 없어도 개별적으로 또는 지역의 재일상공인 조직을 통해서 재일상공인

----

[19] 1965년에 한상련 주도로 "일본 국내에 재일동포 전액 출자에 의한 도시은행을 설립하고 본국에도 같은 은행을 설립해 본국 진출의 발판으로 하고자" 한 교민은행[한상은행(韓商銀行)] 설립 시도가 좌절된 것도 재일상공인의 한상련에 대한 관심을 식게 한 요인의 하나였다(大阪韓国人商工会, 1973: 318~320; 在日韓国人商工会連合会, 1992: 79~81). 교민은행의 설립을 위해 민단과 한신협의 지원하에 설립준비위원회가 구성되고 본국 정부에도 지원을 요청했으나, 결국 일본 정부(대장성)가 "일본 국내에 있는 외국인 자본이 해외에 은행을 설립하는 것은 법적으로 대단히 곤란"하다는 결론을 내림으로써 교민은행 설립은 결국 무산되고 말았다.

과 접촉할 수 있었기 때문으로 생각된다. 예를 들어, 한상련은 구로공단 건설 초기에 입주할 기업을 적극적으로 알선하는 등의 역할을 했으나, 1966년 1차 입주 후 입주 알선 교섭은 한상련과 관계없이 공단과 기업체가 직접 교섭하게 되었다(在日韓国人商工会連合会, 1982: 196~197). 한일국교 정상화 전후로 한국 정부 차원만이 아니라 중소 자본 또는 지역 레벨에서도 한일 경제계 인사의 교류가 활발해졌는데, 후술하는 바와 같이 본국 경제단체의 오사카상공회 방문 건수도 급증했다(63~66쪽 〈표 1-6〉 참조).

둘째로, 한일국교 정상화 이후 청구권 자금이 도입되고 상업차관이 주요한 외자 도입 수단이 되면서 재일한국인 자본에 대한 정부의 관심이 전에 비해 낮아졌기 때문이다. 오사카상공회가 1968년 3월 엄민영(嚴敏永) 주일 대사에게 제출한 요망 사항 중 "외국 대기업 일변도의 외자 도입책이 아니라 교포 기업체의 본국투자 진출의 길을 열어달라"라는 등 본국투자의 애로사항에 관한 것이 많았던 것도(大阪韓国人商工会, 1983: 365~366) 한국 정부가 재일한국인 자본의 도입에 큰 관심이 없었을 방증하는 것으로 생각된다.

이처럼 설립 시의 한상련에 대한 기대와는 반대로, 한상련은 설립 이후 재일상공인의 본국투자에서 거의 아무런 역할도 수행하지 못했다. 1970년대에 들어와서야 비로소 유명무실화된 한상련을 다시 재건하고자 하는 움직임이 오사카상공회 주도로 추진되는데, 이에 대해서는 절을 달리해 설명한다.

2) 오사카상공회의 조직 강화

한국의 정치적 지형이 격변하고 한일관계가 급변하는 상황에서, 도쿄상공회의 설립이나 한상련의 설립과 같은 도쿄 지역의 분주한 움직임과 달리 오사카상공회는 서갑호 회장의 다망을 이유로 이렇다 할 대응을 하지 못한

그림 1-4 _ 제6회 정기총회에서 인사하는 유수현 회장

자료: 大阪韓国人商工会(1983: 312).

채 침체 상태가 계속되었다. 이와 같은 오사카상공회의 침체된 상황을 타개하기 위해 오사카민단, 오사카상은, 오사카흥은을 중심으로 상공회의 활성화를 위한 준비가 진행되었고, 1963년 11월 21일의 임시총회에서 유수현을 신임 회장으로 선임해 상공회의 일신을 꾀하게 되었다.[20] 이후 유수

---

20) 강택우에 따르면, 서갑호 회장의 상공회 활동이 거의 없는 상태에서 오사카상공회의 임원들은 오사카상공회의 활성화를 위해서는 임원 개선밖에 없다는 결론에 도달해, 당시 민단오사카본부의 단장이자 상은의 부이사장이었던 자신이 상공회 재건을 일임받아 서갑호 회장의 사임을 받아내고, 유수현 씨에게 차기 회장 취임을 요청했다고 한다. 이 때 유수현 씨는 회장 수락의 조건으로 신용조합의 협력 없이 회장직 수행은 불가능하니 상은·흥은의 이사장이 상공회의 부회장이 될 것을 요구해, 양 신용조합의 부이사장이 상공회의 부회장이 되는 것으로 타

현은 1971년 7월 급서할 때까지 8년간 오사카상공회를 이끌게 된다.

이처럼 유수현 체제가 발족하는 데는 상은과 홍은의 역할이 결정적이었는데, 이후에도 상은과 홍은 관계자는 오사카상공회를 사실상 리드해 나가게 된다. 유수현 회장의 재임 기간 중에는 홍은과 상은의 부이사장이었던 김용재(金容載)와 강택우(姜宅佑)가 부회장으로서 유수현 체제를 뒷받침하고 있었다. 김용재는 유수현 회장의 급서 후 제9대 회장(1971년 8월~1972년 5월)을, 강택우는 제10~11대 회장(1972년 5월~1975년 4월)을 역임했다.

유수현 체제하에서 오사카상공회는 회원 증강과 재정 확보를 통해 상공회 조직의 기반을 마련했다. 유수현 회장은 우선 회원증강운동을 강력히 전개했다. 그 결과 1961년에 100여 명에 불과했던 회원 수는 1966년에 224명, 1971년에는 308명으로 늘어났다.

한편, 오사카상공회의 재정적 기반을 마련하기 위해 유수현 회장은 1964년 1월에 사업부를 설치하고 특별회원제를 도입함으로써, 특별회원이 1인당 20만 엔씩 출자하는 출자금을 사업부의 사업자금으로 해, 회원 융자 또는 동포 금융기관 예탁 등에서 발생하는 이자로 기본 재정을 확립하고자 했다. 그러나 융자의 일부가 불량채권이 될 가능성이 발생하는 등 사업부의 운영이 원활하지 않자, 사업부 운영을 중지하고 특별회원의 출자금으로 상공회 회관 건물을 구입하는 방안이 모색되었다.

결국 오사카상공회는 1965년 8월에 7200만 엔으로 6층 철근 콘크리트 건물을 구입해 임대 건물로 소유하고, 회관의 일부를 상공회 사무소로 사용하기로 했다. 이와 함께 오사카상공회는 상공회관의 자산 보전을 위해 사단법인 또는 재단법인 한국인상공회관으로서 신청하는 방법을 모색했으나, 법인화가 곤란해짐에 따라 '주식회사 오사카한국인상공회관'을 설립하

결되었다고 한다(姜宅佑, 1972: 187~188).

기로 하고 1주당 5만 엔의 주권을 발행해, 1967년 3월 30일에 주식회사가 정식으로 발족되었다. 이로써 상공회는 상공회의 기본 재산을 소유하게 되어 재정적 기초를 다질 수 있게 되었다.

3) 한국 경제와의 본격적 교류

한일국교 정상화에 따라 양국 간의 경제적 교류도 활발해지기 시작했다. 무역 동향을 보면 1960년에 대일수출과 대일수입이 각각 20.2백만 달러, 70.4백만 달러였으나 국교 정상화가 된 1965년에는 각각 44백만 달러, 166.6백만 달러, 1970년에는 각각 234.3백만 달러, 809.3백만 달러로 크게 증가했다(44쪽의 〈표 1-3〉 참조).

한일국교 정상화가 가시화되는 상황에서, 국교 정상화 이전부터 재일상공인의 한국 투자가 재산 반입의 형태로 이루어졌다. 1963년 1월부터 1964년 8월까지 공식 통계만으로 2560만 달러의 재일한국인 재산이 유입되었는데, 비공식 루트로 들어온 재일한국인의 재산은 공식치보다 훨씬 큰 규모였다고 한다.[21]

일본의 대한(對韓) 직접투자는 국교 정상화 후에도 별다른 움직임을 보이지 않다가 1969년에 이르러 크게 증가해 500만 달러가 되고, 다음 해인 1970년에 다시 전년의 2배가 넘게 증가해 1300만 달러가 되었다(〈표 1-5〉).

---

[21] 1만 달러 이상 반입자는 21명에 이르는데, 그중 장중균(張仲均, 122.4만 달러), 서갑호(152.3만 달러)는 오사카상공회 회원이다. 원자료에 장중균은 장중근으로 되어 있으나 이것은 오기로 추정된다(재일동포모국공적조사위원회, 2008: 83에서 재인용). 이 시기에 이러한 거액의 재산이 반입된 것은 1963년 7월 '재산 반입 시행령'이 개정되어 재산 반입의 자격·조건 중 '귀국자' 제한이 절폐된 것의 영향이다. 그러나 같은 해 12월에는 다시 재산 반입 자격을 '귀국자'로 한정했는데, 이것은 현실적으로 일본 국내법이 비귀국자의 재산 반입을 불허하고 있기 때문이었다. 또, 이 2560만 달러가 전부 재일한국인의 재산 반입이었는가에 대해서도 의문의 여지가 있다(신재준, 2015: 265).

표 1-5 _ 대한국 직접투자액의 추이(1962~1985년)(백만 달러)

연도	1962~1965	1966	1967	1968	1969	1970	1971	1972	1973	1974
전체	13	14	11	19	13	66	43	61	191	163
일본	4	1	1	2	5	13	18	21	173	131

연도	1975	1976	1977	1978	1979	1980	1981	1982	1983	1984	1985
전체	62	85	102	101	195	131	152	129	122	193	240
일본	32	49	53	45	125	32	49	23	32	91	69

자료: 財務部(1993).

일본의 대한직접투자에는 재일한국인의 투자가 상당 부분 차지하고 있을 것으로 추측되는데, 특히 초기에 그러했다.[22]

1969년부터 일본의 대한직접투자가 크게 늘고 있는 배경에는 한국 정부의 외자 도입정책의 변화가 있는 것으로 생각된다. 한국 정부는 주로 차관을 통해 외국 자본을 도입했으나, 1960년대 후반 차관 도입업체의 광범위한 부실화와 원리금 상환액의 증가 등으로 추가적 외자 도입이 필요해짐에 따라 외국인 직접투자의 유치를 주목하게 되었다. 그 결과 1968년부터 외국인 투자 환경 개선 등 외자 도입 전반에 걸친 재검토가 이루어졌으며, 특히 외국인 투자기업이 갖는 수출에서의 기여도가 평가되어 외자 도입 관련 행정 간소화 노력이 경주되었다. 1970년에 조성되기 시작한 마산수출자유지역은 외국인의 투자를 유치함으로써 수출 진흥, 고용 증대 및 기술 향상을 달성하고자 한 것이었다(이상철, 2008: 57~59; 이정은, 2017: 198~205).

외국 자본 도입의 방침 변화에 따라 한국 정부는 재일한국인의 직접투자를 유치하고자 하는 노력을 적극화했다. 1968년 4월 7일 엄민영 주일대사

---

22) "일본의 투자는 초기에는 주로 재일교포의 투자를 중심으로 이루어졌으나, 노동력 부족과 엔화 절상을 계기로 일본의 기업가의 투자도 1970년 이후 크게 증가"했다(財務部, 1993: 121).

는 오사카를 방문해 상공회 회의실에서 열린 '주일공관장 수출진흥회'에 참석해 본국투자 방법을 설명했으며, 같은 날 오후 주오사카한국총영사관에서 일본 무역업자와 무역간담회를 가지고 마산자유수출지역과 울산공업단지로의 진출을 권유했다. 이와 같은 본국투자 유치 방침 발표 후, 재일상공인 사회에서는 '본국투자 붐'이 일어났다(大阪韓国人商工会, 1983: 367). 1969년부터의 일본의 대한직접투자의 급증은 이러한 재일상공인의 본국투자 붐을 반영하는 것이라고 생각된다.

그러나 일본의 대한직접투자 중 재일상공인의 투자가 어느 정도를 차지하는지는 현재 알 수 없다. 1965년부터 1970년까지 본국에 투자한 재일동포 기업은 적어도 200개 이상이었는데, 이중 재무부에 신고된 투자 기록은 모두 42건에 2600만 9000달러였다는 기록이 있다(재일동포모국공적조사위원회, 2008: 87). 이것은 〈표 1-5〉의 1962~1970년 일본의 대한직접투자 합계인 2600만 달러보다 많은 금액이므로, 신고된 투자액이 모두 실제로 투자된 것은 아닌 것으로 보인다. 실제 재일상공인의 투자액은 공식 통계에 잡히는 것보다 훨씬 클 것으로 추측된다.

이처럼 1960년대에 들어와 한일 간의 경제 교류가 활성화되기 시작했으나, 유수현 씨가 회장에 취임하기 전의 오사카상공회는 서갑호 회장의 개인적인 한국 투자 외에 한일 간의 경제 교류에서 이렇다 할 역할을 하지 못한 것으로 보인다. 재일교포의 본격적인 한국 진출 사례라고 할 수 있는 구로공단에 재일교포 기업체를 유치하는 사업은 도쿄에 사업 기반이 있는 이원만에 의해 주도되었다.[23]

....

23) ≪경향신문≫ 1963년 9월 3일 자에 따르면, 8월 31일 일본에서 귀국한 이원만이 오사카상공진흥회의 송종호 이사장을 단장으로 해 20여 명의 재일교포 기업가로 구성된 제1차 공업단지 시찰단이 방한할 예정임을 밝혔다고 한다. 이 기사에 나오는 오사카상공진흥회에 대해서는 ≪경협≫ 제5호(1963년 8월)에 1951년 9월 설립되어 현재 300명 가까운 회원이 있고 100종

그러나 유수현 씨가 오사카상공회 회장이 된 후, 오사카상공회는 유수현 회장의 리더십하에 오랜 침체 상황을 벗어나 활발한 활동을 시작하고 한국 경제계와의 교류도 적극 추진하기 시작했다. 〈표 1-6〉에서 알 수 있는 바와 같이 1964년경부터 한국의 경제단체 및 정치가의 오사카 방문이 빈번해지기 시작했는데, 오사카상공회는 오사카를 방문하는 한국 정재계 인사들과의 교류를 적극적으로 추진했다.

오사카상공회는 방일하는 한국 인사들의 대응만이 아니라 상공회 스스로도 1965년 4월에 한국에 제5차 본국산업시찰단(강태우 부회장을 단장으로 해 11명으로 구성)을 파견해 한국의 실정을 파악하는 한편, 자신들의 요망을 정부나 관계 요로에 반영하고자 노력했다. 1969년에는 제1회 한국무역박람회에 참관단을 파견했다.

이러한 한국과의 교류의 급진전은 말할 것도 없이 한일국교 정상화에 따른 것으로, 한국에는 수출 진흥 및 재일한국인 자본의 유치, 재일상공인 쪽에는 한국 진출(무역 및 투자)의 촉진이라는 의도가 있었다.

한국 경제계와의 교류는 오사카상공회의 정보센터로서의 기능을 강화시켰다. 오사카상공회는 한국 정재계 인사나 한국 시찰단과의 간담회 및 강연회 그리고 자신들의 본국시찰단 파견 등을 통해 한국 경제에 대한 정보를 축적할 수 있었으며, 이러한 정보를 상공회 회원과 공유하고자 했다. 상공회 회관 구입 후 1965년 10월에 대한무역공사 오사카사무소가 상공회 회관에 입주하게 된 것도 오사카상공회의 정보센터로서의 기능을 강화시켰다고 생각된다. 오사카사무소는 1969년 12월 오사카 시내의 다른 건물로 이전했다.

가까이 되는 업종의 중소기업체를 망라하고 있다는 설명이 있으나, 필자는 이 기사 외에는 오사카상공진흥회 및 진흥회 이사장인 송종호에 관한 정보를 찾을 수 없었다.

표 1-6 _ 오사카상공회와 본국과의 교류

연도	월일	내용
1956	11월 10일	강용옥(康龍玉) 무역국장(상공부) 오사카 방문, 좌담회
1958	6월 9일	동남아시아경제시찰단[단장은 장기식(張麒植) 삼성흥업(三星興業) 사장] 영접
	6월 13일	임병직(林炳稷) 한일회담 수석대표 환영회
1960	12월 11일	대구상공회의소 동남아시아시찰단 일행 16명 오사카 방문
1964	3월 21일	공화당 의원 일본시찰단 오사카 방문
	4월 7일	관서일한협회 설립, 회장은 스기 미치스케(杉道助) 일본무역진흥회(日本貿易振興会) 이사장. 오사카상공회에서 7인이 이사직에 취임
	4월 10일	대한상공회의소의 국제견본시조사단(国際見本市調査団) 오사카 방문[박중길(朴中吉) 단장 외 20명]
	5월 19일	대전상공회의소 방일시찰단 17명 오사카 방문
	8월 18일	부산상공인시찰단 내방
	8월 21일	한국 국회 상공위원 일본경제시찰단[단장은 이활(李活) 국회 상공위원장] 13명 오사카 방문. 환영 간담회
	8월 31일	수출산업공단단지 및 사업 소개 책자를 전 회원에게 배포
	11월 15일	경제과학심의 의원[주요한(朱燿瀚) 경제과학심의회 회장 등 3명] 내방, 환영 만찬회
	12월 8일	'재일교포기업시찰단(在日僑胞企業視察団)'[한국수출산업공단(韓国輸出産業公団) 이사장 이병호(李丙虎) 단장 외 6명] 오사카 방문
1965	1월 31일	한국 국회 재경위원 방일시찰단 오사카 방문. 2월 1일 환영 간담회 및 동포 유력 기업 시찰
	4월 1일	제주도 상공인 일행 내방
	4월 17일	제5회 오사카상공회 산업시찰단(강택우 부회장 외 10명) 출발
	4월 26일	대한상공회의소 일행(16명) 오사카 방문, 본회 주최 간담회, 민단본부 주최 만찬
	4월 27일	대구상공회의소 일행 오사카 방문
	5월 1일	대한상공회의소 송ㅇㅇ 진흥과장 외 1명 내방
	5월 24일	진해상공회의소 내방
	6월 12일	부산상공회의소 일행 15명 오사카 방문
	6월 22일	한일회담 정식 조인
	7월 5일	관서일한협회 주최 일한경제협력간담회에 김호일(金皓一) 전무이사 참가
	8월 10일	본국수출검사시찰단 내방
	9월 25일	부산하역협회 방일시찰단 일행[전동하(全東河) 씨 외 5명] 내방

연도	월일	내용
	10월 4일	순천상공회의소 박창렬(朴昌烈) 사무국장 내방
	10월 6일	정일권(丁一權) 국무총리 이타미공항에서 교포 기자회견, 김용재(金容載) 부회장이 상공인 실태 설명
	10월 16일	대한무역진흥공사(KOTRA) 오사카사무소를 대상(大商)빌딩에 설치(1969년 12월에 이전)
	11월 12일	KOTRA 주최 간담회
1966	2월 21일	'한국민간경제사절단(韓国民間経済使節団)'(대한상공회의소, 한국경제인협회, 한국무역협회) 52명 오사카 방문
	2월 24일	KOTRA 이상원(李相源) 이사 오사카 방문, 국제견본시장 관계 협의
	3월 2일	KOTRA 주최 간담회
	3월 17일	대한관광협회 이사장 오사카 방문
	3월 20일	김인(金仁) 경북지사 환영회
	3월 28일	부산상공회의소 최○○ 상공국장 외 5명 내방
	4월 9일	국제견본시장 한국관 개관식(제7회 오사카국제견본시장 개최, 4월 9~20일)
	4월 20일	대한상공회의소 제3차 방일산업시찰단 22명 오사카 방문. 오사카상공회는 시찰단의 안내역을 함
	4월 28일	아시아무역협회 주최로 대한상공회의소와 간담회
	5월 6일	대한상공회의소의 유○○ 참사 내방
	6월 24일	부산상공회의소 방일시찰단 내방
	7월 8일	KOTRA 사장 내방
	8월 9일	일한교역협의회 방한보고회(오사카상공회의소에서 개최)
	10월 2일	본국 기자 20명 환영회(중앙민단 초청)
	10월 6일	한은 총재 환영 만찬회
	10월 26일	경북개발협회 이사 내방
	11월 24일	본국 기자단 13명 내방, 총영사 주최 만찬
	12월 1일	한국 검찰총장 오사카 방문, 총영사 주최 만찬
1967	1월 20일	대한가공지공업(大韓加工紙工業) 방일시찰단 오사카 방문, 오사카상공회 안내로 제지공장 견학
	2월 16일	박현숙(朴賢淑) 공화당 부의장 오사카 방문, 환영 만찬
	2월 17일	대한무역협회 정○○ 이사 오사카 방문, 본회 주최 환영 간담회
	3월 3일	대한합성수지공업협동조합(大韓合成樹脂工業協同組合) 일행이 오사카 방문, 오사카비닐공업협동조합[이사장 서재식(徐在植)과 자매결연

연도	월일	내용
	4월 21일	대한상공회의소, 한국경제인협회 합동시찰단 내방
	5월 19일	한국 법무부장관, 검찰국장 오사카 방문
	6월 14일	한국생산성본부 전무이사 내방, 교포 공장 시찰
	10월 30일	도쿄의 제2회 한일교역회의에 출석한 무역업계시찰단 환영 간담회
	12월 11일	본국기자협회 일행 내방
1968	2월 16일	제3회 한일합동경제간담회(韓日合同経済懇談会), 오사카에서 간담[13일에는 도쿄 경단련회관(経団連会館)에서 간담]
	3월 4일	총영사관 주체로 긴키지구한국인무역간담회 개최(엄민영 주일대사 참석)
	4월 8일	엄 주일대사, 오사카상공회 회의실에서 '주일공관장 수출진흥회의(駐日公館長輸出振興会議)'에 임석. 본국투자의 수용 방법을 설명
	4월 21일	대한공회의소 방일시찰단 내방
	4월 25~27일	KOTRA 오사카사무소 한국수출상품견본전시회를 상공회 회의실에서 개최
	7월 25일	김상현(金相賢) 국회의원 내방
	8월 7일	이효상(李孝祥) 국회의장 환영회 및 강연회
	9월 8일	오사카상공회에서 한국무역박람회참관단 일행 26명 출발(4박 5일)
	10월 8일	한국합성수지공업협동조합 방일단 내방
	10월 14일	광주청년상공회의소 방일단 내방
1969	6월 4일	엄민영 대사 참석하에 오사카상공회 회의실에서 제2회 무역수출진흥간담회 개최, 회원 45명 참가
	10월 29일	본국 상공부 기자단 내방
1970	2월 9일	상공부장관 오사카 방문, 오찬회
	5월 10일	마산수출자유지역단지 정문도(鄭文道) 관리청장 내방 및 간담회, 재일동포의 진출을 강력히 요청
	5월 16일	정일권 국무총리 오사카 방문
	6월 15일	한국 국회의원 일행 내방, 식도원 간담회
	7월 7일	농림부장관 오사카 방문, 간담회
	7월 30일	국회의원 길전식(吉典植) 내방
	11월 2일	오탁근(吳鐸根) 법무차관 오사카 방문, 강연회(민단본부)
1971	2월 28일	한국건설협회 서울지부 방일시찰단 11명 오사카 방문. 3월 4일 오사가상공회와 자매결연
	8월 31일	마산수출자유지역단지 정문도 관리청장 내방, '마산수출자유지역설명회'를 개최

연도	월일	내용
	11월 13일	한국 기자 일행 내방
1972	5월 20일	마산수출자유지역센터 설명회
	7월 24일	한국섬유공업시찰단 방일 환영회
	10월 22~28일	모국산업시찰단 77명 파견(강택우 회장이 단장)
1973	1월 17일	전국상공회의소 사무국장 방일시찰단 환영 간담회
	6월 12일	김종필(金鍾泌) 국무총리 환영 리셉션
1974	7월 2일	한국 외무위원 환영회(동천각에서 개최)
	12월 3일	한국공업단지(韓國工業団地) 관리청장 일행이 오사카에서 본국 투자 유치 설명회를 개최, 40명 참석
1975	6월 2일	대한상공회의소 제4차 한국투자유치조사단 9명 오사카 방문
	10월 15일	본국투자기업시찰단(本國投資企業視察団)[36명, 단장은 강병준(姜炳俊) 회장]을 파견
	11월 15일	대한상공회의소 제5차 한국투자유치조사단 6명 오사카 방문
1976	6월 10일	대한상공회의소 제6차 한국투자유치조사단 9명 오사카 방문, 11일 간담회
	11월 20일	대한상공회의소 제7차 한국투자유치조사단 25명 오사카 방문
1977	5월 9일	대일투자유치조사단 간담회
	9월 7일	한국 각료 환영회 참가
1978	4월 5일	부산상공회의소 일행 5명[허규상(許圭相) 사무국장이 단장] 내방
	4월 20일	제주상공회의소 일행 10명[백우원(白羽元)회장이 단장] 내방
	5월 25일	대한상공회 파견 제9차 한국투자기술제휴조사단과 회원 30명과 본국투자 간담회 개최
	10월 20일	태완선 대한상공회의소 회장을 영접, 오사카상공회 회장을 비롯한 재오사카 동포 유지가 환영회 개최
	11월 6일	한국무역협회 파견 무역사절단이 내방. 11월 8~10일 오사카과학기술센터에서 제품 전시회 개최
	12월 9일	한국통일주체회의 대의원 24명 오사카 방문.
1979	3월 19일	'제6회 상공의 날'(3월 20일) 방문단으로 긴키 지역에서 약 60명이 참가
	5월 5일	정일권 의장 환영 만찬회
	6월 8일	제10차 한국투자기술제휴조사단 간담회
1980	3월 19일	'제7회 상공의 날'(3월 20일) 방문단으로 긴키 지역에서 약 60명이 참가
	6월 21일	본국 정부 요인과 간담회(민단본부 강당에서 개최)

자료: 大阪韓国人商工会(1973); 大阪韓国人商工会(1985).

국교 수립 이전은 물론 국교 수립 이후에도 한동안 한일 간의 인적 교류가 자유롭지 못하던 시기에 오사카상공회에 축적된 한국의 정계 및 재계에 관한 정보는 당시의 재일상공인에게는 희소한 자원이었다. 오사카상공회는 그러한 희소한 자원을 유효하게 활용하기 위한 오사카상공인들의 '조직화된 기업자 활동'(中川敬一郎, 1967)이라고 할 수 있을 것이다.

오사카상공회는 정보센터로서의 기능과 더불어 한국 정부의 정책 수행을 지원하는 역할도 수행했다. 오사카상

그림 1-5 _ 오사카한국상공회 창립 20주년 기념축전 포스터
하춘화, 문주란, 김상국 등 한국의 유명 연예인이 출연했다.

자료: 大阪韓国人商工会(1983: 493).

공회는 한국 정부 관계자와의 간담회나 설명회를 개최해 한국 정부 정책을 설명하는 자리를 마련했을 뿐만 아니라 직접 수출산업공단 단지 및 사업 소개 책자를 배포하고(1964년 8월), 국제견본시장 한국관 개관을 후원했으며(1966년), 한국수출품견본전시회를 오사카상공회 회의실에서 개최(1968년)하는 등 한국 정부 정책을 적극 지원했다.

오사카상공회가 본국의 정책에 협력한 대표적인 사례는 1970년 오사카에서 개최된 일본만국박람회(오사카만박, EXPO'70) 후원 사업일 것이다. 오사카만박은 일본 경제의 성공을 세계에 과시하는 일대 이벤트였으나, 재일한국인으로서는 만박에 참여하는 한국 정부를 지원함으로써 조국에 기여하는 한편 자신들의 존재감을 한국에 어필할 수 있는 절호의 기회였다(본서 제3장 참조).

1968년 8월 재일한인은 "EXPO'70 재일한국인후원회"(회장 이희건) 발족

총회를 개최하고 오사카만박 후원을 위한 체제를 정비해 1억 8000만 엔이라는 거액의 후원금을 모금하는 데 성공했다. 후원회 활동의 핵심인 한국관 건설모금에서 가장 돋보였던 것은 오사카 지역 상공인들의 활약이었다(정호석, 2017: 230). 전국적으로 모금한 1억 8000만 엔 중 71%에 달하는 1억 2810만 엔은 오사카 재주 한국인 59명의 기부금이었으며, 그중 53명이 오사카상공회 회원으로, 이들의 기부금만 1억 1900만 엔에 달했다.

오사카상공인이 이처럼 거액의 후원금을 모금할 수 있었던 것은 그들의 조국에 대한 뜨거운 애정(애국심)과 오사카 상공업자의 성장을 배경으로 하고 있지만, 유수현 회장의 리더십하에 조직을 정비·강화한 오사카상공회가 상공인의 애국심을 조직할 수 있었다는 측면도 간과하면 안 된다.

5. 본국투자의 본격화와 오사카상공회의 활동: 1970년대

1) 오사카상공회의 조직 확대

1970년대에 들어와 오사카상공회는 규모 면에서 비약적으로 성장했다. 1971년에 308명이었던 회원 수는 1981년에 1000명을 돌파했다. 이와 같은 회원 수의 증가는 오사카상공회가 강력히 전개한 회원증강운동의 성과였다. 특히 1975년에 취임한 강병준(姜炳俊) 회장(1975년 4월~1980년 5월)은 각 임원당 세 명의 신입회원 획득, '회원배가(倍加)운동' 추진위원 선임, 각 지구에서의 '회원배가' 설명회 개최 등, 회원배가운동을 정력적으로 추진했다.

오사카상공회의 회원증강운동이 이와 같은 성과를 올릴 수 있었던 배경에는, 한일협정에 의해 재일한인의 협정영주권 취득이 가능해짐에 따라 협정영주권 취득을 위해 한국 국적으로 변경한 재일한인이 크게 늘었다는 사

[상자글 1-6] 1970년대의 오사카상공회 회장

강택우 강택우(1922년생)는 1930년에 도일해 오사카에서 소학교를 졸업한 후 신문배달 등을 하다 마쓰시타전기(松下電氣)의 주소무선공장(十三無線工場) 등에 취직했으나, 오래 근무하지 않고 여러 직업을 전전하다가 17세(1939년?)에 오사카기공(大阪機工)에 취업해 1945년까지 근무했다. 전후에는 오사카 우메다에서 식당 향도옥(香島屋)을 개업함으로써 자신의 사업을 경영하기 시작했다. 그는 이 시기 우메다에서 박한식의 지기를 얻어 암시장의 정상화에 기여했다. 당시 우메다 암시장에서 박한식과 함께 5인 그룹으로 활동한 강병준(姜炳俊), 장용수(張龍秀), 정상용(鄭相鎔), 강택우는 모두 상공회 회원이 되었다. 강택우는 박한식을 도와 오사카상은 설립에 진력해 상은 설립 당시 상무이사에 취임하고, 뒤에 부이사장을 역임했다. 오사카상공회에는 3기에 감사, 4기부터 이사에 취임했으며, 16~18기에 제11대 회장(1972~1975년)을 역임했다. 이 외에 민단오사카본부장을 역임(1961~1963년)하는 등 오사카상공인의 리더로서의 역할을 했다. 강택우는 오사카흥은 외에 개인 사업으로 호텔, 음식점 등 다양한 분야에 진출했으며, 1970년대에 대규모 볼링장을 개업했으나 당시의 불황으로 성공하지 못했다.

강병준 강병준(姜炳俊, 1919년생)은 조토상업을 졸업하고 전후 26세(1945년) 오사카에서 봉제공장을 설립했으나, 1959년에 도와관광(同和観光)을 설립하고 레저 부문으로 업종 전환했다. 1955년에 무역업체인 도와상사(同和商事)를 경영하고 있다는 기록이 있다. 강병준은 전후 우메다 암시장에서 박한식과 함께 활약한 바 있다. 그는 오사카상공회 4기부터 이사에 취임했으며, 1975년에서 1980년까지 오사카상공회 제12~13대 회장을 역임했다.

양희진 양희진(梁熙晉, 1918년생)은 전후 진주군의 불하 의료 판매업으로부터 출발했다는 기록이 있으나, 1947년에 50명의 종업원을 고용하는 산세이금속공업(三星金属工業)을 경영하고 있다는 기록도 있다. 단, 산세이금속공업이 취급하는 제품은 운동용품과 완구여서 금속제품을 다루는 업체가 아닐 수 있다. 양희진은 나중에 관광업으로 전환했으나 그 시기는 분명하지 않다. 그는 게이한관광(京阪観光), 그랜드관광, 제일관광 등 여러 호텔과 파친코점을 운영했는데, 이 중 그랜드관광은 1956년 7월에 설립되었다. 양희진은 오사카상공회 제18~19기 이사, 20~23기 부회장을 거쳐 24기에 제14대 회장(1980~1982년)에 취임했다.

실이 있다. 한국 국적의 재일한인은 1964년에 22만 8000여 명(전체 재일한인의 39.5%)이었으나, 1970년에는 33만 1000여 명(54.0%)으로 크게 증가했다(이광규, 1983: 88). 1970년대는 재일한인의 국적별 통계를 발표하지 않아 한국 국적자의 정확한 숫자를 알 수 없으나, 한신협의 자체조사에 따르면 1979년 3월 말 민단계 재일한인의 수는 39만 2000여 명으로, 전체 재일한인의 60.3%였다(在日韓国人信用組合協会, 1979).

한국 국적의 재일한인 증가와 함께 한일 간의 경제관계가 더욱 밀접해진 것도 오사카상공회 회원 수 증가의 배경이 되었다고 생각되는데, 이 점에 대해서는 항을 달리해 설명하기로 한다.

2) 본국투자의 본격화

1970년대에 들어와 한일 간의 경제 교류는 비약적인 성장을 보였다. 1970년에 2억 3400만 달러였던 대일수출은 1980년에는 30억 3900만 달러로 증가하고, 대일수입 역시 같은 기간에 8억 900만 달러에서 58억 5800만 달러로 증가했다(44쪽의 〈표 1-3〉 참조).

무역과 함께 일본의 대한직접투자도 크게 증가했다. 1970년에 1300만 달러에 불과했던 일본의 직접투자액은 1973년에는 1970년의 8배가 넘는 무려 1억 7300만 달러로 급증했다(〈표 1-5〉). 이후 일본의 직접투자액은 감소하나 1973~1980년 사이의 일본의 대한직접투자액은 6억 4000만 달러에 달했다.[24]

전술한 바와 같이 일본의 대한직접투자 중에 어느 정도가 재일한국인의

---

24) 경제기획원의 1978년 8월 발표에 따르면, 한국에 대한 직접투자는 1962년 이래 863건, 9억 2800만 달러이며, 그중 일본의 직접투자는 전체의 59%인 5억 4800만 달러(572건)였다(大阪韓国人商工会, 1983: 640).

그림 1-6 _ 마산수출자유지역관리청 앞의 '모국산업시찰단'(1972년 10월)

자료: 大阪韓国人商工会(1983: 464).

투자인지는 알 수 없으나, 일본의 대한직접투자의 상당 부분이 재일한국인
의 투자일 것이라는 점은 단편적인 자료를 통해서나마 추측할 수 있다. 예
를 들면, 1972년 말 현재의 재일한국인의 투자는 37건에 약 4900만 달러,
재미한국인의 투자는 8건에 약 160만 달러로, 해외 교포 투자가 외국인 투
자액의 15.5%에 달한다는 보고가 있다(洪國杓, 1977: 69). 또, 『모국을 향한
재일동포의 100년 족적』에 따르면, 1965년부터 1979년까지 재일동포가 본
국에 투자한 금액은 10억 달러 이상으로, 이것은 같은 기간 외국인이 투자
한 9억 3700만 달러를 상회하는 규모였으며, 투자기업은 400개 사를 넘었
다고 한다(재일동포모국공적조사위원회, 2008: 100).

이와 같은 재일한국인 투자의 급증은 한국 정부의 적극적인 재일한국인 자본의 유치정책에 재일한국인 상공인이 호응한 결과였다. 1960년대 후반부터 시작한 한국 정부의 일본 자본 및 재일상공인 자본 유치 활동은 1970년대에 들어와 더욱 본격화되었다. 오사카 지역에 대한 한국 정부의 자본 유치 활동만 보아도(63~66쪽의 〈표 1-6〉 참조), 1970년, 1971년, 1972년에 오사카에서 마산수출자유지역에 대한 설명이 있었고 1974년에는 한국공업단지관리청장이 방일해 오사카에서도 투자유치 설명회를 개최했다. 1975년과 1976년에는 각각 두 차례의 대한상공회의소 한국투자유치조사단의 오사카 방문이 있었으며, 1977년에는 대일투자유치조사단과의 간담회가 있었다.

오사카상공회에서도 한국 투자에 적극적으로 대응해, 1972년 10월에 무려 77명에 이르는 대규모 본국시찰단을 파견했으며, 1975년 10월에는 본국투자기업 시찰단을 파견했다.

3) 본국투자협회와 교민은행의 설립

재일상공인에 의한 한국 투자가 급증함에 따라 투자를 둘러싼 많은 문제들이 발생하기 시작해, 그 처리를 위한 조치 내지는 제도적 장치 마련이 시급히 해결해야 할 과제로 부상했다. 투자를 둘러싼 문제들을 대별해 보면, ① 행정 제도의 개선 요구, ② 금융·세무 면에서의 우대·특혜 조치, ③ 분쟁 발생 시의 고충 처리와 해결 방법으로 정리될 수 있다(東京韓国人商工会, 1991: 67). 행정 제도의 개선 요구는 투자 수속의 간소화나 기계 부품의 신속한 반입에 관한 것이 주요 내용이었으며, 금융·세무 면에서는 특히 국내 금융기관으로부터의 융자 곤란과 같은 투자기업의 자금 조달상의 애로가 클로즈업되었다. 또 사업 파트너의 배신행위 등으로 파산하는 사례들이 발생함에 따라,[25] 분쟁 처리와 해결을 위한 제도적 장치가 요망되었다.

이와 같이 본국투자의 보호·지원을 둘러싼 문제들이 제기됨에 따라, 투자를 둘러싼 분쟁 처리를 원활히 하고 투자를 보호할 수 있는 제도적 장치를 마련하기 위한 모색이 오사카상공회를 중심으로 간사이 지역의 한국인 상공인 사이에서 시작되었다.[26]

오사카상공회는 당초에는 본국투자 관련 사무를 당시 유명무실한 상태에 있었던 한상련을 재건해, 한상련에서 관리하게 하는 방법을 추구했던 것으로 생각된다. 한상련 재건의 움직임은 오사카상공회의 주도로 결성된 긴키지구상공회협의회(近畿地区商工会協議会, 이하 긴키협의회로 줄임)에서 시작되었다.

오사카상공회는 1972년 5월 22일의 상임위원회에서 오사카가 중심이 되어 긴키협의회의 결성을 적극적으로 추진할 것을 결의한 뒤, 6월 2일 오사카, 교토, 시가(滋賀), 효고(兵庫)의 각 재일한국인상공회 임원과 나라(奈良), 와카야마(和歌山)의 재일상공인 유지가 참석해 긴키협의회를 결성하고 제1회 긴키협의회를 개최했다. 긴키협의회가 결성됨에 따라 재일한국인상공회가 설립되어 있지 않았던 나라, 와카야마, 미에(三重)에도 연달아 재일한국인상공회가 설립되어 동 협의회에 참가하면서, 유명무실화된 한상련의 활성화 방안이 협의회에서 논의되기에 이르렀다.

이와 같이 한상련 재건을 향한 긴키협의회가 움직임에 따라, 1972년 7월

---

25) 대표적인 분쟁 사례로서 『東京韓商30年史』와 『韓商連30年史』에 새나라자동차(1964년), 대한광학공업(1972년), 한국항공정비회사(1976년)의 사례가 소개되고 있다.

26) 『東京韓商30年史』는 본국투자협회의 설립에 대해 도쿄한국인상공회의 역할을 중심으로 서술하고 있다. 그러나 1973년경 본국투자자가 많은 간사이 지방에서 본국투자 상담기관의 설치 요망이 높아지면서, 오사카상공회가 한상련에 '본국투자협회'를 설치하고 싶다는 요청을 함에 따라 도쿄상공회와 한상련이 오사카에 출장해 수차례의 준비 회합을 거쳐 본국투자협회가 설립되었다고 기술하고 있는 바와 같이(『東京韓商30年史』 68쪽), 오사카 지역 재일상공인의 주도로 본국투자협회가 설립되었음을 인정하고 있다.

6일 도쿄에서 제1회 전국상공회회장회의가 개최되어 본국투자 실태 조사와 그 대책 강구가 4대 활동 사업의 하나로 책정되었다.[27] 그 내용은, 동포 상공인이 본국에서 신규 사업 및 투자를 할 경우 지방상공회는 한상련의 추천을 받고, 한상련은 책임 있는 추천장을 발행함과 동시에 투자 상담 안내와 함께 사업 달성을 위해 협력한다는 것이었다(大阪韓国人商工会, 1983: 475).

이와 같은 한상련 재건 방향은 1973년 1월 27일의 제4회 긴키협의회에서도 확인되었다. 이 협의회에서의 협의 결과, ① 한상련 강화책으로 본국 진출 시의 수속을 한상련을 통해 행하도록 해야 할 것이며 이를 위한 한상련 기능의 활성화와, ② 동포 상공인의 본국투자 진출 적극 추진에 합의하고, 본국에 대해 아래와 같은 건의 사항을 채택했다(大阪韓国人商工会, 1983: 474).

① 동포 상공인의 본국투자 진출 관련 신청서류의 간소화를 꾀하기 바람
② 동포 상공인이 본국에 투자 신청을 할 경우, 그 구비 서류로서 소속 상공회의 추천서와 한상련의 보증서를 첨부하도록 한다.
③ 본국에 투자 진출을 하는 일본 기업체와 동포 기업자의 합작 알선을 요망한다.

이와 같이 재일상공인의 본국투자에 관해 한상련이 추천장을 발행한다든가 한상련의 보증서를 첨부하는 등의 방식으로 본국 진출 시의 수속을 한상련을 통해 하도록 하는 것은, 한상련이 1962년에 한국 정부에 건의했던 내용과 유사하다. 그러나 긴키협의회의 건의 후에도 한상련이 본국투자

---

27) 한상련 전국상공회 회장 회의에 대한 기술은 『大阪韓国人商工会三十年史』에만 나오고 『東京韓商30年史』나 『韓商連30年史』에는 언급되고 있지 않는데, 그 이유는 알 수 없다.

에 대한 관리 업무를 한 사실이 없는 것으로 볼 때, 이번에도 이러한 의도가 관철된 것으로는 보이지 않는다.

본국투자협회 구상은 한상련에 의한 본국투자 관리 구상이 실현되지 못하자 그 대안으로 제시된 것으로 추측된다. 본국투자협회 구상이 최초로 공식적으로 제시된 것은 1973년 6월 29일 제6회 긴키협의회에서였다. 이 협의회에서 본국투자 기업체의 조직 구성과 본국사무소 개설 추진을 구체화한다는 것을 정식 의안으로 상정했다(在日韓国人商工会連合会, 1992: 118). 이어서 긴키협의회는 같은 해 8월 3일 오사카상공회에서 제1회 본국투자 기업체 간담회를 개최해 본국투자에 관련된 다양한 문제점을 논의했는데, 여기서 본국투자기업자들은 교민은행의 시급한 설치와 함께 본국 연락 사무소의 설치, 본국투자기업으로 이루어진 재한교포상공회(가칭)의 설립, 본국투자문제협의회의 설치 등을 요망했다.[28] 본국투자 기업체 간담회가 열린 지 사흘 뒤 같은 오사카에서 긴키협의회 주최로 열린 '한상련 회장을 둘러싼 간담회(韓商連会長を囲む懇談会)'에서도 본국투자 기업체의 본국 연락 사무소를 시급히 설립할 것과, 교민은행은 긴키협의회가 중심이 되어 한상련에서 추진한다는 점에 합의했다.

이처럼 본국투자 기업체의 조직 또는 본국 연락 사무소의 설치에 대한 합의가 이루어짐에 따라, 1973년 9월 12일에 열린 제7회 긴키협의회에서는 한상련 본국사무소는 대한상공회의소 내에 설치하며, 본국 진출 기업체를 중심으로 준비위원회를 구성하고, 본국투자 기업체의 융자 문제를 해결하기 위해 재일동포 전액투자에 의한 교민은행을 설립할 것이 결정되어 그 준비위원을 선출했다.

---

28) 그 이외에 본국투자 절차의 간소화, 일본으로부터의 기계부품 반입 허가 신속화, 본국투자 기업체 증자에 대한 특별조치 등의 요망이 있었다.

준비위원들은 1973년 11월 12일 오사카상공회에서 열린 제1회 준비이사회에서 가칭 '재일한국인모국투자기업연합회'의 결성을 심의·확인했다. 그리고 1974년 2월 5일 제2회 준비이사회에서 '재일한국인투자기업협회'의 결성총회를 가지고, 회장 이희건(오사카흥은 이사장, 한신협 회장), 부회장 강병준(姜炳浚; 오사카상공회), 김용태(金容太; 도쿄상공회)를 선출했다(在日韓国人商工会連合会, 1992: 118~119).[29] 1974년 2월 5일 재일한국인상공회가 파악한 본국투자 기업자 70명 중 34명이 오사카 지역의 기업가였으며, 이 중 31명이 오사카상공회 회원이었다(大阪韓国人商工会, 1983: 512).

교민은행의 설립 문제는 본국투자 문제와 함께 논의되었다. 교민은행 설립의 필요성을 제기한 것도 긴키협의회였다. 1973년 4월 10일에 열린 제5회 긴키협의회에서는 본국 진출에 관해 신청 서류의 간소화와 합리화를 본국 정부에 건의하는 것과 함께 운전자금의 조달 곤란을 해소하기 위한 교민은행의 설립을 추진할 것이 논의되면서, 재일동포 전액 출자의 교민은행 설립의 필요성이 부각되었다.

제5회 긴키협의회에서 제기된 교민은행 설립 문제가 8월 3일에 열린 제1회 본국투자 기업체 간담회에서도 다시 논의되고 8월 6일의 '한상련 회장을 둘러싼 간담회'에서 교민은행의 설립을 추진할 것이 합의됨에 따라, 1973년 9월 12일 제7회 긴키협의회에서 교민은행 설립을 결정하고 이를 위한 교민은행설립연구위원회가 구성되었음은 이미 기술한 바와 같다.

그러나 교민은행의 설립은 한국 내의 사정 등으로 순조롭게 진행되지 않아서 은행 설립 대신에 우선 단기금융회사 설립을 목표로 했고, 1977년 7월 22일 단자회사(제일투자금융주식회사)가 설립되었다. 교민은행의 설립은

---

29) 1977년 2월에 재일한국인본국투자협회로 개칭해 한국에 사단법인으로 등록했다(在日韓国人本国投資協会, 1977: 80).

1981년 7월 7일 신한은행의 설립(개업)에 의해 실현되었다.

교민은행의 설립은 당시 한신협 회장이었던 이희건의 주도로 이루어졌으며(梁京姬, 2010), 오사카상공회가 그 과정을 리드했다고 볼 수는 없으나, 오사카상공회가 주도한 긴키협의회를 통해 교민은행의 설립 문제가 공론화되어 구체적인 준비 작업으로 들어갈 수 있는 계기가 마련되었다는 점은 평가되어야 할 것이다.

4) 1970년대의 회원 상황

1973년의 회원 명부에서 351명의 회원이 확인되는데, 이 중 344명의 회원의 업종이 확인된다.[30] 이들을 업종별로 분류하면, 제조업(152명)이 가장 많고, 다음으로 도소매업(43명), 건설업(33명), 오락·유기(33명), 음식업(30명) 순으로 많다. 제조업의 내용을 보면, 섬유(29명), 화학(고무, 비닐, 플라스틱, 화학공업; 58명), 금속(철, 비철, 금속제품; 33명), 피혁(6명), 기계(6명), 요업(4명) 등이다(〈표 1-7〉). 이러한 업종 구성은 한재향(韓載香, 2010)이 『1976년판 재일한국인기업명감』에 근거해 계산한 1975년의 오사카부 재일한국인 기업의 업종과 큰 차이가 없다.[31]

1950년대 후반의 회원 업종과 비교해 볼 때 제조업의 비중이 높은 점, 제조업 중에 고무·화학, 금속, 섬유의 비중이 높은 점은 1973년의 회원 업종 구성에서도 동일하다. 단, 오락·유기 부문의 비중이 크게 증가한 것, 제조

---

30) 351명 중 4명은 본국 기관의 직원(한국외환은행, 제일은행, 대한항공, 대한무역공사), 1명은 단체[세이와카이(成和會)] 직원이고, 2명은 업종이 확인되지 않았다.

31) 오사카상공회원의 업종 구분도 『在日韓国人企業名鑑』에 따랐으나, 세부 항목의 분류에서 韓載香(2010)과 차이가 있을 수 있다. 예를 들면, 오사카상공회원의 음식점에는 호텔과 여관이 포함되나, 韓載香(2010)의 음식점에는 불고기집이나 한국요리점만을 포함하고 있는 것으로 보인다.

표 1-7 _ 1973년의 회원 업종

업종		1973년		1975년	
		오사카상공회 회원		오사카부 재일한국인 기업	
		기업 수	구성비(%)	기업 수	구성비(%)
제조업	금속	33	9.6	133	9.9
	화학	58	16.9	150	11.2
	섬유	29	8.4	95	7.1
	피혁	6	1.7	37	2.8
	기계	6	1.7	—	—
	요업	4	1.2	—	—
	기타	—	—	182	—
	소계	152	44.2	597	44.4
건설업		33	9.6	150	11.2
도소매업/ 음식업	도소매	43	12.5	119	8.9
	음식점	30	8.7	134	10.0
	기타	—	—	103	—
	소계	73	21.2	356	26.5
부동산업		16	—	54	—
서비스업	오락업	33	9.6	86	6.4
	금융	2	—	—	—
	운수	12	—	—	—
	기타	23	—	53	—
	소계	70	20.3	139	10.3
기타		—	—	48	3.6
총계		344	100.0	1344	100.0

주: 1) 업종 구분은 기본적으로 『在日韓国人企業名鑑』의 분류에 따랐다.
2) 화학은 플라스틱공업과 고무공업의 합계이며, 섬유는 의복, 섬유제품, 섬유공업의 합계이다.
3) 1973년 오사카상공회원의 음식업에는 호텔과 여관을 포함했다.
4) 1975년 오사카부의 음식점은 야키니쿠야(燒肉屋), 한국요리점이다.
자료: 1973년은 大阪韓国人商工会(1973), 1975년은 韓載香(2010: 47) 재인용.

업 구성에서는 섬유 부문의 비중이 감소한 것이 눈에 띈다. 전자는 파친코
와 같은 유기 부문에의 재일한국인의 급속한 진출을 반영하는 것이며, 후
자는 일본의 고도성장기 과정에서 경공업에서 중화학공업으로의 산업 구
조 전환을 반영하는 것으로 생각된다.

1973년의 회원 명부에는 회원 기업의 자본 규모나 종업원 수 등은 나타
나 있지 않으나, 통일일보사(統一日報社)가 발간한 『1976년판 재일한국인
기업명감』에서 확인되는 회원 기업 237개 사의 1975년 8월 시점에서의 자
본금과 종업원 수는 다음과 같다(〈표 1-8〉).[32]

237개 사 중 54개 사는 개인 기업으로 자본금을 알 수 없으며, 11개 사에
대해서는 자본금 정보가 없다. 나머지 172개 사에 대해서 자본금 규모별
회원을 보면 1억 엔 초과가 4개 사, 1000만~1억 엔 이하가 54개 사(24.4%),
100만~1000만 엔 이하가 102개 사(59.3%), 100만 엔 이하가 12개 사(7.0%)
였다.

종업원 수는 185개 사에 대해 알 수 있다. 300명 초과가 6개 사, 100~300
명 21개 사(11.4%), 50~100명 이하가 25개 사(13.5%), 30~50명 이하가 25개
사(13.5%), 30명 이하가 108개 사(58.4%)였다.

당시 일본 '중소기업 기본법'의 중소기업 정의에 따르면 제조업은 자본금
1억 엔 이하 또는 종업원 300명 이하, 도매업은 자본금 3000만 엔 이하 또
는 종업원 100명 이하, 소매업과 서비스업은 자본금 1000만 엔 이하 또는
종업자수 50명 이하였다. 이 기준에 따르면 대기업이라고 할 수 있는 기업
은 제조업(건설업 포함)에서 자본금 기준으로나 종업원 기준으로나 3개 사(화
학 2개 사, 섬유 1개 사), 서비스업(도매업도 서비스업 기준으로 계산)에서는 자본

---

32) 237개 사 중에는 경영자가 동일한 회사가 포함되어 있는데, 전택상, 전한국, 고춘근, 김천일,
   서재식, 양동석은 각각 2개 사의 경영자로 되어 있다.

표 1-8_ 오사카상공회 회원 기업의 규모(1975년)

	제조업						건설업		제3차 산업								합계	
	기업 수						기업 수		기업 수								기업 수	
	화공	금속	섬유	기타	소계	비율(%)	기업 수	비율(%)	도소매업	음식점	부동산	운수/창고	유기	기타	소계	비율(%)	기업 수	비율(%)
자본금 100만 엔 이하	1	2	1	3	7	8.5	0	0.0	0	0	0	0	1	0	1	1.4	8	4.7
100만~1000만 엔	13	15	10	9	47	57.3	12	75.0	15	10	4	4	8	3	44	59.5	103	59.9
1000만~3000만 엔	8	7	4	2	21	25.6	2	12.5	6	4	2	2	2	3	19	25.7	42	24.4
3000만~1억 엔	3	0	1	0	4	4.9	2	12.5	3	1	1	2	2	0	9	12.2	15	8.7
1억~10억 엔	2	0	1	0	3	3.7	0	0.0	0	1	0	0	0	0	1	1.4	4	2.3
소계	27	24	17	14	82	100.0	16	100.0	24	16	7	8	13	6	74	100.0	172	100.0
종업원수 30명 이하	26	19	10	11	66	68.8	7	43.8	20	3	3	4	3	2	35	47.9	108	58.4
30~50명	5	5	2	4	16	16.7	2	12.5	2	3	—	0	2	0	7	9.6	25	13.5
50~100명	5	1	2	0	8	8.3	4	25.0	1	5	—	1	4	1	13	17.8	25	13.5
100~300명	1	0	1	1	3	3.1	3	18.8	—	8	—	2	4	1	15	20.5	21	11.4
300~1000명	2	0	1	0	3	3.1	0	0.0	—	1	—	1	1	—	3	4.1	6	3.2
소계	39	25	16	16	96	100.0	16	100.0	23	20	3	8	14	5	73	100.0	185	100.0

주: 1973년의 오사카상공회 회원 명부에 있는 기업 중에 『1976年版在日韓国人企業名鑑』에서 확인되는 회원 기업 237개 사에 관한 통계이다. 업종 구분은 기본적으로 『1976年版在日韓国人 企業名鑑』의 분류에 따랐다.

자료: 大阪韓国人商工会(1973), 統一日報社(1976).

금 기준으로 29개 사(39.2%), 종업원 기준으로 31개 사(42.5%)가 된다. 전체
적으로는 중소기업이 압도적 비중을 차지하고 있으나, 서비스업에서는 대
기업이라고 할 수 있는 기업(자본금 1000만 엔 초과 또는 종업원 50명 초과)들이
40% 전후의 큰 비중을 차지하고 있음을 알 수 있다. 제조업에서도 중견기
업이라고 할 수 있는 자본금 1000만~1억 엔 이하의 기업이 25개 사(30.5%)
가 있다. 1970년대에는 오사카상공회 회원들의 기업이 상당한 규모의 본국
투자가 가능할 정도로 성장했음을 알 수 있다.

1980년 10월 오사카상공회는 부회별로 자본금 및 종업원 규모 등에 관한
조사를 실시했는데, 그 결과는 〈표 1-9〉와 같다(746명의 회원 중 176명이 회답,
회답률 23.6%).

우선 업종별로 보면 화학공업이 43개 사(24.4%)로 가장 많은 비중을 차
지하고 있으며, 이어서 섬유 30개 사(17.0%), 금속 29개 사(16.5%), 건설 27
개 사(11.4%), 유음(遊飲) 20개 사(11.4%), 기타 27개 사(15.3%)였다. 업종은
부회명에 따른 것이어서 1973년의 업종별 구성과 직접 비교는 불가능하지
만,[33] 화공, 섬유, 금속, 건설, 유음 업종이 회원의 주요 업종이라는 점에서
는 1973년과 다르지 않다.

자본금 규모별로 보면, 개인 회사나 유한회사를 제외한 122개 사 중에서
1억 엔 이상 5개 사(4.1%), 1000만~1억 엔 48개 사(39.3%), 100만~1000만
엔 65개 사(53.3%)였다. 종업원 수별로 보면, 회답을 한 기업 165개 사 중
500~1000명 1개 사, 100~500명 13개 사(7.9%), 30명 이하가 114개 사
(69.1%)였다. 자본금 규모별, 종업원 규모별 분포는 1975년의 분포와 크게
다르지 않다.

---

33) 오사카상공회에는 도소매업, 부동산업, 운수창고업 등의 서비스업 부문 부회는 조직되어 있
   지 않았다. 이런 부문에 종사하는 회원은 이 조사에서 어떻게 처리되었는지 알 수 없다.

표 1-9 _ 오사카상공회 회원 기업의 규모(1980년 10월)

		화공	금속	섬유	건설	유음	기타	합계	비율(%)	(1975년)
자본금	100만 엔 이하	1	—	1	1	1	—	4	3.3	4.7
	100만~ 1000만 엔	19	13	10	11	6	6	65	53.3	59.9
	1000만~ 1억 엔	9	11	8	7	5	8	48	39.3	33.1
	1억~ 10억 엔	1	—	—	2	1	1	5	4.1	2.3
	소계	30	24	19	21	13	15	122	100.0	100.0
	유한회사	—	—	—	1	—	2	3	—	—
	개인 경영	13	5	11	5	5	7	46	—	—
	회답 없음	—	—	—	—	2	3	5	—	—
	합계	43	29	30	27	20	27	176	—	—
	구성비(%)	24.4	16.5	17.0	15.3	11.4	15.3	100.0	—	—
종업원수	30인 이하	32	18	22	18	5	19	114	69.1	58.4
	30~ 100인	8	9	5	5	8	2	37	22.4	27.0
	100~ 500인	1	1	2	2	5	2	13	7.9	13.0
	500~ 1000인	1	—	—	—	—	—	1	0.6	1.6
	소계	42	28	29	25	18	23	165	100.0	100.0
	회답 없음	1	1	1	2	2	4	11	—	—
	합계	43	29	30	27	20	27	176	—	—

주: 1975년의 비율은 〈표 1-8〉 참조.
자료: 大阪韓国人商工会(1973: 723).

6. 맺음말

한국 경제에 대한 정보가 부족하고 무역 및 투자에 대한 제도도 완비되지 않은 상황에서 재일상공인이 한국에 진출하는 것은 개별 기업으로서는 감당하기 어려운 큰 리스크를 수반하는 것이었다. 한일국교 정상화 전에는 정치적 문제로 한일무역 자체의 불확실성이 높았으며, 국교 정상화 후에는 한편에서는 활발한 무역과 투자가 이루어지면서도 다른 한편에서는 투자를 둘러싼 분쟁 등으로 파산하거나 철수하는 사례가 무수히 발생했다. 오사카상공회의 활동은 이와 같이 개별 기업으로서는 대응하기 어려운 한국 진출에 수반되는 리스크를 상공회라는 조직을 통해 경감하고 분산하고자 한 재일상공인의 조직적 대응이라고 할 수 있다. 오사카상공회가 재일상공인의 한국 진출 과정에서 한 구체적인 역할은 다음과 같다.

첫째, 오사카상공회는 재일상공인의 '정보센터'로 기능했다. 한일국교 성립 이전, 한일 간의 인적 왕래도 자유롭지 못한 상황에서 한국 경제에 대한 정보는 재일상공인에게는 희소한 자원이었다. 한일국교가 성립한 1965년 이후 한일관계는 비약적으로 발전하게 되었으나, 한일무역 참가만이 아니라 한국에 대한 재일상공인의 본격적인 투자가 시작되면서 한국 경제에 관한 정보는 오히려 그 중요성이 더욱 커지게 되었다. 이러한 상황에서 '본국 시찰단'의 파견, 방일하는 한국 경제단체의 안내, 한국의 정재계 인사들의 간담회 등을 통해 오사카상공회가 축적한 한국 경제에 관한 정보 및 인적 네트워크는 한국 진출을 꾀하고 있던 재일상공인에게는 개인적으로는 접근이나 획득이 어려운 귀중한 자원이었다. 오사카상공회는 이와 같은 희소 자원인 한국 경제 정보를 회원 공동의 공공재로 공급하는 정보센터의 역할을 했다.

둘째, 오사카상공회는 한국 정부의 정책 수행기관으로서의 역할을 했다.

국교 수립 전에는 주로 한일무역의 활성화를 위해 한국 상품의 대일수출 촉진을 위한 한국 정부 사업에 협조했으며, 국교 수립 후에는 수출 촉진에 더해 재일상공인의 한국 투자를 유치하고자 하는 한국 정부 정책에 적극 동참했다. 특히 오사카상공회가 1970년의 오사카만박에 참여하는 한국 정부를 적극 지원한 것은 오사카상공회가 한국 정부 정책의 협력한 대표적인 사례이면서, 동시에 자신들의 존재감을 한국에 어필할 수 있는 절호의 기회이기도 했다.

셋째, 오사카상공회는 한국 정부에 대한 건의와 진정을 통해 재일상공인들의 요망 사항을 실현시키는 정치 기능을 했다. 이러한 상공회의 정치 기능이 특히 유효하게 발휘된 것이 오사카상공회의 주도로 이루어진 본국투자협회와 교민은행의 설립이었다.

위에서 열거한 오사카상공회가 수행한 역할은 비단 오사카상공회에 국한된 것은 아니며, 다른 지역의 재일한국인상공회도 동일한 역할을 했다. 그러나 1961년에 도쿄상공회가 설립되기 전에는 실질적으로 유일한 재일한국인상공회로서 정보 취득과 정보 공유에서 독보적 위치를 차지하고 있었다는 점, 국교 수립 이후에는 한국의 정재계와 활발한 교류를 전개하고 정보센터로서의 기능을 하면서 재일상공인의 요망 사항을 한국 정부에 반영하는 데 주도적 역할을 했다는 점 등을 볼 때, 오사카상공회는 다른 지역의 재일한국인상공회를 리드하는 위치에 있었다.

오사카상공회를 지도한 사람들은 오사카 지역의 성공한 재일상공인들이었다. 오사카상공회는 1950년대에는 회원 수도 얼마 되지 않는 상황에서 소수의 상공인에 의존해 운영되었다. 1960년대에 유수현 회장을 중심으로 오사카상은과 오사카흥은이 오사카상공회를 지원하는 체제가 갖추어지면서 오사카상공회는 조직으로서의 안정성을 갖추기 시작했으며, 1970년대에는 회원 수가 크게 늘면서 중견기업 이상 규모의 기업을 경영하는 재일상공인들도 다수 등장함에 따라 소수의 인물에 의존하는 상황에서 탈피했다. 오사카상공회 회원들의 업종은 재일한국인이 많이 취업하고 있던 고무·화학 부문, 섬유·메리야스 부문, 유기(파친코) 부문, 금속 부문이었으며, 1970년대에는 유기 부문 업자의 진출이 두드러졌다.

오사카상공회의 기능은 1980년대에 들어와 후퇴하는 것으로 생각된다. 그 이유로 한국 경제에 관한 정보가 더 이상 희소한 자원이 아니게 되었음이 중요하다. 한일 간의 경제 교류가 비약적으로 증대됨에 따라 한국 경제에 관한 정보는 다양한 경로로 풍부하게 접할 수 있게 되었고, 정보센터로서의 오사카상공회의 역할은 그 중요성이 떨어지게 되었다. 더구나 본국투자협회와 교민은행(신한은행)이 설립되어 재일상공인의 한국 진출에 관한 정보나 서비스도 상공회가 아니라 이들 기관을 통해 얻을 수 있게 되었다. 이제 재일상공인들은 한국 진출과 관련해 더 이상 오사카상공회의 활동에 의존할 필요가 없어진 것이다.

한국 진출과 관련되는 오사카상공회의 역할이 현저히 약화되는 상황에서, 오사카상공회가 재일상공인의 거점으로 계속 존재하기 위해서는 정치적 기능을 강화하든가 상공회의 원래의 목적인 회원의 복지 증진 사업을 강화해야 한다. 그러나 한일 간의 경제 교류가 확대되고 정부가 개입할 수 있는 부분이 축소됨에 따라 상공회의 정치적 기능 역시 저하될 수밖에 없었다. 회원의 복지 증진 면에서도 임의단체인 재일한국인상공회의 역할은 처음부터 제약이 존재했고, 회원 기업들이 성장함에 따라 이들은 한국인상공회보다 일본의 상공회 등에 가입하는 것이 더 유리하게 되었다.

또 하나의 이유는 1970년부터 재일한국인 상공인의 세대 교체가 진전되기 시작했기 때문이다. 1970년 8월에 재일한국인 2세를 중심으로 하는 젊은 상공인의 조직인 오사카한국인청년회의소가 창립되었으며,[34] 1990년에는 최초로 2세 상공인인 최중경(崔中卿)이 오사카상공회의 제18대 회장으로 선임되었다. 이와 같이 1970년대는 1세에서 2세로 이행하는 시기라 할 수 있는데, 2세는 1세에 비해 본국 지향적인 성격이 약하고 상공회 활동에도 소극적이었다.[35]

---

34) 오사카한국청년회의소는 일본의 오사카청년회의소의 반발로 청년회의소란 명칭을 사용하지 못하고 '오사카한국청년상공회'로 발족한 이후, 1971년 국제조직인 청년회의소(Junior Chamber International: JCI)에 가맹하는 방법을 모색했다. 그 결과, 1971년 5월 한국 JC의 로컬 챕터의 인증을 받으면서 DAEPAN JC로서 국제청년회의소의 일원이 되었다(大阪韓国人商工会, 1973: 417~419; 大阪青年会議所, 1971).

35) 1980년 6월에 있었던 JC의 OB회인 특우회(特友會)와 오사카상공회의 간담에서, 상공회 회장인 양희진 회장은 "JC도 상공회도 아닌 특우회의 존재는 불투명하며 그러한 중간조직에서 방황하지 말고 상공회에 가입해 1980년대에 걸맞은 상공회 건설에 진력"해 달라는 부탁을 한 반면, 특우회에서는 상공회의 관심이 본국에 너무 치우쳐 있다는 등의 비판이 있었다(大阪韓国人商工会, 1973: 719).

제1장 보론

오사카한국인상공회 사람들
재일 1세 상공업자의 성장 과정

정진성

1. 머리말

　앞에서는 조직으로서의 오사카한국인상공회에 대해 살펴보았다. 여기서는 오사카상공회를 구성하고 실제로 운영해 왔던 사람들에 대해 분석하고자 한다. 오사카상공회의 구성원에 대해서는 그들의 출신지, 학력, 연령, 경영 이념, 사업 분야 등에 관한 다양한 분석이 가능하겠으나, 여기서는 그들의 사업 경력상의 특징을 살펴보는 데에 초점을 맞추고자 한다. 오사카상공회를 조직하고 그것을 통해 본국 경제 진출에 기여했던 상공인들은 어떠한 경로로 상공업자로 성장할 수 있었는가를 밝히는 것이 이 글의 목적이다.

　재일한인이 경영하는 기업에 대한 연구는 한재향(韓載香, 2010)에 의해 그 수준이 비약적으로 높아졌지만, 재일상공업자에 대한 연구는 상공회 회원의 직종 분포를 조사하거나 몇몇 저명한 재일상공인의 사례를 소개하는 것이 대부분으로, 재일상공인의 성장 경로의 분석, 또는 성상 유형의 추출과 같은 작업에는 이르지 못하고 있다. 그중에서 가와 메이세이(하명생)(河明生, 1996)는[1] 재일상공인을 소수파(유학을 목적으로 도일한 자)와 다수파(구직이나

타관 벌이 등 경제적 이유로 도일한 자)로 나누고 각각의 전형적 기업가로서 신격호(辛格浩)와 서갑호(徐甲虎)에 대해 분석한 점이 주목되지만, 그는 모처럼 두 유형을 구별하면서도 각각의 유형의 특징을 석출하지 않고, 민족적 긍지나 금의환향 지향과 같은 두 유형의 공통점을 찾는 것에 그침으로써 유형 구분의 의미가 무색해졌다.

이처럼 재일상공인에 대한 연구가 부진한 이유로 방법론의 부재와 자료상의 제약을 생각할 수 있다. 방법론의 부재란, 재일상공업자가 성장할 수 있는 요인 구명을 위한 이론적 틀이 부재함을 의미한다. 기존 연구는 몇몇 기업가의 사업 경력을 시대순으로 설명하고 있는 것이 대부분이며, 그들이 사업가로서 성장할 수 있는 요인도 자의적으로 설명하고 있다. 여기서는 상공업자로 성장하는 과정을 두 측면에서 고찰한다. 첫째는 재일상공인이 상공업자로 성장할 수 있었던 경제사회적 조건에 대한 분석으로, 전시경제, 전후의 혼란, 한국전쟁의 발발과 같은 경제 상황의 변화를 재일상공인들이 어떻게 경제적 기회로 이용할 수 있었는가를 살펴본다. 둘째는 재일상공인의 기업가로서의 능력에 대한 분석이다. 아무리 절호의 경제적 기회가 도래했다고 하더라도 이를 이용할 수 있는 능력이 갖추어져 있지 않다면 의미가 없을 것이다. 재일상공인들이 경제적 기회를 활용하기 위해서는 어느 정도의 학력과 기능의 습득, 초기 자본의 축적 등이 필요했다. 재일상공인이 이러한 능력을 어떤 과정을 통해, 그리고 어느 수준까지 갖추었는가를 알아볼 필요가 있다.

이와 같은 두 측면에서 성장 경로를 분석할 때 특히 논점이 되는 것이 전전과 전후의 연속성이다.[2] 종래의 연구에서는 전후 혼란기에 발생한 암시

---

1)　이 논문은 재일기업가의 기업가로서의 탁월성을 사회경제적 여건만이 아니라 민족적·종교적 특성에서 분석하는 것을 목적으로 하고 있다.

2)　이 글에서 전전은 제2차 세계대전 이전의 시기, 전후는 제2차 세계대전 종전 이후의 의미로

장이 상공업자 성장의 주요 계기로 지적되었다. 박재일(朴在一, 1957: 64~66)은 전후 재일조선인이 일체의 산업 부문에서 추방되는 가운데 암시장이 재일조선인의 생활 터전이 되었고 일군의 조선인은 이를 호기로 자본 축적을 확대해 갔다고 했으며, 가와 메이세이(河明生, 1996: 70~71)도 상공업자의 사례와 암시장 실태 자료를 이용해 암시장이 조선인에게 유리한 경제적 기회였음을 주장했다. 전후 암시장에 대한 상세한 분석을 시도한 박미아(2016)도 "일본의 패전과 암시장의 등장은 재일조선인 제조업체에 일대 전환기를 마련해 주었다"라고 하며 암시장이 존재하고 있던 시기 재일한인들의 주요 제조업 분야에 대한 상세한 분석을 하고 있으나, 이 시기에 활약한 재일한인 제조업자의 그 후의 성장 과정에 대해서는 서갑호, 손달원, 김상호, 신격호 등 몇 명의 저명한 재일상공인에 대해 간단히 언급하고 있을 뿐이다.

이와 같은 암시장의 역할을 강조하는 연구에 대해 도노무라 마사루(2010: 431)는 전후 재일한인들이 경영하는 사업 업종이 전전 재일조선인이 많이 취업하고 있던 분야와 일치하고 있음에 주목하고, 1930년대에 이들 사업 부문(고무제품, 피혁제품, 금속부품, 유리제품, 동철상, 고물상 등)에서 공장이나 사업소를 경영하는 경영자가 출현하고 있던 점에 비추어 볼 때 전후 재일한인 상공업 경영이 전전과 연속성을 가지고 있다는 점에 주목할 필요성을 언급했다.[3] 박재일은 연속성에 대해 명시적인 언급은 하지 않았지만, 혼란기에 자본 축적을 확대해 간 조선인은 "주로 전전부터 자주적 영업을 하고 있던 자"라고 했다(朴在一, 1957: 66). 1947년의 재일조선인 직업 보유 현황에 관한 조련(朝連)의 조사(박미아, 2016: 30)에 따르면, ① 수십 년간 일본에

사용한다.

3) 비누 제조나 파친코 등의 유기업은 전후에 새로이 나타난 업종이었다. 전전에 이미 재일조선인 중에 경영자가 출현하고 있음은 도노무라 외에도 西成田(1997), 岩佐(2005), 정진성(2017) 등에서 지적하고 있다.

재류하고 독립기업을 경영하는 데 충분한 자금을 소유한 자 및 그 가족, 종업원이 약 5%, ② 학생으로서 일본에 유학하고 현재 사회운동 등의 문화사업에 종사하는 자 5%, ③ 근소한 자본이나 급료로 간신히 일가의 생계를 유지하는 자가 약 70%, ④ 완전히 실업 상태로 있고 겨우 개인의 생계를 유지하는 자가 약 20%였는데, 여기서의 유형 ①은 박재일이 말한 전전부터 자주적 영업을 하고 있던 자라고 생각된다. 전전에 이미 재일조선인이 비록 소수이지만 경영자로 성장하고 있었고 이들이 전후 혼란기에 사업을 확대해 간 주요 계층이었다면, 재일상공업자의 성장에서 전전의 경험이 암시장의 존재와 더불어 중시되어야 할 요인임을 의미한다.

이처럼 전전의 재일조선인 경영자의 대두 등이 전후 재일상공인과 연결되는 가능성은 연구자들에 의해 제기되었지만, 이에 대한 실증은 아직 충분히 이루어지지 않았다. 물론 몇몇 개별 상공인에 대한 소개를 통해 전전부터 기업 경영을 해왔던 사람들이 고베의 고무공업(고광명, 2014)이나 교토의 염색 및 정리업(韓載香, 2010; 李洙任, 2012)에 있었음은 알려져 있다. 그러나 이러한 인물들이 예외적인 사례인지, 아니면 하나의 유형을 보여주는 사례인지 판단하기에는 사례 수가 너무 적다.

재일상공업자 연구가 부진한 또 하나의 이유는 자료의 제약 때문이다. 개별 상공업자의 성장 과정을 알 수 있는 문헌 자료는 몇몇의 성공한 사례에 대해서만 존재한다. 또한 아직 발굴되지 않은 자료를 찾거나 분산되어 있는 개별 자료를 수집해 데이터베이스화하는 작업은 개인 연구자의 역량을 넘어서는 방대한 작업이다. 이러한 이유로 재일상공인에 대한 종래의 연구는 성공한 몇몇 상공인의 사례를 살펴봄으로써 재일상공인의 일반적 특징을 추출하는 등의 작업을 하는 것이 대부분이었다.

이러한 자료의 제약을 조금이라도 타파하기 위해 이 글에서는 오사카상공회의 설립 당시부터 1970년대 중반에 이르기까지 오사카상공회 회원이었던 56명의 사례에 대한 분석을 시도했다(〈부표〉 참고).[4] 물론 56명의 사례는 학력, 직력, 사업 개시 시기 등에 관한 지극히 단편적인 것에 불과해 상공인의 경영 이념이라든가 경영 전략 등의 분석을 시도할 수 있는 수준은 아니다. 그러나 이와 같은 결함에도 불구하고 56명의 사례를 분석함으로써 재일상공인 성장 과정의 특징이나 성장 유형에 대해 더 신뢰할 수 있는 주장을 제시할 수 있을 것으로 기대된다.

이 글이 그려내는 상공인의 모습은 오사카 지역만의 특징이 상당히 반영된 것이다. 그러나 오사카 지역이 재일한인의 최대의 집주지이면서 또한 전전부터 전후에 걸쳐 재일한인이 가장 왕성한 상공업 활동을 한 지역이라는 점을 고려한다면, 이 글이 묘사하는 상공인의 모습은 재일한인 상공인의 전형적인 모습에 상당히 근접한 내용일 것이다.

2. 창업 시기와 업종별 구성

1) 출생년 및 도일 시기

56명 중에 출생년이 확인되는 사람은 50명이다(〈표 1〉). 출생 시기별 분포를 보면, 1910년 이전이 9명, 1910년대(1911~1920년)가 22명, 1920년대(1921~1930년)가 18명, 1931년 이후가 1명이다. 이로써 1910~1920년대 출생자가 대부분임을 알 수 있으며, 1970년대 중반경에 이들의 연령은 대체

---

4) 56명의 프로필은 『在日韓国人社会小史(大阪編)』(이하 『小史』로 줄임)의 "재일동포사회의 군상"이란 칼럼에서 소개된 내용이다. 『小史』의 내용을 기본으로 하면서 나가노(2010), 국제고려학회일본지부(2012), 高東元(2010, 2011), 이민호(2015), 姜宅佑(1972), 정희선(1999), 大阪商銀(1973), 『黃七福自叙伝』 등의 자료로 보완했다.

표 1 _ 오사카상공회 회원의 생년과 도일 시기

	생년	도일
~1910년	9	—
1911~1920년	22	—
1921~1930년	18	10
1931~1940년	1	11
1941~1945년	—	3
1945년~	—	1
합계	50	25

자료: 金府煥(1977); 나가노 신이치로 편(2010); 이민호(2015); 국제고려학회일본지부(2012).

표 2 _ 오사카상공회 56명의 창업 시기

	창업	설립 연도	미상
전전	12	—	—
종전 후~1950년	28	—	—
1951~1960년	5	3	—
1961년~	—	3	—
합계	45	6	5

주: 설립 연도는 자료에 있는 기업의 설립 연도이다.
자료: 在日本朝鮮人連盟大阪本部(1947); 統一日報社(1976); 姜宅佑(1972); 金府煥(1977); 在日韓国人会社名鑑編集委員会 編(1997); 나가노 신이치로 편저(2010); 大阪商銀(1973); 高東元(2010, 2011); 黃七福(2018).

로 45~55세 정도였다.

도일 연도를 알 수 있는 사람은 25명뿐이다(〈표 1〉). 1920년대 도일이 10명, 1930년대가 11명, 1941~1945년 사이가 3명, 종전 후 도일이 1명이다. 이들의 대다수는 제2차 세계대전 발발 이전에 도일했음을 알 수 있다. 전시동원(징용)으로 일본에 간 것이 확인되는 것은 강계중(姜桂重) 한 명뿐이다. 종전 후에 도일한 사람은 김경재 한 명으로, 그는 한국전쟁 중에 전화를 피해 가족과 함께 도일했다.

2) 창업 시기

이 글에서 검토하는 56명 중에서 창업 시기가 확인되는 것은 45명이다(〈표 2〉). 전쟁 종료 전에 사업을 시작한 사례가 12명, 전쟁 종료 후 1950년까지 사업을 시작한 사례가 28명, 1951년 이후가 5명이다. 나머지 11명 중 1명(하갑조)은 1953년에 사업체를 경영하고 있던 사실이 확인되고, 5명(고기창, 김영재, 김진옥, 유근달, 최윤희)은 1975년 시점에서 경영하는 기업의 설립 연도만을 알 수 있으며, 또 다른 5명(강두진, 유용갑, 윤덕하, 정달근, 최갑준)에 대해서는 창업 시점에 대한 정보를 찾을 수 없었다. 그러나 이 11명 중 1934년생으로 1968년에 기업을 설립

한 김영재를 제외한 10명의 창업 시점은 그들의 연령으로 볼 때 1950년대
일 가능성이 많다.[5] 이상의 추론이 합리적이라면, 56명 중 전전에 사업 개
시한 사람이 12명(21.4%), 전후에서 1950년 사이에 사업 개시한 사람이 28
명(50.0%), 1950년대(1951~1960년)에 사업 개시한 사람이 최대 15명(26.8%)
으로 추정할 수 있다.

전전에 사업을 이미 경영하고 있던 사람의 비율이 21.4%라는 것은 주목
해야 할 부분이다. 1997년에 발행된 『재일한국인회사명감(在日韓国人会社名
鑑)』(이하 『1997 회사명감』으로 줄임)에서 창업 연도를 알 수 있는 2188개 사 중
전전에 창업한 기업은 1.9%에 불과하다. 『1997 회사명감』은 1997년에 현
존하던 기업에 대한 조사이므로, 1970년대 시점에서 창업 연도를 조사했다
면 전전 창업의 비율은 더 높아질 것으로 생각된다. 1975년에 조사한 자료
인 『1976년판 재일한국인기업명감(1976年版在日韓国人企業名鑑)』(이하 『1976
기업명감』으로 줄임)에서 1973년 오사카상공회 회원 기업으로서 설립 연도를
알 수 있는 211개 사 중 전전에 설립된 회사는 7개 사(3.3%)에 불과하다. 그
런데 『1976 기업명감』에서는 설립 연도만 알 수 있을 뿐이며, 창업 연도는
설립 연도보다 더 빨랐을 것으로 추정된다.[6] 이런 점을 참작한다면, 『1997

<hr />

5) 설립 연도만 알 수 있는 5명 중 1950년대 설립이 2명, 1960년대 설립은 3명이다. 이들의 창
  업 연도에 관한 정보는 찾을 수 없었다. 설립 연도가 1960년대인 3명 중 1934년에 출생한 김
  영재를 제외한 2명의 경우, 출생년이 1921년(김호일), 1928년(김진옥)이어서 회원의 연령을
  고려할 때 실제의 사업 개시 시점은 설립 연도보다 더 빠를 것으로 생각된다. 사업 개시 시점
  에 대한 정보가 전혀 없는 5개 사례의 경우, 회원의 출생년이 1912년에서 1925년 사이이므로
  (1960년 시점에 35~48세), 이 경우도 1950년대에 사업을 개시했을 가능성이 크다. 따라서
  1975년 시점에서 경영하는 사업체의 설립 연도만 알 수 있는 5개 사례 중 4개 사례, 사업 개
  시 시점에 대한 정보가 없는 5개 사례는 늦어도 1950년대에는 사업을 경영하고 있었을 가능
  성이 크다. 한편, 1953년에 사업체 경영이 확인되는 하갑조는 제1대 오사카상공회 회장을 역
  임한 점에서 볼 때 1950년 이전에 이미 사업을 경영하고 있었을 가능성이 높지만, 1950년대
  창업으로 간주했다.
6) 1910년대 출생한 회원이 1970년대에 설립한 기업이 6개나 되는데, 이것은 이들이 이 시기에
  최초로 사업을 시작한 것이 아니라 기존의 사업을 당해 기업명으로 해 새로 설립신고를 했거

회사명감』과『1976 기업명감』의 전전 창업 내지 설립 비율은 과소한 것이라고 생각된다.

56명 중 전전 창업 비율이『1997 회사명감』이나『1976 기업명감』에서의 전전 창업(설립) 비율보다 높은 이유로 다음 두 가지를 생각할 수 있다. 하나는 56명이 오사카상공인 중에서 상대적으로 리더 위치에 있는 사람들이기 때문에 평균적인 상공인보다는 상대적으로 일찍 기업 경영을 시작했을 가능성이 많다는 점이다. 즉, 56명이란 샘플이 가지는 바이어스의 문제이다. 또 하나는『1976 기업명감』의 설립 연도는 물론이고『1997 회사명감』의 창업 연도 역시 정확한 창업 연도가 아니며, 실제의 창업 연도보다 더 나중의 시기일 수 있다는 자료 자체의 문제이다.[7] 이런 점을 감안하면, 1970년대에 사업 활동을 하고 있던 재일상공인 중 전전에 창업한 사람의 비율은 21%는 아니더라도 1.9%나 3.3%보다는 훨씬 높은 비율일 것이다. 즉, 전후 대두하는 재일상공인 중의 상당수, 최대 전체의 20% 가까운 사람은 전전부터 자신의 사업을 경영해 왔을 가능성이 높다고 할 수 있다. 이것은 전후 재일상공인의 성장 과정을 생각할 때, 전후 혼란기의 사회경제적 조건만이 아니라 전전기의 사업 경험도 중시할 필요가 있음을 의미한다.

3) 산업별 구성

56명에 대해 전전, 1950년, 1975년 세 시점에서의 산업별 구성과 변화 양상을 보면 다음과 같다(〈표 3〉).

나, 기존의 사업과 다른 새로운 사업을 이 시기에 시작한 것으로 보는 것이 타당할 것이다.
7) 56명이 경영하는 회사 중 1997년 자료에서 창업 연도가 확인되는 회사가 13개 사례 있으나, 이 중 9개 사례의 경우 해당 회사를 경영하는 재일상공인이 실제로 자신의 사업을 시작한 연도는 더 이르다.

표 3 _ 오사카상공회 회원 56명의 업종

		시점		
		전전	1950년	1973년
제조업	금속	8	11	11
	화학	2	7	5
	섬유	2	8	6
	기타	—	—	2
	소계	12	26	24
상업		—	2	3
토목건축		—	2	5
서비스/레저		—	7	14
기타		—	2	10
합계		12	39	56

주: 1) 업종 분류는 統一日報社(1976)의 분류 방식을 따랐다.
    2) 전전부터 사업체를 경영한 이재방은 메리야스 공장 외에 철공소를 겸영했으나, 섬유공업으로 분류했다.
자료: 在日本朝鮮人連盟大阪本部(1947); 統一日報社(1976); 姜宅佑(1972); 金府煥(1977); 在日韓国人会社名鑑 編集委員会 編(1997); 나가노 신이치로 편저(2010); 大阪商銀(1973); 高東元(2010, 2011); 黃七福(2018).

전전에 사업을 경영하고 있던 13명의 업종을 보면 금속공업 8명, 고무·화학 2명, 섬유 2명, 기타 1명이었는데, 이들 업종은 당시의 오사카 재주 재일조선인이 많이 취업하고 있던 부문이다. 13명의 업종 구성에서는 금속공업 부문 비중이 두드러지게 높은 점이 주목되는데, 이 부문은 특히 전시경제와 관련이 많았다.

1950년 시점에서 39명의 업종별 구성을 보면, 제조업이 26명(금속공업 11명, 화학공업 7명, 섬유공업 8명), 토목건축 2명, 상업 2명, 서비스/레저 7명, 기타 2명(경영 컨설팅, 운수업)이다. 서비스/레저업 7명의 업종은 영화관 1명, 유기업 3명, 요음업 3명이다. 전전과 비교하면 금속공업 종사자가 여전히 가장 많지만, 화학과 섬유 그리고 서비스/레저 부문에서 많은 상공인들이 업종 전환이나 창업을 통해 새로 진입하고 있었다. 특히 서비스/레저 부문에서 다수의 신규 진입이 있었음이 주목된다.

1973년 시점의 업종 구성은 1950년대의 한국전쟁 및 고도성장의 결과를 보여주고 있다. 업종별 구성을 보면, 제조업 24명(금속 11명, 화학 5명, 섬유 6명, 기타 2명), 토목건축 5명, 상업 3명, 서비스/레저 14명, 기타 10명으로, 서비스/레저 부문의 비중이 가장 커진 점이 주목된다. 서비스/레저의 14명 중 신규 진입은 7명인데, 모두 유기업 부문이다. 기타 부문의 신규 진입 8명의 업종은 금융 2명, 부동산 3명, 이용업 1명, 창고업 1명, 미술관 1명이다.

전체적으로 제조업의 비중이 높고, 후대로 내려올수록 서비스/레저, 특히 유기업에 종사하는 상공인이 많아지는 것은 재일상공인 전반의 움직임과 일치한다.

3. 비즈니스 기회

일본 경제에서 최하의 노동자층을 구성하던 재일한인이 상공업자로 성장하는 데에는 경제사회적 여건의 변화가 중요한 의미를 가진다. 특히 전전의 전시경제 체제, 전후의 암시장, 한국전쟁의 발발, 고도 경제성장은 재일한인에게 비즈니스 기회를 제공했다. 여기서는 자료의 제약상, 재일상공인이 전시경제와 전후의 암시장을 어떻게 비즈니스 기회로 활용했는가에 대해서 살펴본다. 전시경제는 재일한인만이 아니라 일본인에게도 비즈니스 기회가 될 수 있는 것이지만, 전후 암시장의 출현은 주로 재일한인만이 활용할 수 있었던 비즈니스 기회라고 할 수 있다.

1) 전시경제

전시경제는 일본 사회의 최하층의 노동자 계층을 형성하고 있던 재일조선인에게 경제적으로 도약할 수 있는 비즈니스 기회로 다가왔다. 1940년의 오사카 재주 재일조선인에 관한 경찰의 아래와 같은 보고서는 전시경제하에서 일부 재일조선인이 사업 경영을 개시·확장하는 등 경제적인 면에서의 도약이 있었음을 잘 보여주고 있다.

> 전시하의 조선인 기업가들은 앞다투어 군수산업의 하청 또는 기타 시국산업에 투자하여 그들 일류의 교묘한 소기업 운영에 성공하여 단시일에 재산을 이룬 자가 속출하는 경향이 있으며 …… 일부를 제외하고는 생활의 안정을 획득함에 이르렀고 더욱 은성하여 내지인을 능가하는 자 상당수에 이르고 어떤 지구에서는 중산계급을 이루기에 이르는 우려가 있으며 …… 또 노동자 방면에서도 시국산업의 격증과 노동력 부족의 영향으로 갑자기 활기를 띠고 종래의 부동성을 던져버리고 실업자의 격감을 보는 실정으로, 그들의 사상 상태를 그대로 방치한 채 경제적 능력을 증장시킴은 장래 심히 걱정하지 않을 수 없다(朝鮮人强制連行調査団 編, 1993: 223).

위 보고서에 나타나 있는 바와 같이 전시경제는 재일조선인에게는 커다란 비즈니스 기회이기도 했다. 전전에 사업을 시작한 재일상공인 사례 중에서도 이를 확인할 수 있는데, 전시경제의 영향이 특히 컸던 부문은 금속공업 부문이었다.

전전에 금속공업 부문에서 사업을 경영했던 8명 중 4명의 경우, 사업에 대한 전시경제의 직접적 영향이 판명된다.[8] 고일상(高馹相)의 사업체는 전시경제하에 군수공장으로 지정되면서 규모가 확대되었으며, 황칠복(黃七福, 2018)은 육군과의 커넥션을 이용해 전시기에 군수공장에 납품하는 볼트·너트 제조 사업을 시작했다. 박한식(朴漢植)(大阪商銀, 1973)과 곽유지(郭裕之)(이민호, 2015)의 경우는 전시경제가 진전됨에 따라 업종을 전환해 금속공업 부문에 진출한 사례이다.

금속공업은 아니지만, 손달원도 군수공업과 밀접한 관계가 있었다. 코르크 제조 사업을 하던 손달원은 전시기에 코르크 회사의 통합을 주도해 통합회사의 전무로서 사업 일체를 관리했는데, 통합회사의 사장으로 육군 소장을 영입해 육군의 관리공장이 되었다. 손달원의 공장에서는 주로 수통의 마개, 코르크제 구명동의를 제조해 군대에 납품했다(高東元, 2010).

한편 전시경제로 인해 타격을 받은 사람도 있었다. 권덕주(權德柱)는 재생모(反毛) 공장을 경영하고 있었으나 전시 중에 기업 통합으로 경영을 중단할 수밖에 없었다. 그러나 그는 전후 섬유 부문이 아닌 금속 부문에서 재기했다.

2) 암시장[9]

종전 진후부터 1950년 사이에 사업을 시작한 사람들은 거의 대부분 전후 일시기에 성황을 이룬 암시장을 배경으로 하고 있었으며, 전전부터 사업을 경영해 왔던 사람들도 암시장을 비즈니스 기회로 이용해 사업을 크게 확장했다.

암시장은 정규가 아닌 방법이나 가격으로 거래가 이루어지는 시장을 의

---

8) 이하에 소개하는 재일상공인에 관한 내용은 金府煥(1977)에 의거하고 있다. 金府煥(1977) 외에서 인용한 경우만 따로 출처를 밝혔다.
9) 전후의 암시장에 대해서는 박미아(2016) 및 原山浩介(2011) 제1장을 참조.

미한다. 물자 부족 상황에서 물가 통제가 실시될 경우, 통제가격(공정가격)이 아닌 가격(대체로 공정가격보다 높은 가격)으로 거래가 이루어지는 암시장이 발생하게 된다. 전시기의 통제경제하에서도 이러한 암거래가 존재하고 있었으나, 전후 주요 도시부를 중심으로 번성한 암시장은 이러한 암거래가 가시화된 것이라고 할 수 있다. 암시장에서의 거래는 범법행위였지만 전후의 물자 부족 상황에서 암시장의 존재는 일반 대중의 생활에 불가결한 존재였으며, 이러한 상황에서 행정당국도 암시장을 철저하게 규제하기는 곤란했다. 오사카에서 암시장의 폐쇄가 실행된 것은 1946년 8월이지만, 그 후에도 암시장은 상당 기간 행정당국의 단속을 피해가며 존재했다.

암시장이 재일한인의 경제적 기회가 될 수 있었던 이유의 하나는 GHQ에 의해 재일한인이 전승국민은 아니지만 해방민족(liberated people)에 해당되어서 일본 정부의 사법권이 미치지 않는 특수한 지위에 있었기 때문이다. 당시의 재일한인은 이러한 특수한 지위를 이용해 GHQ를 등에 업고 부족한 물자를 각종 루트를 통해 구입하는 것이 가능했으며, 구입한 물자를 암시장에서 거래함으로써 경제적 이익을 취할 수 있었다.[10] 이와 같은 재일한인의 암시장에서의 활약은 당시의 일본 위정자들에게 위협으로 비추어지기도 했다(河明生, 1996: 71; 박미아, 2016: 232~238). 오사카의 암시장 폐쇄를 단행했던 스즈키 에이지(鈴木栄二) 당시 오사카경찰부장은 암시장을 '제3국인(第三国人)[11]의 제국'으로 칭하면서 조선인·중국인이 돌출해서 암

---

10) GHQ가 1945년 11월 1일에 발표한 「일본 점령 및 관리를 위한 연합국 최고사령관에 대한 항복 후 초기 기본 지령」(초기지령)은 재일조선인을 해방민족으로 취급하지만 '필요한 경우'에는 '적국민'으로 처우해도 좋다는 자의적이고 애매한 표현으로 규정하고 있는데, 당시의 재일조선인은 '해방민족'이라는 표현을 '치외법권'과 동일한 의미로 인식했다. 그러나 재일조선인이 '해방민족'으로서의 특수한 지위를 누린 기간은 제2차 세계대전 종전 후 1년도 안 되는 극히 한정된 기간이었다(박미아, 2016: 193~196).

11) 제3국인은 본래 '당사국 이외의 제3의 국민' 일반을 지칭하는 것이지만, 연합국 점령하의 일본에서는 관공서나 국회를 포함하는 일본인 및 GHQ가 특히 일본에 거류하고 있는 구외지(舊外

시장에서 암약하고 있는 것처럼 기술을 하고 있지만, 오사카부경찰부가 조사한 암시장업자의 국적별 구성을 보면 일본인이 75%인 1만 1350명이었으며, 재일한인은 쓰루하시 시장에서 절반을 차지하지만 오사카부 전체로는 21%인 3172명에 지나지 않았다(原山浩介, 2011: 50).

재일상공인은 암시장을 비즈니스 기회로 활용해 사업을 개시하거나 확대했다(河明生, 1996: 70~71). 〈부표〉에 정리한 56명 중 전후에서 1950년 사이에 사업을 시작한 사람들이 28명으로 가장 많은데, 이들 대부분은 어떤 형태로든 암시장을 비즈니스 기회로 활용했으며, 전전부터 사업을 경영하고 있던 사람들도 이 시기에 크게 성장하는 발판을 마련했다.

암시장을 비즈니스 기회로 삼아 성장한 상공인은 크게 두 그룹으로 나눌 수 있다. 하나는 암시장에서 확보한 물자 또는 그런 물자를 원료로 제조한 제품을 암시장에 판매해 크게 이득을 본 그룹이다. 또 하나는 당시 무법천지라 할 수 있는 암시장의 규율을 잡고 암시장을 정상화하는 과정에서 지도력을 발휘해 재일상공인의 리더 내지는 조정자로 성장한 그룹이다.

첫째 그룹에는 이 시기에 활동한 거의 모든 재일상공인이 포함된다고 할 수 있는데, 특히 고무공업 분야는 그 전형적인 모습을 볼 수 있다. 고무제품은 암시장으로 흘러 들어오는 상품 중에서도 가장 중심적 존재였으며, 고무산업은 당시의 재일한인이 종사한 가장 중요한 산업 부문이 되었다.[12]

地; 타이완, 조선 등)에 귀속하는 사람을 지칭하는 용어로 사용되었다(ウィキペディア에서 인용).

12) 당시의 암시장에서 유통되던 고무제품에 대해서는 다음과 같은 기술이 있다. "당시 통제가 계속되었지만, 당시 생산되었던 잡화는 공정가격을 피해 그 상당량이 암시장으로 흘러들어 가는 상황이었다. 일본은행 조사 암시장 평균가격이 공정가격의 12배라고 발표할 정도로 초인플레 시대여서 암시장에 흘러 들어오는 것은 자연스런 흐름이라고도 할 수 있었지만, 이 때문에 당시의 중소기업은 악의 온상이라고까지 비난받았으며 그중에도 고무제품이 중심적 존재였다"(大阪興銀, 1987: 24). "통제와 공정가격으로 원재료가 묶여있던 시대에 어떻게 입수했는지는 알 수 없으나, '전승국민'인 한국인은 GHQ를 백으로 각종 루트로 구입하고 있었다. 그

1946년 말 오사카 시내의 신흥 고무제품 공장으로 자전거 타이어, 튜브를 중심으로 취급하는 공장이 100개, 신발 관계 제품을 취급하는 공장이 역시 100여 개 있었는데, 이 중 재일상공인이 경영하는 공장은 각각 40개 사 가까이 되었다(大阪興銀, 1987: 22). 한편 1947년 조사에서 오사카시 전체 재일한인이 경영하는 836개 사 중 22%가 고무 관련 공장이었다(在日本朝鮮人連盟大阪本部, 1947).

오사카상공회 회원 중에서도 이 시기에 고무산업에 종사해 사업 기반을 마련한 사람이 적지 않았는데, 아사히산업을 설립한 유수현이 그 대표적 존재였다. 그러나 번창했던 재일한인 신흥 고무업자는 전후 각종 통제가 철폐되고 물자 부족이 완화되는 중에 대기업이 부활함에 따라 거의 전멸했으며, 재일한인 사업체 중 이 재편성 시기를 넘을 수 있었던 것은 2~3개 사에 불과했다고 한다(大阪興銀1987: 23).

암시장이 재일한인에 비즈니스 기회를 제공한 것은 고무만이 아니라 섬유제품 등 다른 소비재 부문에서도 대동소이했다. 섬유공업 분야에서 큰 성공을 거둔 서갑호 역시 암시장에서 비즈니스 기회를 잡은 사례라고 할 수 있다. 그가 최초로 설립한 사카모토산업은 그가 조련 간부[조련 센난(泉南)지부 위원장]로 활동하면서 암시장에서 군수물자를 매매해 번 돈을 자본으로 해 세운 것이었다(高東元, 2011; 朴一, 2010).

요음(料飮)업계에서도 암시장은 재일한인에게 비즈니스 기회였다. 재일한인들은 암시장을 통해 구입한 식료품을 이용해 음식점이나 유흥업소를 경영했는데, 이 가운데 크게 성공한 인물이 한록춘이었다. 한록춘은 전전에는 선원 생활을 하다 오사카로 나와 바의 보이 겸 접시닦이로 일했다. 전후에는 우동집, 요리점, 바, 카바레 등을 경영하면서 자본을 축적해 1953년

중에 가장 많이 암시장으로 흘러 들어온 것이 고무였다"(高東元, 2011).

에 오사카의 미나미 지역에 맘모스 카바레 '후지'를, 1960년에 '킹'을 개점했다(이민호, 2015).

전후 혼란기는 전전부터 사업 경영을 하고 있던 재일상공인에게도 비즈니스 기회였다. 전전에 코르크 제조를 하던 손달원은 전후 GHQ와의 커넥션을 이용하여 제관산업에 진출해 성공했다(高東元, 2010). 손달원의 경우 암시장과의 관계는 명확하지 않지만, 그가 GHQ라는 강력한 후원자를 얻을 수 있었던 데에는 '해방민족'으로서의 유리한 점이 작용했을 것으로 생각된다.

둘째 그룹에는 1950년대에 들어와 오사카상은과 오사카흥은 설립에 지도력을 발휘해 두 신용조합의 이사장으로 제각기 취임하고, 이후 재일상공인의 리더로 활약한 이희건과 박한식이 해당된다. 박한식과 함께 오사카상은 설립에 기여한 강택우도 이 그룹에 속한다고 할 수 있다.

이희건은 소학교를 졸업하고 15세인 1932년에 도일했는데, 전전에는 오사카에서 함바에 기거하면서 주간에는 막노동을 하고 밤에는 메이지대학 전문부에서 공부했다(이민호, 2015). 전후에는 쓰루하시의 암시장에서 자전거 등의 수리와 타이어·튜브 등의 고무제품 판매 사업을 시작했다. 이희건이 두각을 나타낸 것은 쓰루하시의 암시장이 1946년 8월 1일 폐쇄되어 재일한일들의 생계가 위협받았을 때 GHQ와 일본 경찰과 교섭해 1947년 3월 '쓰루하시국제상점가연맹'이라는 이름의 합법적 시장으로 재개하는 데 성공하고, 동 연맹의 초대회장으로 취임하고부터이다(이민호, 2015). 이때부터 이희건은 오사카 쓰루하시 지역 재일한국인의 리더로서 활약해, 1955년 쓰루하시의 재일상공인을 주축으로 오사카흥은을 설립하고 1956년에 흥은 제2대 이사장에 취임했다.

박한식은 전술한 바와 같이 전전에 이미 사업을 시작했지만, 그가 재일상공인의 지도자로서 성장할 수 있었던 것은 이희건과 마찬가지로 암시장의 정상화 과정에서 그가 발휘한 리더십 때문이었다. 그는 전후 우메다 암시장에서 조선인상우조합을 만들고 서무부장에 취임했다. 1948년 암시장 폐쇄 명령이 내려졌으나, 상우회 조합장으로서 암시장의 정상화에 노력하면서 우메다 암시장의 재일한인 지도자로 두각을 나타냈다. 결국 그는 1950년경에 '우메다섬유도매협회'를 만들어 우메다 암시장을 섬유센터 거리로 발전시키는 데 성공하고, 동 협회의 회장을 1950년경부터 3기 연속 역임했으며, 1953년 오사카상은 설립에 주도적 역할을 하고 이사장으로 취임했다(大阪商銀, 1973). 우메다 암시장에서는 박한식과 함께 강병준, 장용수, 정상용, 강택우가 5인 그룹으로 활동했다(姜宅佑, 1972). 이들은 모두 오사카상공회 회원이 되었으며, 이 중 강택우와 강병준은 오사카상공회 회장을 역임했다.

당시의 암시장은 정부의 행정력이 미치지 않는 무법천지와 같은 공간이었기 때문에 행정당국에 대신해 암시장의 질서를 유지시킬 수 있는 존재가 필요했다. 일반적으로 규모가 큰 암시장에는 거리의 유지(顔役)이며 야쿠자이거나 또는 야쿠자에 가까운 성격을 가지는 '시키리야(仕切り屋, 구획정리자)'가 있었다.[13] 그들은 출점하고자 하는 사람들에 대한 장소 할당이나 암시장 내부의 분쟁 해결, 경찰에 대한 견제 등을 했으며, 암시장의 질서 유지를 위해 경찰과 협력하기도 했다. 당시의 신문에도 이러한 '시키리야'의 활동에 대한 기사가 다수 눈에 띄는데, 이러한 기사들에서 '시키리야'는 암시장에서 질서 유지를 하는 지도자적 존재로 파악되고 있었다(原山浩介, 2011: 34~38).

이희건, 박한식, 강택우 등은 위와 같은 암시장의 '시키리야' 자체는 아니었지만, 그와 유사한 암시장의 질서를 유지하는 존재들이었다고 생각된다.

---

13) 일본의 전후 임시장의 조직 및 관리에 대해서는 박미아(2016)를 참조.

박한식의 회고에 따르면, 그는 도로를 불법 점거하고 영업하던 30명 가까운 사람들의 새로운 영업소를 확보하기 위해 경찰서장의 소개를 받아 토지의 임차교섭을 지주와 성공적으로 끝내면서 우메다 시장의 지도자로 올라섰다고 한다(大阪商銀, 1973: 84~85). 이희건도 쓰루하시 암시장에서 한편에서는 고무업체를 운영하고, 다른 한편에서 재일한인 사이의 분쟁 해결부터 세무관계 등의 일을 봐주면서 재일한인 사이에서 쌓은 신뢰를 바탕으로 이권을 둘러싼 암시장 상인들 간의 분쟁을 조정해 '국제상점가'라는 합법적인 시장으로 재탄생시켰다(朴一, 2017: 43~44).

4. 재일상공인의 기업가로서의 능력 형성: 직력과 학력

비즈니스 기회를 재일상공인이 이용할 수 있었던 것은 기회를 이용할 수 있는 능력이 재일한인에게 갖추어져 있었기 때문이다. 그들이 어떠한 경로로 비즈니스 기회를 살려 자신의 사업을 경영할 수 있을 정도의 능력을 갖추게 되었는지를 취업 경험과 학력이란 측면에서 살펴본다.

1) 직력

재일상공인이 많이 종사하고 있던 산업 부문은 전전 재일조선인이 많이 취업하고 있던 분야와 중복된다. 전전 오사카의 재일조선인이 가장 많이 취업하고 있던 분야는 제조업 부문 중 금속기계, 고무, 섬유, 요업 등이었다. 비제조업분야에서는 토목업이 압도적으로 많고, 운수업에도 많은 재일조선인이 종사하고 있었다. 이 부문은 전후 재일한인이 많이 취업하고 있는 분야와 일치하며, 재일상공인들도 이 분야에서 많이 배출되었다. 전전 재일조선인들은 이들 산업 부문에서 대개 노동자로 취업했으나, 그러한 취업 경험을 바탕으로 사업을 개시한 상공인들이 적지 않다. 56명의 오사카 상공회 회원 중에 취업 경험과 경영하는 사업 업종과의 관계가 확인되는 인물은 12명이다(〈부표〉 참고).

금속 부문에서 고일상은 야와타제철에서 근무하면서 습득한 기능을 바탕으로 독립했으며, 강두진(姜斗辰)은 오사카제도학교를 졸업하고 기술자로서의 경력을 거쳐 사업을 시작했다. 최갑준(崔甲俊)은 공원으로 기술을 습득해 이를 기반으로 강선(鋼線)회사에서 엔지니어로 근무한 후 독립했다.

화학공업 부문에서 안재호는 오사카합성수지화학연구소(大阪合成樹脂化学研究所)에 근무하면서 사업의 기반이 된 기초 지식을 습득했으며, 강훈은 합성수지 판매업의 경험을 토대로 화학공업 부문에서 사업을 시작했다.

섬유공업 부문의 경우, 서갑호는 오사카의 상가에서 견습직원을 하며 기직의 기술을 배웠으며, 채상대도 15세부터 섬유업계에서 일한 경험을 바탕으로 전후에 메리야스업체를 세웠다. 두병선(杜炳銑)은 교토 니시진(西陣)에서 오리모토(織元)로 취업한 경험을 토대로 전후에 오리모토업을 시작했다. 권덕주는 제면(製綿)공장에서 6년간 노동을 한 후 독립해 자신의 사업을 설립했다.

그 외 제조업 부문에서는 정달근(鄭達根)이 렌즈광학기사 자격을 10년 만에 수득해 이를 토대로 기업을 설립했으며, 고기창(高己昌)은 도금공장에서 소년공으로 노동하다 미싱 부품 전문의 도금 가공업체를 설립했다. 제조업 이외의 부문에서는 차충홍이 택시 운전수의 경험을 토대로 운수업을 시작했다.

이상 12명의 사례 외에 토목 부문의 곽병현(郭炳顯), 성해룡(成海龍), 최윤희(崔玧熙)는 사업 개시 전의 직력은 명확하지 않지만, 중노동을 했다거나 건축 견습을 했다는 기록으로 보아 토목건축 부문에서의 취업 경험이 있었던 것으로 생각된다.

2) 학력

재일한인의 학력 수준에 대한 시계열 자료는 없다. 단편적인 자료를 찾아보면, 1940년 시점에서 재일조선인 남성의 경우 12세 이하의 소학교 취학률이 68%, 13~19세의 취학률이 15% 정도였다.[14] 이 글의 분석 대상인 56명은 대체로 1940년 시점에 11~30세의 나이였으므로, 56명과 같은 연령대 재일한인의 중등학교 취학률은 15%를 넘지 않았을 것으로 추정하는 것이 합리적일 것이다. 그렇다면 재일상공인의 학력은 어떤 수준이었을까?

〈부표〉의 56명 중 28명에 대해 학력에 관한 정보를 얻을 수 있었는데, 28명 중 3명만이 소학교 또는 국민학교 졸업이며 나머지 25명은 중등교육 이상을 이수했다. 대학을 졸업했거나 다닌 경험이 있는 사람들도 12명에 이른다.[15] 학력 정보가 없는 나머지 28명 중에도 학교를 다녔을 것으로 추측되거나 한학 교육을 받은 사람들이 있다. 강계중과 고일상은 한학 교육을 받았으며, 변동규(邊東奎)는 조선의 향교에서 한학을 공부하고 농림기사로 일한 적이 있었다. 장태식(張泰植)은 대기업에 근무한 경력이 있고 정천의는 고려학사클럽 간사장 이력이 있는 것으로 보아, 이 두 사람도 중등교육 이상의 학력이 있었을 것으로 추측된다.

이상에서 부표에 있는 회원들의 절반 이상이 중등교육 이상을 이수한 사

---

14) 1940년 국세조사의 자료를 이용해, 소학교 취학률은 12세 이하의 학교 아동 수를 5~12세 인구로 나누어 계산했으며, 13~19세의 취학률은 13~19세의 소학생과 학생·생도 수의 합계를 13~19세 인구로 나누어 계산했다(정진성, 2017: 117).
15) 전전에 대학을 다니거나 졸업한 것으로 되어 있는 경우, 전전 당시는 대학이 아니었던 경우가 많다.

람들이었음을 알 수 있다. 이것은 앞에서 1940년 시점에서의 13~19세의 취학률 15%를 훨씬 상회하는 높은 수준이다. 이들의 이러한 높은 학력은 어떻게 취득된 것일까?

우선, 이들 중 일부는 비교적 유복한 환경에서 중고등교육을 잘 받은 것으로 보인다. 예를 들어, 김영재(金英宰)나 김진옥(金振玉)은 대학 또는 대학원까지 진학한 뒤 사업을 시작했으며, 변동규는 유복한 가정 출신이었다고 한다. 구만주국 신징(新京)에서 개최된 일만화교환경기대회(日滿華交歡競技大会; 1939년 9월)에서 멀리뛰기 선수로 출전해 우승한 윤덕하(尹德夏), 경성중을 졸업한 손달원, (구제)마쓰야마고상(松山高商)을 졸업한 박영준(朴永準)도 중등교육 이상을 받을 수 있었던 가정 형편이었을 것으로 추측된다.

그러나 이처럼 유복한 환경에서 학업에만 전념하면서 학교에 다닌 재일상공인은 많지 않았을 것이다. 학업에 대한 정보는 매우 간략해서 어떤 상황에서 학교를 다녔는지를 알 수 있는 자료는 많지 않은데, 취업 활동을 하면서 야간부를 다닌 것이 확인되는 사람은 7명이 있다.

강택우는 전시기에 오사카기공(大阪機工)에서 일하면서 간사이상공학교(関西商工学校) 야간부에 입학해 졸업까지 했으며(姜宅佑, 1972), 박한식도 각종 노동을 전전하면서 오사카 도요사키(豊崎)의 갑종전수학교에서 학업을 이어갔다(졸업 여부는 불명). 안재호는 합성수지 회사를 다니면서 (구제)오사카조토상업(大阪城東商業)의 야간부를 다녔으며, 유근달(柳根達)도 전쟁 중에 군수공장에서 노동하면서 고학으로 간사이상업학교[(関西商業学校; 현 다이쇼고교(大商高校)]를 다니며 졸업까지 했다. 황칠복도 전시기에 교토의 유젠(友禪)공장에서 일하면서 리쓰메이칸대학 전문학부 야간부에 등록했으나 제대로 다니지는 못했다고 한다(黃七福, 2018). 이 외에 하갑조도 간시이대학 야간부를, 이희건은 메이지대학 야간부에 다녔다는 기록이 있으나(이민호, 2015) 어느 시점에 다녔는지는 분명하지 않다. 당시 재일한인들의 경제적 형편을 고려하면, 중등교육 이상을 이수한 사람들 중에는 이처럼 노동을 하면서 어렵게 학업을 이어간 사람들이 많았을 것으로 추측된다.

그렇다면 재일상공인의 상대적으로 높은 학력은 그들의 유복한 가정환경의 결과라기보다는 그들의 개인적인 노력과 의지의 산물이라고 보는 것이 타당할 것이다. 즉, 어려운 환경 속에서도 학업을 이어나갔던 사람 중에서 상공인으로 성장하는 사람들이 많이 배출되었다고도 말할 수 있을 것이다.

5. 맺음말

1970년대 중반에 기업을 경영하고 있던 오사카상공회 회원 56명의 사업력, 직력, 학력을 검토한 결과, 다음과 같은 특징을 지적할 수 있다.

첫째, 전전에 이미 사업을 경영하고 있었던 상공업자가 무시하지 못할 비율을 차지하고 있었으며, 이들 중의 다수는 전시경제를 비즈니스 기회로 활용했다.

둘째, 전후 혼란기에 발생한 암시장이 재일상공인의 자본 축적에서 중요한 역할을 했다. 암시장이 재일상공인에게 비즈니스 기회가 될 수 있었던 데에는 두 가지를 생각해 볼 필요가 있다. 하나는 박재일이 말하고 있는 바와 같이 모든 산업에서 축출당한 재일조선인이 생계 활동을 할 수 있는 장은 암시장밖에 없었다는 것이다. 또 하나는 종전 직후의 일정 기간 동안 재일조선인이 '해방민족'으로서의 특권을 이용해 물자 획득에 유리한 입장에 있었다는 점이다.

셋째, 암시장을 배경으로 성장한 재일상공인 중에는 암시장의 질서 유지와 정상화 과정에서 수완을 발휘해 재일조선인의 리더가 되고, 그 리더의 지위를 이용해 성공한 사람들도 있었다.

넷째, 재일상공인이 전시경제나 암시장을 비즈니스 기회로 이용할 수 있었던 것은 그러한 것이 가능할 정도의 실력을 쌓아갔기 때문이었다. 그들의 상당수는 자신의 사업을 시작하기 전에 해당 부문에서 다년간의 취업 경험을 가지고 있었다. 그러한 취업 경험을 통해 익힌 기능이나 노하우, 인적 커넥션 등은 그들이 기업가로서 홀로 설 수 있는 바탕이 되었다.

56명의 학력 수준은 재일한인 평균의 학력 수준보다 상당히 높아, 56명의 절반 이상이 중등교육 이상을 이수했다. 이처럼 상대적으로 높은 학력도 그들이 기업가로 일어설 수 있는 자산이 되었을 것으로 생각한다. 이들이 상대적으로 높은 학력이었다는 점은 이들의 가정 형편이 평균적인 재일한인의 가정 형편보다 좋았기 때문일 가능성이 높다. 그러나 많은 상공업자가 어려운 환경에서 일과 학업을 병행했던 사례를 보면, 학업 지향이 강하거나 의지력이 강한 사람들 중에 상공업자가 많이 배출되었다고도 볼 수 있을 것이다.

부표_ 오사카상공회원 56명의 인적사항 및 사업력

성명	출생지/생년/도일시기	학력	사업력	사업체명				기타 경력
				1947년[15]	1976년[16]	1989년[17]	1997년[18]	
姜桂重[1]	전남 순천/1914년/1943년	무학이나 한학 교육	1934년 무산과 청진에서 토목(제첩)공정 하청). 1939년 귀향 이후 1943년 5월 자진해서 징용. 홋카이도에서 노동 후 함바 운영. 1945년 12월 오사카로 이동. 국제노동동맹 결성. 고무공장 경영하나 큰 그만두고 1950년대에 ???가 됨		順川商事(株)			민단오사카본부 단장 (1963~1971, 1972~1974)
姜斗辰	제주 남군/1921년/1935년?	大阪製圖學校 졸업	졸업 후 전문 지식과 기술을 바탕으로 사업을 일으킴		セイキ精密(株)			
姜炳俊[2]	경북 의성/1919년/(미상)	1937년 坡東商業 졸업	오사카에서 봉지공장을 설립했으나, 레저 부문으로 업종 전환하여 1959년 동화관광 설립. 1955년에 무악인의 동화신사를 경영하고 있다는 기록이 있음. 전후 우메다 암시장에서 반찬식과 함께 활약한 바 있음		同和観光(株) (1959)		同和観光(株) (1959년 창업, 1960년 설립)	상공회 회장(1975~1980)
姜宅佑[3]	경북 의성/1922년/1930년대 중반	1942년 関西工學校 토목과 3학년 편입(이긴부), 졸업 직전에 졸업	가죽 공장. 경영. 신문 배달을 함. 松下電器의 十三無線工場에 취직한 후 1년 만에 퇴직. 여러 직업을 전전하다 17세에 大阪機工 취직. 전후 카레 식당 春鳥屋을 경영하면서 반찬식 등과 함께 암시장에서 활약. 1951년 호텔 大関 설립. 1953년 오사카상은 설립 참가		大商開発(株), 大阪商銀 (1953)			민단오사카본부 단장(1961~1963년), 상공회 회장(1972~1974)
康勳	제주 표선/(미상)/(미상)	1938년 大阪興国高校 졸업	졸업 수년 후에 함석수지 생산·판매업을 함. 이후 5년 만에 大洋化学工業 설립, 1947년 종업원 90명 고용. 3년 후인 1949년에 坡東製鋼을 창립	大洋化学工業 (60명)			坡東製鋼(株) (1940년 창업)	13~15기 이사
高己信	제주시/1910년/1926년?		도금한 후 도금(엿기)공정에서 소년공으로 노동. 전후 1951년에 미싱 부품 전문 도금 기공. 연세 高島金属工業 설립[5]		高島金属工業(株)(1951)			
高駒相	전남 담양/1906년/1924년?	한문 능숙	八幡製鉄所에서 근무. 기술을 습득해 오사카에서 32세에 창업. 전시기에 군수공장으로 지정됨. 일시 200명의 종업원을 고용했음. 전명으로 재산 소실됐으나 전후 재기함	台昌鉄(7명)	三晃金属(株)(1952)			7~15기 이사

성명	출생지/ 생년/ 도일 시기	학력	사업력	사업체명				기타 경력
				1947년[15]	1976년[16]	1989년[17]	1997년[18]	
郭炳顕	경남 함안/ 1913년/ 1927년?		전전에는 중노동. 전후 1950년 富島組 참업		(株)富島組 (1950)			6~15기 이사
郭裕之[4]	충남 금산/ 19~8년/ 1935년		최초 일본산 인삼을 한국에 판매하는 무역업에 종사. 전시기에 못부를 제조·판매하는 東和産業을 기업했으나, 전후 레저산업에 진출하여 노다한신여객(野田阪神駅) 앞에 한신출(阪神ホー~ル)을 개점한 후, 이를 발판으로 수피이킷 관광호텔 등으로 사업 확대		阪神観光(株) (1953)		阪神観光(株) (1953년 참업)	18~23기 이사
權德柱	경북 안동/ 1908년/ 1930년?	소학교 졸업	소학교 졸업 후 翡売号安東支店을 거쳐 22세에 도일. 제면공장에서 6년간 노동한 후, 中村反毛工業을 설립. 이후 東亜反毛工業(전시 증기의 통합으로 해산) 경영. 전후 三和鉄工所, 東洋産業을 건축. 건축업을 주로 하였음		東洋産業(株) (1966)			7~17기 이사, 대문무역 설립에 참여
權聖得	경북 영주/ (미상)/ 1935년?		전후 무역상. 제과업 등을 경영함. 나중에 부동산업으로 업종 전환		三栄物産*			
權義松	경북 의성/ 1910년/ 1930년대 중반		무위 배달원에 입주 근무. 6년 후 26세(1936년)에 秋山捻子製造所를 설립. 1951년 秋山化学工業을 참업		秋山化学工業所(1969)		秋山化学工業所(1951년 참업)	제4차 시참단 참가
金麦元	경남 함양/ 1914년/ (미상)		1947년 메리야스제조업 조업 경영(종업원 1명)	メリヤス製造業(1명)	木村毛糸紡績(1955)			11~15기 이사
金炳五	전남 완도/ 1916년/ (미상)		전전부터 볼트·너트를 제조하는 大昌製作所를 참업. 전후 재건하여 丸三鉄鋼으로 개칭		丸三鉄鋼(1950)			5~12기 이사
金瑞鳳	제주 성산/ 1920년/ (미상)		1947년 共栄鉄工所를 설립. 동 회사는 松下電器의 전속 공장임		(株)共栄鉄工所(1947)	(株)共栄鉄工所(1948년 설립)		
金良祥	전남 금산/ 1915년/ (미상)		전전 선원 생활. 전후 함께 중에 배운 연스금 활용하여 오사카의 중심지에 자갈 클럽(紫光クラブ)을 설립		(株)紫光(1968)	(株)紫光(1955년 설립)		흥은 이사

성명	출생지/생년/도일시기	학력	사업력	사업체명 1947년[15]	사업체명 1976년[16]	사업체명 1989년[17]	사업체명 1997년[18]	기타 경력
金英宰[5]	서울/1934년/한국전쟁시	배재중학교 졸업, 近畿大学 법학부·대학원	1955년 제일포 축구팀으로 한국 방문. 1968년 여행사 日新観光 설립		日新観光(株)(1968)	日新観光(株)(1968년 설립)	日新観光(株)(1968년 설립)	
金振玉	제주/1928년/1942년	1942년 국민학교 졸업, 전후 오사카에서 중학교 졸업, 同志社大学 문학부 입학	한국의 인쇄를 주로 하는 교포사를 설립. 1970년에 세계여행사 설립, 1973년에 그리미출화랑 사장에 취임		(株)高麗美術画廊(1970)			
金奏鎬	경북 의성/1929년/(미상)	1944년 初芝商業学校 졸업	졸업과 동시에 新興海運株式会社에 입사. 1953년 6월, 24세이니어이로 浅井商事株式会社 설립		浅井商事 *, 白鳥(1976)			22~24기 이사
金皓一	경북 예천/1921년/(미상)	浪華商業 졸업 후 関西大学 전문부·문학부 입학	세계신문사(유수인 경영)에 입사. 그 후 독립하여 서무 운활을 취급하는 상사 協立興産株式会社를 설립		共栄産業(株)(1967)		共栄産業(株)(1950년 설립)	6~14기 이사, 15~23기 부회장
朴炳統	경북 성주/1907년/1931년?		전진 교토 니시진에서 우리모토에 종사하다 전후 우리모토업에서 사업을 시작, 전후 염종 전환하여 1958년 종합 레지기업인 新東洋興業 설립(1997 자료 1951년 창업)		新東洋興業(株)(1967)		新東洋興業(株)(1951년 창업, 1967년 설립)	13~15기 이사, 16~21기 참여, 민단대부부 단장
朴永晙	전남 광양/1922년/(미상)	(구지)松山高商 졸업	(구지)松山高商을 졸업한 후 오사카에서 大阪紙製品統制組合의 서기로 근무하다. 전후 1948년 勝山経営事務所를 설립		勝山経営事務所所(1948)	勝山経営事務所所(1948년 설립)		10~21기 이사, 22~23기 참여

성명	출생지/생년/도일 시기	학력	사업력	사업체명				기타 경력
				1947년[15]	1976년[16]	1989년[17]	1997년[18]	
朴漢植[6]	경남 사천/1913년/1928년	소학교 졸업 후 도일	주점에서 덧자봉공, 5년 후 독립 행상, 각종 노동을 전전하면서 밤에는 오사카 도쿄사기(豊崎)의 甲種專修学校에서 학력. 뒤에 공장을 그만 두고 나가타(長町)의 清涼飮料水店에 어교공이로 근무. 결혼후 신기타정(新喜多町), 히가시나리구(東成区)에서 잡화상을 경영했으나, 1943년 기업 정비로 중지. 금속(tㅜ㎡物)공장을 시작한 뒤 스재강의 하청을 받아 월 5~6만 엔의 수입이 있었다고 함. 전후 보로가를 하다 1947년 4만 엔의 자금으로 우메다 암시장에 진출. 과일이나 수를 판매함. 朝鮮人商友組合을 조직, 재일조선인의 리더로서 암시장 정상화에 노력해 梅田繊維卸協会을 조직하고 회장에 취임. 오사카한상은 설립에 진력해 1953년 상은 설립과 함께 이사 장에 취임.		大阪商銀 (1953)			2~4기 이사, 5기 부회장, 6~15기 고문, 16~24기 상담역
裵賢斗	경남 남해/1919년/(미상)	1937년 창선(昌善)공립보통학교 졸업.	1946년 2월 가네시로셀룰로이드공업(金城セ ルロイド工業)(有) 설립, 6년 후 1952년에 주 和眼鏡工業(株) 설립(1997년 자료 1947년 1월 창업).		平和工業(株) (1946)		平和工業(株) (1947년 창업/ 1952년 설립)	
邊東奎	제주시/1916년/(?)	향교에서 한학, 농림기사 (?)	유복한 가정 출신으로 향교에서 한학을 수학 하고, 농림기사로서 도립 지도를 하다 도일해 부동산업을 시작(1989년 자료 1960년 설립. 1997년 자료 1961년 창업).		富士産業(株) (1963)	富士産業(株) (1960년 설립)	富士産業(株) (1961년 창업)	
徐甲虎[7]	경남 울주/1915년/1928년		오사카 상가에서 덧자봉공으로 일하면서 기직 기술을 배움. 상가를 그만두고 나서는 사탕 판매, 페품 회수, 타월 공장 등 여러 직업을 전전함. 전후 군수물자의 매매로 자산을 마련하여 센나 (泉南)에서 포목과 야밍을 제조하는 阪本産業을 창업, 1947년에 종업원 100명 고용. 1948년 3월 폐기처분되어 있던 阪本紡績을 사들이는 데 성공해 1948년 3월 阪本紡績을 설립. 1950년 오 사카부 내의 소득 랭킹 1위로 도약. 1961년 연 매출 100억 엔, 종업원 1500명; 방추 18만 추 규 모에 이름.	阪本産業 (100명)	阪本紡績 (1946)			3~5기 회장, 고문

성명	출생지/생년/도일시기	학력	사업력	사업체명				기타 경력
				1947년[15]	1976년[16]	1989년[17]	1997년[18]	
徐永旻	경남 김해/1922년/1935년	京阪商業에 진학해 공부 중 귀국	20세(1942년)경에 이미 철강회사를 경영. 전후 레자산업으로 업종 전환해 1950년 6월에 창립		大栄産業(株)(1972)	大栄産業(株)(1971년 설립)	大栄産業(株)(1950년 창립, 1972년 설립)	16기 이사, 오사카민단 본부장(1979~1981), 민단 침립에 참가, 미야코지마(都島)지부 단장
徐在植	경북 의성/1924년/(미상)		22세(1946년)에 자동차 타이어 판매업하며 大成商店을 창설 1958년 12월 재기하여 설립무. 철강고무를 취급하는 大永(株)을 설립		大永(株)(1959)	大永(株)(1958년 설립)	大永(株)(1958년 설립)	6-14기 이사, 15~24기 부회장
成海龍	경남 창원/1918년/(미상)		1947년에 토목건축업체 高杉組을 경영(종업원 16명). 1964년 결을 메이카 大成鉄工所를 설립	高杉組(16명)	(株)大成鉄工所(1964)			6-21기 이사, 조토지부 단장
孫達元[8]	평남/1911년/1929년	경성중학교 졸업	오사카에서 개인 상점 야마구치코르크(ヤマロク), 1939년 자본금 15만 엔으로 법인화하 오사카코르크(大阪コルク)주식회사 설립. 군의 관리공장으로 지정, 최성기에는 190명의 종업원 고용, 전후 GHQ와 연결되어, 오사카코르크는 1947년 200명 고용 규모, 1950년 2월 재산공장 설립하고, 1952년 야와타제침과 제휴. 1953년 大和製缶(株)으로 상호 변경	大阪コルク(200명)	大和製缶			3기 이사, 5기 상담역
沈戴寅	경북 선산/1929년/(미상)	近畿大学 졸업(1989년)	대학 졸업 후 샐러리맨 생활을 하다 1956년 마쓰모토가구에센터(松本家具工芸センター)를 설립		(株)松本家具工芸センター(1962)	(株)松本家具工芸センター(1963년 설립)	(株)松本家具工芸(1963년 설립)	13-24기 이사
安在祐[9]	제주 표선/1915년/1928년	(구제)大阪城東商業(야간) 중학 졸업	도일 3년째(1930년)에 合成樹脂会社(大阪合成樹脂化学研究所)에 입사, 1934년 不動化学을 창업, 전신인 大同ライト주식회사에 공장장으로 입사. 5년 후(1939년 5월) 安本化学工業所 설립. 1947년 5월에는 安本化学工業 설립. 1948년에 종업원 수는 200명을 넘어섰고, 1950년에 500명이 됨. 1950년 6월 日本有機化学工業으로 개칭. 1952년 종라스틱 단주 제조회사인 日本加工業 설립, 1947년 1월 조사에서는 安本電気製作所가 이름으로 90명을 고용	安本電器製作所(90명)	日本有機化学(1952)	日本有機化学(1937년 설립)		3-4기 이사, 5기 부회장. 고문, 3-4차 사참 참여

성명	출생지/생년/도일 시기	학력	사업력	사업체명				기타 경력
				1947년[15]	1976년[16]	1989년[17]	1997년[18]	
梁熙晋	제주 남읽/1918년/(미상)	大阪專門学校(현 近畿大学에서 立命館大学에 진학)	전후 진주군이 불하 이로 판매에서 사업을 시작, 1947년 운동용품, 완구를 제조·판매하는 三星金属工業 경영(종업원 50명). 전후 관광업 유기업으로 업종 전환해, 1956년에 그랜드관광 설립	三星金属工業(50명)	京阪観光(株)		그랜드관광(株)(1956년 설립)	18~19기 이사, 20~23기 부회장, 14기 상공회장(1980~1982)
에지키 구니오(임꽁식)[10]	경남 평양/(미상)/(미상)	차가를 지망해 미술학교에서 학업	전후 1947년 오사카 센니치마에(千日前)에서 불고기집 食道園 창업		食道園(1947)			
柳根達	충북 괴산/1908년/(미상)	충북 중총사림중학교 졸업, 関西商業学校(현 大商高) 졸업	전쟁 중에 군수공장에서 노동, 고향하면서 관서양화교를 졸업한 뒤 소옷 의류를 취급하는 柳屋商店을 1957년 설립		(株)やなぎや(1957)			22~23기 참여, 제4차 시참 참여
柳龍甲	경남 창원/1925년/(미상)		전쟁 중에 도아마 비행 정비 공장에서 노동. 1960년대에 시가(佐賀)현에 규슈비닐(九州ビニール)공업 설립		九州ビニール工業(株)			
柳沐鉉[11]	(미상)/(미상)/(미상)		전후 고무 제조업인 朝日産業을 경영하고, ≪조선신보≫와 ≪신세계신문≫ 등을 발행했으며, 나중에 부동산업으로 업종 전환. 오사카신문회 회장도 역임	朝日産業社(55명), 朝鮮新報/新世界新聞(50명)				
尹德夏	전남 강진/1921년/(미상)	법학박사호 수여(학교명은 불명)	구마모토 신장에서 개최된 일미本교환경기대회(1939년 9월)에서 멀리뛰기 선수로 출전한 후 우승. 사범대·ㅈ五조케에서 국 낚을 졸업을 했는데, 실패...로 진출한 시기는 명확하지 않음	富国建設工事(株)	富国建設工事(株)			
尹守孝	경남 함양/1923년/(미상)	전문학교 졸업(1989년 자료)	전전 도일하여 나가사키(長崎)에서 고교로 이동. 전후 오사카 후세시(布施市)에 파친코점을 개업했으므며, 이후 각지에 파친코점을 오픈		天龍商事(株)(1965)		天龍商事(株)(1950년 창업, 1961년 설립)	16~17, 22~23기 이사
李才方	제주/1905년/(미상)	関西大学 예과 졸업	졸업 7년 후 모리모토메리야스가공회사(森本メリヤス加工会社) 창업, 철공소도 겸업함. 전쟁으로 모두 소실되었으나, 전후 文映会館이 시작해 영화관 경영에 투신해 오사카 시의 번화가에 체인을 전개하였음.		文映(株)		文映(株)(1957년 창업)	

성명[12]	출생지/생년/도일시기	학력	사업력	사업체명 1947년[15]	사업체명 1976년[16]	사업체명 1989년[17]	사업체명 1997년[18]	기타 경력
李熙健[12]	경북 경산/1917년/1932년	경산소학교, 메이지대학 야간부	쓰루하시 암시장에서 자전거 수리 등을 함. 함 시장이 폐쇄될 때 鶴橋国際商品連盟으로 자전거 시장을 재개하고 직, 합법적 시장으로 재개하는 데 성공하고 30세인 나이로 동 상점가연맹 초대회장 취임. 오사카흥은 설립에 노력하여 1956년 흥은 제2대 이사장에 취임 한신협 회장. 오사카민단 후원회장 등 역임. 제일한국인 사회의 조정자 역할을 함		大阪興銀(1955)			3~4기 이사, 5기 부회장·상임이사·고문. 3차 시찰 참여
張泰植	경북 칠곡/1923년/1942년		名村造船, 大同製鋼 등이 다기업에 4년 정도 근무하다 독립해, 28세(1951년)에 파친코 기계 제조를 시작하고, 이후 파친코, 관광, 면선 사업 등 영위함		大池産業(株)(1961)		大池産業(株)(1961년 설립)	6~10, 12, 22~23기 이사
全時然	경남 진양/1919년/(미상)	1945년 東京興亜医学専門学校 졸업	1947년에 종업원 30명을 고용하는 渡辺反毛를 경영. 1948년 渡辺紡績 설립	渡辺反毛(30명)	渡辺毛糸紡績(株)(1948)	渡辺毛糸紡績(株)(1949년 1월 설립)		5기 이사, 6, 8~10, 12, 14~15기 감사
鄭連根	전남 무안/1912년/1929년		렌즈공학기사 자격을 10년 만에 수득하여 이를 토대로 朝日光学工業을 설립		朝日光学工業(株)			
鄭天義	경남 진주/1919년/(미상)		전후 비누·화장품을 제조하는 大優産業을 설립해, 1947년에야 20명 고용. 高麗学士倶楽部의 간사장. 오사카상공회 2·4대 회장 역임	大優産業株式会社(26명)	アカデミー商事(株)(1958)			오사카상공회 제2·4대 회장·고문
趙龍来	경남 함안/1916년/(미상)		수십 시절을 만주에서 보낸 후 도일, 1947년에 이와모토메리야스제조소(岩本メリヤス製造所) 경영	岩本メリヤス製造所(2명)		岩龍織維(株)(1960년 설립)		16~21기 이사, 22~24기 참여
曹寧鎬	경북 칠곡/1920년/(미상)	소학교 졸업, '専検'을 패스하고 다카이다(東大阪高井田)에서 진학	전쟁으로 학업 중단. 전후 1946년 히가시오사카 다카이다(東大阪高井田)에서 센타(セン ター), 의미 불명) 제조를 창립하고(1989년 자료). 1952년 전선업체인 大和電線을 설립		大和電線製造所(1952)			
車忠興	경기 수원/1909년/1928년	소학교 졸업하고 関西大学 법학부 진학	자동차회사에서 수업하여 운전면허증 취득, 택시운전수로 일하다가, 전후 1946년에 車細車自動車商会을 설립하고 1950년에 東亜交通을 설립		東亜交通(株)(1950)			1기 이사, 4기 감사, 6~10기 이사, 오사카 민단부국장(1959~1961년)

성명	출생지/생년/도일 시기	학력	사업력	사업체명				기타 경력
				1947년[15]	1976년[16]	1989년[17]	1997년[18]	
蔡尚大	경남 사천/1914년/(미상)		15세부터 섬유계에 종사하다 1948년 메리야스 제조업체 메이다이(メイダイ) 설립		(株)メイダイ (1948)	(株)メイダイ (1948년 설립)	(株)メイダイ (1948년 창립)	5~19기 이사, 20~23기 부회장
崔甲俊	경남 합천/1914년/1939년		도일 후 공원으로 일하면서 습득한 기술을 기반으로 東洋鋼線, 共榮製鋼 등의 강선(鋼線)회사에서 엔지니어로 근무한 후 독립		吉川商店			
崔玩熙	전북 나주/1929년/(미상)		밀무를 이지해서 교토에 온 뒤 이무 교직을 마치고, 동북 지방에서 건축 견습 등 취업 경험을 쌓은 뒤 전후 교토로 돌아와 인기 일대에서 재료 미군용이 이차 재배, 산림 벌채, 토목 청부 미군용을 함. 1958년에 토목건설 청부업체 大山組 설립		(株)大山組 (1958)			13~21기 이사
崔鐘沫	경남 합천/1921년/(미상)	조선에서 소학교 졸업. 法政大学 진학	전후 잠시 동안 도쿄시청에 근무하였으나 그 만두고 吉川鋼線을 창립함. 1951년에 東洋鋼線 설립		東海製鋼			22~23기 이사
崔台發	경북 대구/1923년/(미상)		전후 기계공구점 松本金属工業을 경영했으나, 업종 전환해 1954년에 대중미용업을 시작함. 1970년대 중반에 전국 20여 개의 체인점 경영		大衆理容院 (1954)	大衆理容院 (1960년 설립)	大衆理容院 (1954년 창립)	
河甲祚	경남 함안/1905년/(미상)	累政(?)中学 졸업, 関西大学 야간부	1953년에 河村一貫堂 경영		(株)河村倉庫 (1970)			제1대 오사카상공회장, 2~4기 부회장, 고문, 2차 시절 참여
韓錄春[13]	경남 고성/1922년/1936년		전전 선인 생활과 바에서의 보이 겸 사무이다가 전후 오사카 암시장에서 우동집, 요리 점 함. 캬바레 등을 경영하다 1948년 오사카 미나미에 소요리진 新宿를 출점함. 1953년에 오사카의 미나미에 맘모스 카바레 후지를 오픈 하고, 1960년에 킹을 개점. 오사카한국종합사관 건설 기성회장 역임		富士観光(株) (1950)	富士観光(株) (1950년 설립)	富士観光(株) (1963년 설립)	4기 이사, 고문

성명	출생지/생년/도일 시기	학력	사업력	사업체명				기타 경력
				1947년[15]	1976년[16]	1989년[17]	1997년[18]	
黃七福[14]	경북 울진/1922년/1937년	立命館大学 전문부	도일 후 히로시마에서 제신공습소에 다녔으나 교토로 나와 야학 立命館大学 전문부에서 공부함. 兵庫県에 다니면서 栂務友禅工場에서 노동. 근무하던 유젠공장이 통폐합이 대상이 되 이후 오긋치 소장에게 소개되어 육군성의 공사를 함. 금사 일이 끝난 후 일본래이온구인 모집에 응모하여 취직함. 육군성과의 관계로 1944년 12월 25일 청공소를 시작하게 됨. 100평 정도의 부지에서 남동 전후 공장을 제조해 해군 군소공장에 납품. 전후 공장을 그만두었으나 한국전쟁 발발 후 재개		共和蝶子工業(株)(1960)	共和蝶子工業(株)(1960년 설립)	共和蝶子工業(株)(1944년 창업, 1960년 설립)	민단오사카부본부단장(1974년 4월~1979년 4월)

주: 사업체명이 1947년, 1976년, 1989년, 1997년의 내용은 각 년 시점에서 재일상공인이 경영하고 있던 사업체명이다. ( )안의 숫자는 1947년이 종업원 규모, 1976년은 설립연도, 1989년과 1997년은 설립연도 또는 창업연도이다.

자료: 기본적으로 金府煥(1977)에 의거하고 있다. 金府煥(1977) 이외의 자료를 이용한 것은 아래와 같다.

1) 정희선(1999).
2) 姜宅佑(1972).
3) 姜宅佑(1972).
4) 나카노(2010).
5) 이민호(2015).
6) 大阪商銀(1973).
7) 나카노(2010); 이민호(2015); 高東元(2011).
8) 高東元(2010); 大和製缶 홈페이지(http://www.daiwa-can.co.jp); 신일본인기 홈페이지(https://www.snkc.co.jp/company/).
9) 나카노(2010).
10) 朴健市(2002).
11) 在日本朝鮮人連盟大阪本部(1947); 大阪興銀(1987).
12) 나카노(2010); 이민호(2015); 高東元(2011).
13) 이민호(2015).
14) 黃七福(2018).
15) 在日本朝鮮人連盟大阪本部(1947).
16) 統一日報社(1976). 단, '는 金府付(1977).
17) 共同新聞社編(1989).
18) 在日韓国人会社名鑑編集委員会編(1997).

제2장

1960년대 재일상공인 모국투자와 공업단지 형성*

구로, 마산, 구미의 사례 비교

김백영

교포 실업가(僑胞實業家)들은 미국의 차관, 서독의 차관, 재일교포의 투자 등 세 가지를 비교할 때 어느 것이 가장 효과 있게 한국을 공업화할 것인가를 심사숙고해 주기 바란다고 주장하고 있었다. 미국이 수억 불을 꾸어준다든가 또는 서독의 차관 등에는 '오‧케' 하면서 교포들이 투자하면 일본인 자본이 침투할 우려가 있으니 경계해야 한다고 백안시하고 있는 한국 내에서의 공기에 대하여 그들은 도저히 이해할 수 없는 일이라고 말하고 있다.

_ "재일교포들은 국내투자를 바란다"(≪동아일보≫, 1960.12.11: 2면)

1. 1960년대 재일상공인 모국투자의 이상과 현실

1960~1970년대 한국 경제성장에서 재일동포 기업인들의 자본 투자가 매

---

* 이 글은 ≪공간과 사회≫(제29권 2호, 2019.6)에 실린 논문을 수정‧보완한 것이다.

우 중요한 요인으로 작용했음은 잘 알려진 사실이다. 당시 한일 간 경제 교류가 상당 부분 비공식적인 방식으로 진행되었기에 그 정확한 규모나 양상을 파악하기는 매우 어려운 일이지만, 적어도 당시 상황에서 한국의 수출주도 산업화가 본궤도에 오를 수 있었던 결정적 요인은 한일국교 정상화 이후 일본 자본시장과의 연계였고, 그 전후 과정에서 핵심적 역할을 수행한 것이 재일상공인들이었음은 부인할 수 없는 사실로 확인되고 있다. 특히 한일국교 정상화 이전 시기에 재일상공인들은 박정희 정권 초기 경제발전 정책 추진에 핵심 아이디어와 주요 자금을 제공하는 등 결정적 기여를 한 것으로 알려져 있다.

이 시기 재일상공인들의 모국투자는 어떤 동기와 목표의식하에 이루어졌으며, 어떤 사회적 결과를 낳았는가? 이 질문에 대해 그동안 국내외 선행연구에서 제시해 온 대답은 크게 다음 두 갈래로 나누어 정리해 볼 수 있다. 우선 당사자들의 증언에 바탕을 둔 선행연구들에 따르면, 그들의 투자 행위는 '이윤 추구'라는 영리적 목적보다는 '모국공헌', 즉 '고국의 발전을 위한 헌신'이라는 비영리적 동기에 의한 것으로 주로 설명되어 왔다. 물론 자본 투자라는 행위는 정의상 영리성을 완전히 배제할 수 없지만, 이 시기 재일상공인들의 모국투자에는 비영리적 동기도 적지 않게 작용했다.

당시 재일한인 사회에 '모국 발전에 기여해야 한다'라는 정서가 일반적이었으며, 그것이 꾸준히 지속되었음을 단적으로 증명하는 것이 '한국사 60년 궤적과 일치하는 재일동포 기부사'이다. 재일민단에서 실시한 대표적인 기부 캠페인을 1950년대부터 10년 단위로 정리해 보면, 1950년대 전쟁 이재민 구호 운동, 1960년대 구호미 및 라디오 보내기 운동, 1970년대 고향마을 발전 운동, 1980년대 1988 서울올림픽 성금 모금 운동, 1990년대 IMF 위기 외화 송금 운동, 2000년대 한·일 공동 월드컵 대회 성금 모금 운동 등을 각 시기별 대표적인 예로 들 수 있다. 재일동포 기부의 최전성기인 1970

년대에 148개 본국 마을과의 자매결연을 통해 새마을 자매결연 사업 및 산림녹화 활동 등 다양한 형태로 이루어진 고향 발전 활동, 대한민국 건국 이래 단일 행사 후원금으로는 사상 최대치인 541억 원을 기록한 1988 올림픽 성금 모금 운동, IMF 구제금융 당시 1가구 10만 엔 이상 본국 송금 운동 등을 통해 최소 15억 달러를 모아 외환위기에 빠진 조국에 송금한 일 등은 재일동포들의 애국심과 애향심을 생생히 증언한다. IMF 외환위기 당시 국내에서 350만 명의 국민들이 참가한 '금 모으기 운동'으로 마련한 외화가 20억 달러 남짓이었음을 감안하면 재일동포들의 외화 송금액은 놀라운 성과가 아닐 수 없는데, 이러한 기부 활동의 주역을 담당한 것이 재일상공인들인 것이다(재일동포모국공적조사위원회, 2008: 134~148).

좀 더 객관적인 관점에서 접근한 선행연구들에서는 재일상공인들의 모국투자를 자본의 이윤 추구 논리와 재일한인의 정체성 인정 투쟁이라는 양면성을 띤 행위로 파악해 왔다. 주지하다시피 해방 이후 한국 사회에서 재일한인을 바라보는 시선은 전반적으로 그리 곱지 않았다. 당시 한국인들의 관점에서 볼 때 '재일교포'는 일제 식민통치기에 조국을 등지고 떠난 후 해방 이후에도 귀국하지 않고 일본 체류를 선택한 이들로서, 한국전쟁 이후 남한과 북한의 체제 대결 국면에서 상당수는 조총련(朝總聯)에 가담해 북한의 적화 이데올로기에 포섭된 사람들로 상상되었던 것이다.[1] 이들 중 경제적으로 성공해 귀국한 사람들에 대한 인식도 크게 다르지 않아서, 대개 일본 사회의 밑바닥 층에서 출발해 일본인들이 기피하는 사업을 통해서 또는 전후 사회혼란기를 틈타 암시장 등을 통해 벼락부자가 된 사람들로서, 경제적 부를 앞세워 조국 투자 명목으로 '금의환향(錦衣還鄉)'한 사람들이라고

---

1) 단적인 예로 당시 재일교포 중 규모가 큰 기업을 경영하는 대표적 실업가들은 대부분 민단계 (民團系)에 속해 있었지만, 중소기업주들의 수는 조련계(朝聯系)가 훨씬 더 많았다(≪경향신 문≫, 1962.7.10 참조).

폄하하려는 인식이 일반적이었다. 따라서 한국 경제발전에 대한 이들의 기여는 그들 자신의 부정적인 정체성을 불식시키고 갱신시키기 위한 정체성 인정 투쟁으로 간주할 수 있다는 것이다(왕혜숙·김준수, 2015).

1960년대 '재일교포'에 대한 부정적 인식이 팽배했던 데에는 특히 당시 한국 사회에 반일민족주의, 반공주의, 개발주의라는 세 가지 담론적 필터가 강력하게 작동하고 있었다는 점과도 관련이 있다. 즉, 당시에 '재일교포'라고 하면 대체로 한국말을 잘 하지 못하는 '반(牛)쪽발이', 조총련 등에서 연상되는 '빨갱이', 그리고 경제대국 일본의 자본주의를 배경으로 치부(致富)한 '졸부(猝富)'라는 세 가지 이미지가 지배적이었다. 권혁태(2007)의 연구에 따르면, 그동안 우리 사회에서 곧잘 혼용되어 온 '재일교포(在日僑胞)'와 '재일동포(在日同胞)'라는 두 가지 호칭도 미묘하지만 중요한 의미론적 차이를 띠고 있으며, 정세에 따라 선택적으로 쓰이는 경향이 있었다. 그의 주장을 간단히 요약하자면, '재일교포'는 냉전적 대결 국면에서 재일한인을 '분리와 배제'의 대상으로 간주하는 의미가 상대적으로 강한 반면, '재일동포'는 민족적 포용 국면에서 재일한인을 '포섭과 회유'의 대상으로 간주하는 의미가 더 강하다는 것이다(권혁태, 2007). 당시 재일상공인들의 '모국투자'를 재일한인들의 '명예 회복'과 '정체성 인정'을 위한 집단적 실천의 일환으로 해석할 수 있는 것은 이러한 역사적 맥락에서다.

과연 재일상공인들의 모국투자는 '경제적 이윤 추구' 행위인가 아니면 '정체성 인정 투쟁' 행위인가? 그들의 행위는 애국심에 바탕을 둔 공익추구적 행위인가 아니면 기업논리에 바탕을 둔 사익추구적 행위인가? 이 글에서는 이들의 투자 활동을 '이익 지향적 기업가 정신의 산물'이자 '진정한 애국자 정신의 발로'라는 양면성과 모순성을 띤 행위로 평가해 온 선행연구의 한계[2]를 넘어서, 재일동포 기업인들의 고국 자본 투자가 차별적인 양상을 띠면서 전개된 몇 가지 대표적 사례를 비교·분석함으로써, 그 실천 동기와 구현 양상의 차이에 대해 좀 더 세밀한 유형화 작업이 필요함을 제기하고자 한다. 이를 통해 우리는 그들의 역사적 행위에 내포된 실체적 진실에 한 걸음 더 다가설 수 있을 것이다.

2. 교포자본의 공단 개발 참여: 유형별 분류

재일교포 기업가들의 모국투자가 어떤 동기에서 이루어졌으며, 한국 정부는 이에 대해 어떻게 대응했는지 이해하기 위해서는 우선 교포 기업인의 형성사적 특징과 한국 정부와의 관계 변천사를 간략히 살펴볼 필요가 있다. 주지하다시피 일제 말기 재일한인 인구는 약 200만 명에 달했는데, 1945년 일본 패전 직후 그들 중 상당수가 귀환한 결과, 전후에는 약 65만 명 정도의 재일한인이 일본 열도에 잔류하게 된다. 이들 대다수는 무직 또는 단순 노무자로서 경제적으로 대단히 곤궁한 처지였으며, 그나마 형편이 나은 일부 한인들은 고철 수집, 파친코, 고리대금업, 요식업 등에 종사하는 정도였다. 1950년대 한국전쟁의 전쟁 특수를 배경으로 호황을 맞은 일본의 경제가 급성장하면서 일부 재일한인은 고무, 유리, 정유, 피혁, 섬유, 잡화 등의 제조업에서 경제적 성공을 거두었으며, 극소수 재일한인 기업가들은 굴지의 대기업 경영자로 성장하게 된다. 대표적 인물을 꼽자면 방직공업계의 서갑호, 기계공업계의 손달원과 김상호, 섬유공업계의 이원만, 식품공업계의 신격호, 금융산업계의 이희건 등을 들 수 있다(기미야 다다시, 2008:

---

2) 왕혜숙·김준수(2015)는 한국 사회의 재일동포 기업인에 대한 인식의 변화 양상을 정부의 공식 담론(대통령 담화문)에 대한 분석을 통해 추적한 바 있다. 하지만 이는 국가의 공식 담론에 제한되어 있는 자료상의 한계 이외에, 국가를 핵심적(사실상 유일한) 행위자로 설정하는 발전국가론을 암묵적으로 수용하고 있다는 이론적 한계를 내포하고 있다.

(64~90). 그렇다면 이들은 해방 이후 한국의 발전국가 성립과 한일관계 변화 과정에서 어떤 역할을 담당했는가?

이들과 한국 정부 간의 접촉과 교섭은 한국전쟁 종전 직후부터 활발히 전개되기 시작한다. 우선 이승만 정권은 당시 사회 전반에 반일 정서가 매우 짙게 깔려 있었음에도 불구하고, 전후의 극심한 경제적 난국을 타개하기 위한 대책으로 교포재산 반입을 위해 노력했다. 이에 부응해 재일동포 상공회의소에서는 1953~1956년간 여러 차례 한국을 방문했고, 1958년 한국 정부는 재일동포 기업인을 대상으로 한 외국인 재산 반입 규정을 제정했으며, 1959년에는 '재일한국인경제연합회'(한경련)[3]가 설립되었다. 4·19와 5·16을 거쳐 박정희 정권이 들어서면서 이러한 움직임은 더욱 본격적으로 전개된다. 1960년대 초반에는 교포재산 반입제도가 운영되기 시작했으며, 1961년 12월에는 61명의 기업인이 방한해 한국 정부에 경제개발 지원을 약속한다. 1962년에는 '재일한국인상공인연합회'(한상련)[4]가 설립되어 1965년 한일국교 정상화 이전까지 경제적 궁지에 처해 있던 한국 정부에 경제개발 5개년 계획을 수립하고 착수할 수 있는 긴급한 자금과 노하우를 제공했다.

---

3) '한경련'은 1962년 2월 22일 결성된 '재일한국인상공인연합회'에 의해 흡수·통합된다.

4) '한상련'에 대해 자세히는 在日韓国人商工会連合会(1982)를 참조. ≪경향신문≫의 보도에 따르면, 당시 '한국 정부의 인정을 받은 유일한 경제단체'인 재일한국인상공인연합회 회원들 중 (대부분은 관망하는 태도를 취하고 있지만) 본국투자를 꿈꾸고 있는 교포 실업인들의 주요 업종은 다음과 같다. "▲ 원석을 가져다 가공도 하고 또한 시계침봉 그리고 각종 정밀기계 부속 및 계산기 등을 만들어보자는 곽태석(郭泰石) 씨[광양정밀보석회사(光陽精密寶石会社)], ▲ 오복주(吳福珠) 씨[삼화합성(三和合成)]의 비닐공장, ▲ 윤병원(尹秉元) 씨[아사히공업(朝日工業)]의 수도 위생 시설, ▲ 오병수(吳炳壽) 씨[조광공업(朝光工業)]의 자동차 부속품 공장, ▲ 김봉학(金鳳鶴) 씨[천마합성수지(天馬合成樹脂)]의 합성수지, ▲ 손달원(孫達元) 씨[다이와제관(大和製罐)]의 종합제철공장 및 정유공장, ▲ 이강우(李康友) 씨[동아흥업(東亞興業)]의 모종(某種)기계공업, ▲ 신격호(辛格浩) 씨[로테제과(로테製菓)]의 모기간산업투자 등을 들 수 있다"(≪경향신문≫, 1962.7.10).

[상자글 2-1] 1960년대 수출주도형 경제개발 정책 성립의 국내외적 배경

1961년 한국은 1인당 경상 국민총생산이 85달러에 불과한 극빈국으로, '저소득 → 낮은 저축률 → 낮은 투자율 → 저소득'이라는 이른바 빈곤의 악순환에서 벗어나지 못하고 있었다. 5·16 쿠데타로 등장한 박정희 정권에서 1962년부터 시행한 경제개발계획의 원안은 국내 저축과 국내 수요를 중시해 자립경제를 지향하는 성격이 강했지만, 난관에 봉착하면서 곧 대외지향성을 강화한 계획으로 수정했다. 당시 한국이 자원이 풍부하거나 국내 시장 규모가 컸다면 수입 대체 공업화 전략을 고수했을 가능성이 컸겠지만, 현실은 그렇지 않았던 것이다. 하지만 더 근본적인 원인은 역사적인 것으로, 과거 식민지 경제의 비자립성에서 기인한다. 식민지 조선의 대일 종속적 경제 구조는 해방 후 원조 의존적인 경제 체질을 낳았는데, 원조가 줄어들자 급격히 늘어난 무역 적자와 외환 부족 문제를 타개하기 위한 해결책으로 수출 확대 방안이 제기된 것이다.

박정희 정권의 경제개발 정책이 처음부터 수출을 성장의 주된 동력으로 삼는 대외지향적 전략을 채택했던 것은 아니다. 박정희 정부는 애초에는 식민지 경험을 공유한 인도와 같이 사회주의형 개발 계획에 입각한 자립경제와 유사한 경제개발 전략을 지향했다. 그러나 빈약한 자원과 자본으로 인해 수입 대체 공업화 정책이 난항에 부딪히는 와중에 점차 공산품 수출이 늘어나면서 경제개발의 새로운 돌파구를 수출 증진에서 찾게 되었다(이헌창, 2016: 486).

이러한 맥락에서 볼 때 1965년은 1960년대 박정희 정권의 경제개발 전략에서 중요한 전환의 계기로 자리매김한다. 한일국교 정상화와 더불어 대일청구권 자금이 유입된 것이다. 3억 달러가 10년간 무상으로 분할 지급되고, 공공차관 2억 달러와 상업차관 3억 달러 및 어업협력자금·선박관계자금 1.2억 달러가 제공되었는데, 청구권자금의 56%는 광공업에, 18%는 사회간접자본에 투입되었다. 이와 더불어 1965년 이래 베트남 파병이 이루어졌는데, '명분 없는 전쟁'에 참전하는 대가로 1억 5000만 달러 이상의 차관이 보증되었다. 1963년 이후 매년 1000만 달러 또는 그 이상의 상품이 베트남으로 수출되었으며, 용역 수출과 군인 송금에 의한 외환 수입은 그보다 더 컸다. 일본에서 자본이 도입되고 베트남에서 외화가 유입됨에 따라 1965년 이후 한국의 외환 보유 사정은 크게 호전되었다. 일반적으로 1964년 경제개발계획의 수정과 환율 현실화, 그리고 1965년의 한일국교 정상화와 금리 현실화는 외향적 성장 전략을 확립한 사건으로 평가된다.

* 읽을거리: 이헌창, 『한국경제통사』(제7판), (서울: 해남, 2016), 458~499쪽 참조.

이하에서는 1960년대 발전국가의 초기 형성 과정에서 재일교포 기업인들이 어떤 역할을 수행했는지를 살펴보고자 한다. 구체적인 비교·분석의 대상으로 설정한 것은 공업단지의 개발 과정이다. 그렇다면 왜 공단 개발인가? 그 이유는 다음 두 가지로 정리할 수 있다. 첫째는 공단 개발 과정에 대한 지배적 설명 방식인 발전국가론 패러다임의 문제점에 대한 문제 제기이다. 그동안 주로 발전국가를 공단 개발의 전략적 주체로 설정해 왔는데, 최근 일부 연구자들이 이러한 방법론적 국가주의가 전략, 주체, 동맹, 결과라는 네 가지 측면에서 지나친 단순화의 한계성을 띠고 있음을 지적한 바 있다.5) 본고에서는 이러한 최근의 연구 성과를 활용해 공단 개발 과정에 참여한 재일한인 기업인들의 역할에 주목하고자 한다. 둘째는 공익 또는 사익, 애국심 또는 이윤 추구라는 이분법으로 환원하기 어려운 당시 재일상공인들의 행위 동기의 복합성을 좀 더 구체적으로 해명하는 데 그들이 직접 중앙정부(국가)와 맺는 관계보다는 그들의 출신 지역(고향)과 맺는 관계가 매우 중요한 매개변수라고 생각되기 때문이다. 어쩌면 당시 그들의 주된 행위 동기로 작동한 것은 '애국심'이라기보다는 '애향심'이 아니었을까? 이러한 가설의 타당성을 높이는 중요한 사례로 제주 출신 재일동포들의 '유별난 고향 사랑'을 들 수 있다. 이들은 1962~1970년간 총 314만 9250그루의 감귤 묘목을 기증해 감귤을 제주도의 특산물로 만드는 데 결정적으로 기여했음은 물론, 호텔을 건설해 '관광 제주'의 초석을 다지고, 학교를 세우고 면사무소와 마을회관을 지으며 전화 개설과 도로 포장까지 지원하는 등 다방면으로 지역사회 발전에 혁혁한 공을 세운 '무한애향(無限愛鄕)'을 실천한 사례가 적지 않다(재일동포모국공적조사위원회, 2008: 154~177).

---

5) 그 대표적 관점이 '다중 스케일적 관점'에서 발전주의 공업단지 형성 과정을 분석한 연구이다. 주된 성과는 박배균·김동완 엮음(2013) 및 박배균·장세훈·김동완 엮음(2014) 등을 참조.

당시 재일한인의 절대 다수는 남한 지역 출신으로서,[6] 경제적으로 성공을 거둔 상당수 기업인들이 '금의환향'의 정서를 공유하고 있었던 것으로 보인다. 하지만 모든 이가 그것을 실천으로 옮긴 것은 아니며, 실행의 정도와 방식 또한 매우 다양한 스펙트럼에 걸쳐 있다. 물론 반세기 이상 세월이 흐른 현 시점에서 교포 기업인 개개인의 주관적 동기와 내면적 진실을 온전히 밝혀내기란 쉽지 않은 일이며, 필자 또한 이를 충분히 입증할 만한 증거 자료를 확보하고 있지 못하다. 이 글에서는 '애국'과 '애향'을 주관적인 정서적·심리적 애착의 정도가 아니라 출신 국가나 출신 지역과 맺는 관계로 규정함으로써, 일정 정도 객관적으로 관찰하거나 측정할 수 있는 변수를 통해 조작적으로 정의하고자 한다. 그리고 이 관계 맺음의 변수를 중심으로 발전국가 초창기 공단 개발에 적극적으로 개입한 재일한인들의 사례를 비교·분석함으로써 그들의 경제적 실천에 내재된 동기의 모순성, 조건의 불안정성, 결과의 다양성 등을 다각적으로 고려할 필요성을 제기하고자 한다. 그럼으로써 이들 실천의 서로 다른 양상 및 서로 다른 결과가 '애국/애향'이라는 주관적·개인적 요인보다는 지역사회 네트워크나 사회적 여건과 같은 객관적·사회적 요인에 의해 초래되었음을 부각시키고자 한다. 이를 통해 우리는 발전국가 형성 초기에 핵심적인 경제 행위자 중 하나인 재일동포 기업가들에 대해 '신화'나 '미담(美談)'이 된 사후적 담론을 넘어서 그 실체적 진실에 좀 더 가까이 다가갈 수 있을 것이다.

그렇다면 어떤 사례를 주된 분석 대상으로 다룰 것인가? 이 글에서는 1960년대 전국 각지에 조성된 지정 공업단지의 다양한 사례들(구로, 인천, 울산, 포항, 마산, 창원, 구미, 춘천, 원주, 대전, 청주, 대구, 사상, 목포 등) 가운데 구

---

6) 1964년 발간된 일본 법무성 백서에 의하면 1963년 9월 현재 일본에 거류하는 교포는 총 57만 1673명으로, 그중 98.8%가 남한 출신이다(≪경향신문≫, 1964.7.9).

표 2-1 _ 1960년대의 공업단지 조성 현황

단지명		면적(만 평)	사업 기간(년)	사업비(백만 원)	유치 공업	공장 수
울산		800	1962~1971	16,424	정유, 비료, 석유, 화학	32
포항		345	1968~1971	9,288	종합제철 연관 공업	
여수		440	1967~1969	1,786	정유 및 화력발전소	3
진해		84	1965~1967	2,008	비료, PVC	2
마산		20	1970~1971	1,939	보세 가공 수출 산업	
전주		50	1967~1969	584	제지, 방직, 화학	23
광주		72	1967~1970	732	자동차, 기계, 섬유, 화학	19
대구		104	1967~1969	826	금속, 섬유, 방직, 화학	94
춘천		15	1969	324	섬유, 기계, 식품	21
청주		12	1969~1970	288	기계, 화학	25
대전		10	1969	200	섬유, 타이어	20
구미		100	1969~1970	1,390	식품, 섬유, 기계	7
이리		40	1970~1971	497	수산물 가공, 농기구	18
목포		31	1970~1971	766	섬유, 식품, 금속	10
원주		12	1970	184	수출공업단지	16
구로동	1단지	14	1964~1966	274	수출공업단지	61
	2단지	12	1967~1968	584	수출공업단지	95
경수고속도로변 (3단지)		38	1969~1971	1,711	합성수지단지	20
영등포		4	1970	279	수출공단	50
부평		21	1966~1968	396	수출공단	50
주안		20	1969~1970	600	기계공단	80
인천기계공단		13	1969~1970	394		
계		2,249		41,460	647개 공장(마산 제외)	

주: 단, 합계 수치상의 오류는 원자료의 것이다.
자료: ≪매일경제신문≫(1968.1.1).

로, 마산, 구미의 사례를 비교·분석 대상으로 선정하고자 한다. 세 사례를 선정한 이유는 공통적으로 공단 조성 과정에서 재일상공인들이 중요한 역할을 수행했다는 공통점을 띠면서, 공단의 입지 유형별 분류 측면에서는 각각 수도권형, 임해형, 내륙형이라는 차이점을 띠고 있다는 점에서 각 유형별 차이를 드러낼 수 있을 것으로 판단했기 때문이다(〈표 2-1〉 참조).

재일상공인들의 기여라는 공통점에도 불구하고, 각 공단의 구체적 형성 과정은 사뭇 다른 양상으로 전개되었다. 즉, 수도권형인 구로는 출신 지역의 연줄망과 무관하게 중앙정부에 의해 주도된 사례인 반면, 마산과 구미는 지역연고를 지닌 사회관계망이 주요한 행위주체로 등장한다는 점에서 공통점을 띠지만 그 전개 과정에서는 흥미로운 차이점이 드러난다. 이러한 차이를 초래한 결정적 변인은 무엇인가? 그것은 '중앙/지방' 또는 '수도권형/임해형/내륙형'과 같은 공간적 변수인가, 아니면 지역사회 네트워크나 중앙-지방 간 인적 연계와 같은 사회적 변수인가? 우선 관련 선행연구의 성과를 바탕으로 이들 세 가지 사례의 특징적 양상을 간략히 정리해 보자.

3. 구로공단: 교포자본에 의해 주도된 최초의 공단 건설 계획

구로수출산업공업단지(이하 구로공단)는 수도권 최초의 공단 조성 사례로서, 정부 주도로 1964년 착공해 1967년 제1단지가 완공되었으며, 1974년까지 수출산업공단으로 조성되어 수출주도형 산업화의 수도권 전진기지로 기능했다. 구로공단은 1960년대 수출지향적 산업화를 추진한 한국 경제개발 신화의 상징으로, 외국 자본 유치, 산업단지 건설, 상품의 해외 수출이라는 세 가지 아이디어를 결합시킨 최초의 결과물이었으며, 사후에 '한강의 기적'의 첨병으로 평가되기도 했다(〈그림 2-1〉, 〈그림 2-2〉). 하지만 이 공단

그림 2-1 _ 1967년 4월 구로공단 준공식

자료: 국가기록원(1967b).

개발의 실제 전개 양상은 애초의 계획 및 취지나 사후적으로 형성된 신화
적 담론과는 상당한 거리가 있다.

　　1950년대부터 한국 정부는 외자 유치의 필요성을 절감하고 있었고, 재일
교포 자본에 적극적 유치 의사를 표명했음은 앞서 살펴본 바와 같다. 일본
에서 중소 제조업체를 경영하고 있던 상당수 재일교포 기업인들도 일본의
노동력 부족과 임금 상승으로 인해 경영난에 봉착한 상황이었다. 일본인

그림 2-2 _ 구로공단 "입주 기업체 현황도"

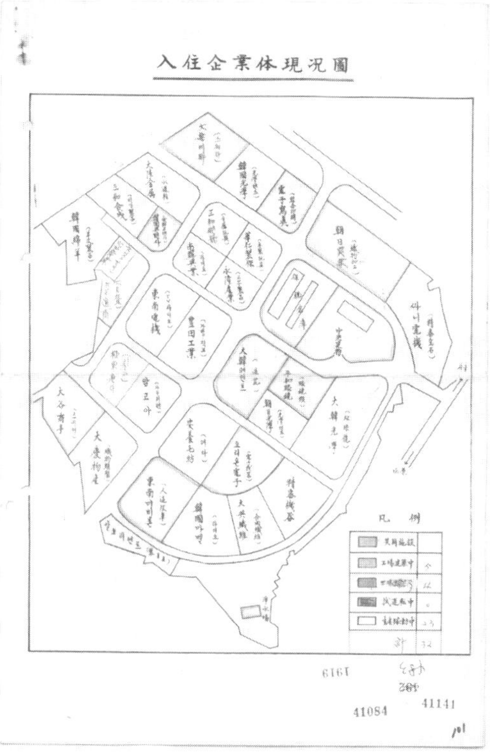

入住企業体現況圖

자료: 국가기록원(1967a).

기업에 비해 상대적으로 사업 유형 전환에 어려움이 있었던 재일교포 기업
인들은 저렴한 노동력을 찾아 한국 진출에 적극성을 띠었다. 한국 정부에
서 재일교포 자본을 유치하려는 움직임을 본격화하기 시작한 것은 강력한
반일민족주의를 내세웠던 이승만 정부가 무너지고 장면 정부가 들어선
1960년 4·19 이후의 일이다. 다음 ≪동아일보≫ 기사는 '교포 실업가들의
귀환'에 대해 상당한 기대를 걸고 있었던 당시 한국 사회의 분위기를 잘 보
여준다.

그들(교포 실업가들 — 인용자)은 4·19 이후에 조국의 민주적인 발전 전도 (前途)가 어느 정도 명랑성을 갖게 되었으며 또한 과거 어느 때보다도 한 일국교가 정상화될 가능성이 농후하다는 데서 한국으로의 귀환을 결심한 것 같다. 물론 이러한 결심과 동시에 남한에 대한 경제적인 침투를 기도 하고 있는 일본 실업계의 보이지 않는 움직임이 교포실업가들과 어떠한 형태의 관련성을 맺고 있는가도 큰 주목거리가 아닐 수 없다. 현재 일본 전역에 걸쳐 거주하고 있는 60만 명의 교포들이 경영하는 각종 기업체는 약 700여 개로 집계되고 있는데, 이 중에서 일본 업계에서 손색없이 기업 활동을 하고 있는 소위 굴지의 업체는 약 10여 개에 달하고 있으며, 모국 투자 문제는 거의 이들에 의해서 얘기되고 있는 것이다(≪동아일보≫, 1960.12.11).

하지만 한일관계의 불안정성과 한국의 사회경제적 조건의 미비로 인해 한국 정부와 재일교포 기업인들의 교섭은 쉽게 성사되지 못했다. 당시 이 들의 귀국 또는 모국투자를 어렵게 만든 장애물은 재산 반출을 금지하는 일본 정부나 경제 교류를 금지하고 있는 한일 간 외교관계 문제만이 아니 었다. 우선 교포실업가들이 "재산을 가지고 들어오면 털어먹으려는" 한국 관리들에 대한 뇌물 비용 때문에 귀국을 포기한 사례가 적지 않았다.[7] 또 한 박정희 정권 초기에는 거액의 재일동포 반입 재산이 여당의 정치자금으 로 전용되었다는 의혹이 제기되기도 했다.[8] 이원만은 초기 국면에서 이러

----

[7] 다음 기사를 참조할 것. "'내 친구 한 사람은 일본에 있는 업체를 한국으로 옮겨 가려다가 다 틀렸습니다'라고 이야기했다. 이유는 한국 정부에서 이를 받아들일 준비가 돼 있지 않아 세관 등에서 시일만 잡아먹고, 있는 돈을 거의 탕진해 버린 후 일본에 되돌아왔다는 것이다. 그러 면서 P씨는 '한국에서 기업을 하면 관리들에 대한 와이로 비용이 많이 든다죠'라는 한마디를 잊지 않았다. 재산을 가지고 들어오면 털어먹으려는 한국의 실정을 교포실업가들은 모두 경 계하는 태도였다"(≪동아일보≫, 1960.12.11).

한 교착 상황을 타개하는 데 '해결사' 역할을 한 핵심 인물로 알려져 있는데, 서울 근교에 경공업을 중심으로 한 수출산업단지를 조성할 것을 한국 정부에 제안한 것도 그였다.[9] 구로산업단지의 정식 명칭은 '한국수출산업단지'로서, 재일교포자본 등 외국인 투자를 유치하고 저비용 노동력과 결합시켜 수출상품을 생산하는 보세 가공 기지의 모델을 형성했다.

수출산업단지는 외국인, 특히 재일교포들의 투자를 유치해 국가 산업화의 기반을 구축하고자 개발되었다. 당시 정부는 수출산업을 촉진하기 위해서는 정계와 재계가 긴밀히 연대할 협력 창구가 필요하다고 판단하고, 1963년 3월 '수출산업촉진위원회'를 발족시키는 한편, 이 기구를 앞세워 재일교포 기업의 자본과 기술을 유치하기 위한 활동을 했다. 이에 재일교포 기업인들은 모국 진출을 희망하면서 대정부 관계 등 행정적 뒷받침을 할 창구와 보세 가공이 가능한 산업단지 조성을 요구했다. 이러한 요구를 수용하기 위해 정부는 1964년 6월 14일 '수출산업공업단지 개발 조성법'을 제정했으며, 이 법에 근거해 한국수출산업공업단지 제1단지를 서울 구로동에 조성하게 되었다.[10] 그 구체적 내용은 다음과 같다.

---

8) 재일교포 반입 재산의 일부가 정치자금화되고 있다는 의혹을 둘러싼 정치적 논란에 대해서는 ≪경향신문≫ 1964년 11월 10일 자 기사를 참조. 한일국교 정상화를 통해 외자 도입이 본격화된 1960년대 후반에는 외자와 관련된 부정의 규모도 엄청나게 커져서, 1967년 대통령 선거에서의 박정희의 승리도 이러한 정치헌금이 작용한 결과라고 보는 것이 당시의 공공연한 비밀이었다.

9) 이원만은 1963년 박정희에게 수출 전용 공업단지 설립을 제안했으며, 구로한국수출산업공단의 창립위원회 위원장을 역임했다. 그는 한국의 경제발전에 기여한 공로로 1968년 대통령상, 1977년 은탑산업훈장을 수상했다. 이원만의 생애에 대한 자세한 내용은 그의 자서전(이원만, 1977)을 참조.

10) 1960년대 초 구로동 산업단지 예정 지역은 논과 밭, 야산으로 이루어져 있었고, 야산에는 미국 공군의 탄약고가 자리 잡고 있었다. 또한 서울 중심가 재개발 때 도심에서 이주한 난민촌이 있었을 뿐 원주민이 별로 없는 한적한 곳으로, 토지 가격도 평당 300~800원 정도였다. 또한 영등포에서 수원으로 통하는 1번 국도가 근접해 있었고, 경부선 영등포역까지 5km에 불과했으며, 용수 공급을 위한 취수장을 건설할 수 있는 안양천과 도림천이 인접해 있었다. 따라

표 2-2 _ 1965~1967년간 제1공단 입주 기업 현황

구분	지정	취소	소계
재일교포 기업	22	4	18
내국인 기업	16	5	11
외국인 기업	2	0	2
합계	40	9	31

자료: 한국수출산업공단(1994).

정부는 재일교포의 재산을 반입하여 영등포 구로동과 부평지구 대지 약 30만 평에 20개 이상의 기업체를 공동 설립하여, 연간 약 3000만 불의 외자 획득 계획을 세워 이를 뒷받침하기 위한 '수출산업공업단지 개발 조성법'을 성안, 곧 각의에 상정할 예정이다. 이 법은 대판과 동경에 있는 재일교포들의 재산을 반입하여 주로 비닐장갑, 금속 완구류, 메리야스 등 25업종을 생산·수출함을 목적으로 한다. …… 동법은 재일교포들의 반입 재산에 대한 지불을 정부가 보증하고, 개발기업체 업무 수행에 필요한 자금을 정부가 보조하도록 한다(≪경향신문≫, 1964.2.24).

〈표 2-2〉에서 확인할 수 있듯이, 1966년 입주 당시 총 21개 사 가운데 14개 사가 재일교포 기업이었는데, 섬유, 봉제, 가발, 전기 등 경공업 중심으로 1967년 이후 전국적인 '선분양 후개발' 방식의 지방 공단 조성 붐 확산의 계기가 되었다. 하지만 구로공단은 조성 직후부터 애초의 계획과는 다른 방식으로 전개되었다. 1967년 이후로는 재일교포 기업의 신규 입주는 소멸했는데, 그 주된 원인을 꼽자면, ① 정부의 태도 변화, ② 재원 조달의 어려움 등 전반적인 투자 여건의 미비, ③ 재일교포 기업에 대한 특혜 시비 등 사회 전반의 부정적 여론 확산 등을 들 수 있다. 1968년에는 대대적인 무역박람회를 개최하는 등 '수출 전용 공단'의 신화와 현실의 괴리를 극복해 보고자 안간힘을 기울였지만(〈그림 2-3〉),[11] 1969년 제2공단 가동 이전까지는

_____

서 부지의 확보가 용이하면서도 교통 접근성이 매우 양호하다는 장점을 지니고 있었다.

그림 2-3 _ 1968년 무역박람회 개막식

자료: 국가기록원(1968).

실적 부진을 만회하지 못했으며, 졸속 행정으로 영세기업들을 무분별하게
유치하는 등 수출지향형 산업단지라는 애초의 목표는 사라지고, 1978년 이
후로는 단순한 '중소기업 경공업단지'로 전락하는 등의 부작용을 초래하게
된다(장세훈, 2014: 160~177).

....

11) 1968년 무역박람회에 대해서는 ≪매일경제신문≫ 1968년 9월 10일 자 기사를 참조.

이처럼 구로공단은 교포자본을 위한 경제특구이자 수출전용공업단지로서 재일교포 기업인들에 의해 제안되고 중앙정부의 강력한 정책적 추진력에 힘입어 급속하게 현실화되었으나, 그 역사적·정치적 중요성에 비해 실질적 성과는 다소 부진했으며, 나중에는 본래 의도와는 다른 성격으로 변질되었음을 확인할 수 있다. 그렇다면 중앙정부에 의해 추진되고 수도권에 조성된 구로의 사례와는 여러 가지 측면에서 다른 여건 속에서 진행되었던 지방 공업단지의 경우에는 어떤 과정을 거쳐 조성 사업이 전개되었을까?

4. 마산공단: 임해기계공단 조성계획의 좌절과 굴곡

구로공단의 사례와는 대조적으로, 마산공단은 1960년대 중앙정부가 아닌 지방 상공인 주도로 추진된 최초의 임해공단 조성계획이다. 마산은 일제하 식민지 산업화의 영향으로 다른 도시에 비해 상대적으로 제조업의 발전이 진전된 공업도시였다.[12] 특히 1960년대 남한의 대부분 산업도시가 소비재 경공업 위주였음에 비해, 마산의 제조업은 기계 및 금속의 비율이 비교적 높은 편이었다. 마산은 1960년대 중반에 이미 기계류와 금속 관련 제조 산업 클러스터를 보유하고 있었던 것이다. 하지만 이러한 유리한 조건에도 불구하고 마산공단 건설 프로젝트는 내부적으로 많은 난항을 겪었는데, 가장 큰 어려움은 마산시가 임해 지역 매립 공사에 필요한 자금을 조달할 수 없었다는 점이었다.

마산의 임해공업단지 조성에 큰 역할을 한 재일상공인으로는 이명조와 손달원이라는 두 인물을 거론하지 않을 수 없다. 이명조는 마산 출신으로

---

12) 일제하 마산의 도시화 양상에 대한 대표적 연구 성과로는 허정도(2005)를 참조.

일본에서 사업 기반을 구축하고 1966년 이후 귀국해 영남 일대에서 건설업에 참여한 인물이다. 그는 1971년까지 마산포항과 울산 지역의 대규모 토목·준설 사업 공사에 참여했는데, 마산 지역에서는 봉암동 일대 매립 사업을 주도적으로 추진했다(최영진, 2014: 157). 평안남도 양덕 출신인 손달원은 1929년 도일해 다이와제관(大和製缶)을 설립했으며, 전후 신일본공기(新日本工機)를 인수해 1962년 당시 3100명의 종업원, 연 생산액 215억 엔에 이르는 일본 굴지의 대기업으로 성장시켰다.[13] 그는 당시 박정희 정권과 모국투자 문제를 협의한 교포실업가들 중에서는 드물게 북한 지역 출신으로, 1962년 방한해 박정희와 만나 기계공업 육성 방안에 대해 협의했다. 처음에는 기계공단 조성 후보지를 울산으로 하는 방안을 고려했으나,[14] 동양중공업(東洋重工業)이 발족한 1966년에는 공단 조성 후보지를 마산으로 변경해 입지를 선정하고 기공식까지 치르게 된다(≪경향신문≫, 1966.11.11)(〈그림 2-4〉). 하지만 재일교포 이명조가 추진해 온 매립공사가 자금난으로 난항을 겪게 되고, 그로 인해 부실공사 논란까지 제기되면서 마산공업단지 조성계

---

13) 손달원에 대한 당시 국내 언론의 소개는 다음 기사를 참조. "평남 양덕 출신인 손씨는 23세 때 (1929년) 도일해 오사카의 어느 염료공장에 취직한 후 12원의 월급 중에서 2원만을 쓰고 13원을 3년 동안 저축해 500원의 저축금을 모아 콜크공장을 1935년 때부터 시작한 것이 대성해 제관공장을 갖게 되어, 종전 후에는 당시 군수공장이었던 신일본공기를 불하받아 현재 종업원이 3100명 연산액 215억 원(환화 약 860억 환)의 실업가가 되었다고 한다. 그러나 그가 경영하고 있는 대화제관이나 신일본공기에는 한국인 종업원이 단 4, 5명밖에 없다고 하며 그의 기업체의 주식은 약 절반을 야와타제철(八幡製鐵)계의 일인(日人)이 갖고 있다 한다"(≪경향신문≫, 1962.4.13).
14) ≪경향신문≫ 1962년 3월 31일 자를 참조. 또한 울산 지역 내에서의 입지 변경 논란에 대해서는 다음 기사를 참조. "그동안 서독 기술자들이 세밀한 지형 지질을 조사하여서 방어진읍 염포리에 건설키로 예정되었던 종합제철공장의 부지와 울산읍 삼산평야에 세워질 예정이던 비료공장 부지 등 양 후보지가 지리적인 조건으로 정유공장 건설 부근 자리인 대현면으로 옮겨진다는 '위치 변경설'은 대다수 울산군민들에게는 새삼스러운 일이 아닐지는 모르나, 3335호(1만 8180여 명)의 대현면민들에게는 커다란 자극제의 작용을 하고 있"다는 것이다(≪동아일보≫, 1962.4.6).

그림 2-4 _ 마산임해공업단지 매립공사 조감도

자료: 국가기록원(1967c).

획은 큰 차질을 빚게 된다. 1968년에 이르러 정부가 계획을 백지화하면서 동양중공업 주도의 기계공단 조성계획은 좌절되고, 결국 손달원은 한국 투자를 포기하게 된다(≪경향신문≫, 1968.8.20).

그러나 마산시장이 동향 출신인 박종규 청와대 경호실장을 찾아가 하소연하면서, 마산시 대신 농어촌개발공사가 매립 사업을 계속 추진하기로 결정하게 된다. 1968년 미국 컨설팅 회사 A. T. 커니(A. T. Kearney)에 기계공업 타당성 조사를 의뢰하고, 1969년 미쓰비시 보고서와 상공부 안의 차이로 인해 논란을 겪는 우여곡절 끝에, 기계공단에서 수출자유지역으로 계획을 변경해 마산의 산업단지화가 이루어지게 된다(박배균·최영진, 2014).

이처럼 마산의 수출공단 선정 과정에서 재일교포 사업가와 지역 정치인 인맥이 크게 작용했는데, 특히 교포실업가 이명조와 정권 실세인 박종규로 대표되는 지역연고를 지닌 인물들의 경제적·정치적 영향력이 결정적 변수로 작용했음은 명백히 확인되는 사실이다. 이 문제와 관련해 좀 더 주의 깊게 살펴볼 필요가 있는 것은 손달원의 동양중공업 안이 어떤 의사 결정 과정을 통해 무산되었는가라는 점이다. 선행연구를 통해 밝혀진 당시의 기록과 증언 및 정황을 종합해 추론해 본다면, 박정희 정권은 집권 초기부터 기계공단 조성에 대해 강력한 정책적 의지를 표명했으나, 1960년대 한국 경제 여건상 대규모 기계공단 조성은 여러 가지 측면에서 시기상조인 면이 있어서 유보될 수밖에 없었으며, 우여곡절 끝에 1973년 정부의 중화학공업화 선언 이후에야 창원에 기계공업기지를 건설하는 계획이 추진되었다(최영진, 2014).

하지만 이 장에서 특히 주목하고자 하는 것은 이러한 정책적 결정이 언론매체의 보도 등을 통해 사회적 정당성을 확보하는 구체적 양상과 그 과정에서 동원되는 대중 담론의 의미론적 특성이다. 우선 1960년대 초에 5·16 군사정부의 강력한 추진 의지를 배경으로 '기계공업 붐' 현상이 일어났는데, 이러한 기계공업에 대한 사회적 관심은 1962년경에서부터 촉발되어[15] 다년간 여러 가지 논란을 거치면서도 1967년까지 지속되었다. 재일상공인 중 기계공업계의 대표격 인물이었던 손달원은 당시 정권 최고위에 참여하고[16] 한국경제인협회에 가입하는[17] 등 기계공업 발전 계획과 관련

---

15) "1962년 3월 27일 손 씨가 귀국하자 이병철, 이정림 제씨(諸氏) 등 국내 유수의 실업인들이 손 씨를 울산지구에 그를 안내했고, 지난 1일에는 최고회의에서 박 의장 참석하에 손 씨를 포함한 이례적인 관민연석회의가 베풀어졌으며, 그날 하오에는 조선호텔로 장소가 옮아져 회의가 속개되었다. 마치 손 씨의 귀국과 더불어 온 '기계공업 붐'이다. 손 씨의 제의를 받아들이기 위하여 국내 실업인들이 모여 20억 환의 '동양공업'을 설립하기로 합의되었다고 하며, 6000만 불 내지 7000만 불의 외국 차관을 얻어 이 차관으로 손 씨가 일본에서 경영하고 있는 신일본공기로부터 기계공작시설을 도입하여 연산(年産) 5000만 불의 대규모의 기계공장을 울산에 건설하기로 합의되었다는 것이 소식통의 말이다. 그리고 3년간의 건설 기간 중 손 씨는 금년부터 120명의 기술자를 일본에 초청하여 기술을 연마시키겠다고 확약했다는 것이다"(≪경향신문≫, 1962.4.13).
16) "손달원 씨 일행 5명은 9일 최고회의 종합경제심사위원회에서 경제개발 5개년 계획을 위한

해 정부와 재계의 사업 파트너로서 늘 제1순위로 거론된 유력 인물이었다. 다음 신문 기사는 1967년 말까지도 손달원이 이 분야의 핵심적 행위자로 자리매김하고 있음을 보여준다.

> 박충훈 경제기획원 장관은 14일 손달원과 만나 2차 5개년 계획의 주요 산업의 하나인 종합기계공장(4800만 달러 규모) 건설 계획을 기정방침대로 추진하기로 합의했다. 손달원은 15일 박 대통령을 방문하여, 정부 방침을 확인했다. …… 이날 박 장관과 손 씨 간의 협의에서 종합기계공장 건설 추진 형태에 대하여는 결론을 얻지 못한 것으로 알려졌는데, 당초 계획은 손달원 씨 투자 50%, 정부 주선 투자 50%로 하고, 자본금은 손 씨 51%, 정부 측 49%의 비율로 추진키로 했었다. …… 정부가 입지를 마산으로 내정하고 있는 이 종합기계공장 건설을 위해 손 씨는 제1단계 주물공장(1200만 달러)과 2단계 공작기계공장(2800만 달러) 건설 소요 외자를 일본에서 600만 달러, 서독에서 1400만 달러를 차관키로 교섭되었다고 하며 나머지는 정부가 주선하는 차관으로 충당키로 되어 있다(≪매일경제신문≫, 1967.11.15).

마산종합기계공업단지 조성계획은 특히 군수산업 건설의 일환으로 병기제작을 위한 일부 공작기계 생산까지 염두에 둔 계획으로, 정부가 주선하

각종 공장 건설 세부 계획에 대하여 상세한 설명을 했다. 이 자리에는 김동하 재경위원장을 비롯, 박태준, 유원식, 오정근 위원 및 정 상공부장관 등 경제관계 고위관리와 이병철 씨 등 국내 주요 실업인들이 합석했다"(≪경향신문≫, 1962.6.9).

17) 1962년 한국경제인협회는 10명의 신규 회원 가입을 승인하면서 회원 수가 32명에서 42명으로 늘어났는데, 그 가운데 4명의 재일교포 실업인들을 특별회원 자격으로 가입시켰다. 재일교포상공인연합회의 회장인 이강우(삼아약품, 약품 제조업)와 부회장인 허필석(주식회사 모나미, 의복 가공 및 식료품 판매업), 손달원(신일본공기, 기계 및 주철제조업), 신격호(주식회사 롯데, 제과업) 등 4명이다(≪동아일보≫, 1962.7.11).

는 투자 45%, 동양중공업 투자 55%로 합작해 자본금이 630만 달러로 계획되었다. 정부는 당초 3600만 달러의 차관계획 중 1000만 달러는 서독 차관에 의존할 예정이었으나 서독과의 외교관계 경색으로 대일 재정 차관으로 전환키로 한 것이다(≪매일경제신문≫, 1968.5.3). 그런데 1968년 5월 마산기계공단 추진계획이 구체적으로 공표된 후 며칠 지나지 않은 시점에서 곧바로 정부의 입장이 '보류'로 돌변하게 된다.[18] 그 주된 원인은 교포자본과 박정희 정권 간에 상호 합의점을 찾기 어려웠다는 점에 있을 텐데, 이러한 정책적 결정이 사회적 정당성을 획득하는 여론 조성 과정은 '이북 출신' 재일교포와 '일본계 자본'에 대한 사회적 불신을 증폭시키는 방식이었다.

우선 당시 한국 사회에 팽배했던 반북·반공 의식에 편승해 평안도 출신교포 기업가인 손달원을 부도덕한 인물로 폄하한다거나 그의 모국투자 활동의 진정성('애국심')에 대해 의혹을 제기하는 담론은 이미 1960년대 초부터 제기되었다.

"일본 내의 부정축재자"라고 이병철(李秉喆) 씨가 평한 그(손달원 씨 – 인용자)는 일본 내의 한국인 기업가라기보다도 일본 내의 외국인 기업가인 것 같다. 앞으로 5개년 경제계획을 수행하는 데 있어 적지 않은 역할을 하게 될 기계공장 건설에 이른바 그의 조국에 대한 애국심이 어떠한 방법으로 어느만큼 발휘될지 궁금하다(≪경향신문≫, 1962.4.13).

이처럼 손달원의 일본에서의 기업 활동 이력에 대한 의심의 눈길과 더불

---

18) ≪매일경제신문≫ 1968년 5월 15일 자 기사에 따르면, "상공부 이우용(李雨龍) 광공전(鑛工電)차관보는 종합기계공장 건설 계획의 보류는 시장성이 없고, 재정상 형편에 따른 것이라고 설명"하고 있다. 또 ≪경향신문≫ 1968년 5월 15일 자에 따르면 "공장 건설보다는 현재의 시설을 최대한 활용하는 것이 정부 방침"임을 밝히고 있다.

어, 북한 지역 출신이라는 점에서 친북·용공 성향을 띤 인물은 아닌지에 대한 의혹의 눈길도 적지 않았다. 더구나 교포 기업가들이 모국투자를 하기 위해서는 주변 지인을 통한 밀거래나 정부 인사 또는 관료들과 불투명한 뒷거래를 할 수밖에 없었던 당시 상황에서, 이러한 '부당거래' 의혹은 야당의 정치적 공격 대상이 되기도 했다.[19] 또한 손달원은 북한 지역 출신이라는 이력으로 인한 의심과 폄훼뿐만 아니라, '일본계 자본'이라는 점에서도 사회적으로 따가운 눈총을 받았다. 한일회담과 6·3 사태 이후 만연한 반일적 사회 분위기 속에서 향후 국가 경제성장의 중핵적 역할을 담당하게 될 기계공단 건설을 일본계 자본의 손에 맡기는 데 대한 반대 여론이 비등하고 있었기 때문이다(≪동아일보≫, 1968.2.12). 당시 기계공업은 단지 국가 기간산업일 뿐만 아니라 방위산업으로서 '자주국방'의 핵심 프로젝트라는 성격까지 겸하고 있었기에 그러한 사회적 검증과 비판의 시선은 더욱 날카롭게 작동했다. 한국 기계공업의 초석 마련에 필요한 최우선의 적임자로 공인받았음에도, 손달원과의 협력 사업이 다년간의 소모적인 줄다리기 끝에 결국 수포로 돌아갈 수밖에 없었던 원인은 무엇일까? 앞서 살펴본 바와 같이 그 실질적 원인은 사업 시행의 타당성이 부족했기 때문이지만, 적어도 대중매체를 통해 드러난 외견상의 원인은 '북한 지역 출신 교포 실업가'에 대한 사회 전반의 부정적 인식이 중요한 변수로 작용한 것으로 보인다.

손달원의 동양중공업 안이 전면 철회된 이후에 기계공단 건설 프로젝트는 미국계 컨설팅 회사의 자문을 받아 그 계획이 전면 재검토되기에 이른

---

19) ≪동아일보≫ 1966년 8월 6일 자의 다음 기사를 참조. "민중당(民衆黨)의 김대중(金大中) 의원은 6일 한일문제를 따지는 국회관계분회 연석회의에서 정부가 도쿄에서 동양중공업의 이름으로 캐바레를 하고 있는 박 모 씨에게 3650만 불의 상업차관 지불 보증을 하기로 결정한 것은 부당하다고 주장했다. 김 의원은 박 모 씨가 실질적으로 중공(中共)이나 북괴(北傀)와 거래를 하고 있는 신일본공기의 손달원 씨와 깊은 관계가 있다고 주장했다."

다(《매일경제신문》, 1968.9.14).[20] 중화학공업화 정책은 그 후 수년의 세월
이 흐른 후인 1973년 9월 19일, 박정희 대통령이 창원기계공업단지 건설에
착수하라는 지시를 내림으로써 새로운 국면에 접어들게 된다. 이 단지의
건설 목적은 1981년까지 104개의 공장을 건설해서 10만 명 이상의 근로자
를 고용하고 150억 달러 이상의 연간 생산량을 달성하는 것으로, 불과 1만
명 정도의 인구가 거주하는 농촌 지역이었던 창원을 세계 최대의 공업단지
중 하나로 탈바꿈시키는 계획이었다. 1973년 12월 24일 정부가 공표한 '공
업단지 개발 육성법'은 여천(석유화학), 옥포(조선), 포항(제철), 온산(비철금
속), 구미(전자)에 각각 차별화된 중점 산업을 집중 육성하기 위한 다섯 곳의
공업단지를 추가로 건설하고자 법적 토대를 마련한 것이었다.[21]

5. 구미공단: 특혜받은 지역성과 강력한 지연 네트워크의 결합

이처럼 1970년대에 접어들면 공단 개발은 중앙정부의 중화학공업화 정
책에 따라 제정된 '공업단지 개발 육성법'에 의해 추진된다. 이 시기 한국을

---

20) 1970년의 다음 기사도 참조할 것. "중공업화를 위한 청사진은 전 MIT[미 매서츄세츠(매사추
세츠) 공대] 교수이며 현 바텔연구소 고문인 최영준(崔榮準, 43) 박사를 중심으로 한 바텔연
구소와 한국의 과학기술연구소(KIST) 등 두 권위 있는 기관의 기술진이 7개월간 심혈을 기울
여 만든 것이다. …… 현재 건설 추진 중인 포항종합제철 외에 ① 특수강, ② 주물선, ③ 중기
계, ④ 조선 등 4대 핵심 공장을 건설한다는 것이다. …… 5·16 혁명 직후부터 추진된 종합기
계공장은 재일교포인 손달원 씨에 의해 구체화되기까지 했으나, 그가 지나치게 정부에만 의
존하려 하여 좌절되고 말았던 것. 중기계공장은 또 필요에 따라 군수공장으로 전환되어 방위
산업이 된다는 점에서 우리나라의 자주국방에 큰 몫을 차지한다는 데도 의의가 있다"(《매일
경제신문》, 1970.6.27).
21) 주지하다시피 1970년대 중화학공업화는 '자주국방' 프로젝트로서의 성격을 띠고 있었다. 당
시 방위산업과 관련된 대규모 개발에는 한국중공업, 기아산업, 대우중공업, 럭키금성 등 총
84개의 회사가 참여했다. 김형아(2005: 309~310) 참조.

그림 2-5 _ 1974년 구미공단 계획도

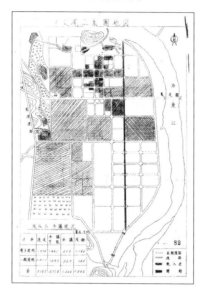

자료: 국가기록원(1973).

대표하는 전자공업단지로 조성된 구미공단도 동일한 국가정책의 지원을 받아 형성된 것으로 잘 알려져 있다. 하지만 구미공단이 초기부터 전자공업으로 특화되었던 것은 아니다. 무엇보다 1960년대 공단도시 개발의 여러 사례 가운데 구미공단의 입지 결정은 주로 임해 지역에 위치한 대다수 다른 공업도시들과 비교해 볼 때 매우 이례적이다(〈그림 2-5〉). 박목월은 1974년에 발표한 시 「구미공단」에서 이 낙동강변의 '기적'을 이룩한 감격에 대해 다음과 같이 노래하고 있다.

우리는 금오산 기슭의

쓸모없는 낙동강변 3백 50만 평을

땀과 슬기, 단결과 협조로써

전자공업단지를 이룩하였다

……(박목월, 1974).

과연 영남 내륙의 농촌 지역, 금오산 기슭의 낙동강 변에 대규모 공업단지를 조성한다는 기획은 어떻게 제기되어 실행에 옮겨지게 되었을까?22) 초

_____

22) 별도의 언급이 없는 한, 구미공단 형성사에 대한 이하의 서술은 구미수출산업공단(1991: 109~

기 단계에서 구미공단 제1단지 조성을 추진한 양대 사업주체는 경상북도와 한국전자공업공단이었다. 애초에 경상북도청은 경주 일대[23])에 지방공단을 유치할 계획을 갖고 있었으며, 당시까지만 해도 한적한 농촌에 불과했던 구미 지역에 대해서는 별다른 관심이 없었다.[24] 그런데 1969년 초 결성된 '구미공단설립추진위원회'가 경상북도청에 강력한 로비를 가한 결과,[25] 전격적으로 구미 지역으로 공단의 입지를 변경하는 결정이 이루어지게 된다. 이 변경에는 물론 구미가 공단 입지의 최적지임을 주장한 '구미공단설립추진위원회'의 건의서[26] 등도 작용했겠지만, 구미가 박정희 대통령의 고향이라는 지역적 특수성을 배제하고는 이러한 이례적인 변화를 설명하기는 어려울 것이다. 지역연고자들의 인적 네트워크 작동 방식에 대한 분석의 필요성이 제기되는 것은 이러한 맥락에서다.

지역 유지로서 '구미공단설립추진위원회' 위원장을 맡았던 장월상 이외에, 구미공단 건설을 추진한 주요 행위자로는 지역 정치인 김봉환, 교포 기업인 이원만과 곽태석 등을 들 수 있다(구미수출산업공단, 1991: 109~115). 특히 교포 기업인들은 지역 유지와 지방정부의 힘만으로는 공단 조성을 추진하기 어려웠던 당시 상황에서 구미공단의 조성에 결정적 계기를 제공했다.

----

147) 및 황진태·박배균(2014)에 의존했다.

23) 당시 공단 조성 후보지는 경상북도 월성군 안강면 지역으로, 현재 경주시로 편입된 지역이다.

24) 1960년대 구미는 인구 2만 명 수준의 작은 읍에 불과했다. 이 지역은 본래 선산군 구미면이었다가 1963년 구미읍으로 승격했으며, 1978년 구미읍과 칠곡군 인동면이 합쳐져 구미시로 승격되었다. 1995년에는 구미시와 선산군이 합쳐져 도농통합형의 통합 구미시로 확장되었다.

25) '구미공단설립추진위원회'는 1969년 1월 3일 선산군수 박창규를 포함한 50여 명의 지역 유지들이 결성했으며, 농지개량조합장인 장월상이 위원장을 맡았다. 장월상 위원장은 박정희와 보통학교 동기라는 학연을 바탕으로 당시 양택식 경상북도지사를 압박했다(구미수출산업공단, 1991: 110).

26) 이 건의서에 제시된 주된 근거는 다음과 같다. ① 경부선 철도의 경유지이자 경부고속도로의 경유 예정지라는 점, ② 낙동강이 지척이어서 공업용수가 풍부함, ③ 반경 40km 범위 내에 노동력 자원이 풍부함, ④ 농업용으로 부적절한 유휴지가 많아 용지 매수 비용이 절감됨(한국전자주식회사, 1985: 66; 박배균·장세윤·김동완, 2014: 235에서 재인용).

가장 핵심적 역할을 한 인물은 한국도시바를 설립한 곽태석으로, 그는 1971년 8월 구미공단 조성을 목적으로 세워진 한국전자공업공단의 제2대 이사장으로 취임하는 등 구미공단 형성에 결정적으로 기여했다. 1921년 경북 선산군 해평면(지금의 구미시)에서 태어난 곽태석은 1937년 도일해 1948년 광양택시를 설립하고, 1957년 광양정밀을 설립해 전자산업에 진출했으며, 1966년 구로에 설립된 한국수출산업공단에 입주해 싸니전기를 설립하기도 했다. 그는 구미 지역구 국회의원인 김봉환을 매개로 1967년 2월 청와대를 방문해 박정희에게 전자공업 육성 방안을 제안했는데, 그 결과 일본도시바와의 합작으로 국내에 반도체 생산 공장 설립을 건의해 1969년 한국도시바 구미공장을 착공하게 된다.

구미공단의 초기 형성 과정에 핵심적으로 관여한 또 한 사람의 재일교포 기업인인 이원만에 대해서는 특히 주목할 필요가 있다. 그는 경북 영일 출신으로, 1933년 도일해 1937년 아사히피복주식회사를 창립해 운영하다가 1945년 광복과 함께 귀국해 대구에 직물공장인 경북기업을 창립했다. 그는 제헌 국회의원 선거에 출마했다가 낙선하고, 1957년 일본 기업과 합작으로 대구에 한국나일론(Korea Nylon)을 설립했는데, 이것이 훗날 코오롱그룹의 모태가 된다. 앞서 구로공단 조성 과정에서 살펴본 바와 같이, 그는 해방 직후에 이미 귀국할 결심을 하고 정계 진출을 시도하는 등 1950년대부터 대구·경북의 지역사회는 물론 중앙정계에까지 광범위한 인적 네트워크를 바탕으로 상당한 정치력을 확보하고 있었다. 그의 자서전 제목인『나의 정경(政經) 오십년』(1977)을 통해 알 수 있듯이, 이원만은 코오롱그룹을 설립한 경제인인 동시에 박정희 정권하에서 3선 국회의원을 역임한 정치인이었던 것이다. 애초에 그는 경북 영천에 공장을 세우려고 계획하고 있었으나, 구미공단 조성이 결정됨에 따라 계획을 변경해 1970년 한국포리에스텔 구미공장을 기공하고, 이듬해인 1971년에 준공하게 된다(〈그림 2-6〉).

그림 2-6 _ 한국포리에스텔 구미공장 준공식

결과적으로 1969년 곽태석에 의한 한국도시바 구미공장 설립이 결정적 계기가 되어, 구미공단을 전자공업으로 특화시키는 계획과 더불어 이후 일본 기업의 한국 진출에 발판이 마련되었다면, 1970년 이원만에 의한 한국포리에스텔공장 설립은 구미공난 제1단지가 한국의 대표적 섬유공단으로 발전하는 계기가 되었다고 볼 수 있다. 이처럼 당시 공업화나 도시화를 위한 기본적인 인프라도 갖춰지지 않은 내륙 농촌 지역이었던 구미 지역에

이례적으로 과감한 교포자본의 투자가 이루어졌다는 점은 합리적인 경제적 선택의 관점에서는 설명하기 어렵다. 특히 수출공업단지로서 훨씬 유리한 입지 여건을 지닌 울산이나 마산과 같은 다른 지역들조차도 자본 유치나 공단 조성 과정에서 상당 기간 난항을 겪었음에 비교해 본다면, 객관적으로 훨씬 더 불리한 여건에도 불구하고 일사천리로 진행된 구미공단의 사례는 극히 이례적인 경우에 해당한다. 그렇다면 이러한 예외성의 원인은 무엇인가? 이 질문에 대한 충실한 해답을 구하기 위해서는 공단 개발의 정치경제적 동역학을 입체적으로 분석하는 매우 복잡한 고차방정식을 풀어낼 필요가 있는데, 그것은 필자의 역량과 이 논고의 범위를 넘어서는 일이다. 이하에서는 본고에서 초점을 맞추고자 하는 교포자본의 성격과 역할이라는 변수에 한정해 지금까지 소개한 사례들의 공통점과 차이를 비교함으로써, 그 원인 규명에 한걸음 더 다가서고자 한다.

6. 교포자본의 공단 개발 참여와 '애국/애향'의 실천

이상에서 검토한 세 가지 사례의 비교·분석 내용을 요약해 보면 다음과 같다. 첫째, 구로공단의 경우는 1960년대 초 정부와 교포자본 간 이해관심의 일치에서 출발해 한국 최초의 '교포자본 전용 수출산업공업단지'로 기획되었지만, 이후 국내외 상황 변화와 사회적·제도적 제약으로 본래의 취지가 충분히 구현되지 못한 채 '용두사미'로 그치고 만 사례다. 둘째, 마산기계공단 조성계획은 정부의 국책 의지와 지역사회와 교포자본 간 이해관심의 일치에서 비롯되었지만, 재일교포에 대한 사회적 불신, 일본계 자본의 국내 경제 침식에 대한 경계심, 그리고 반공주의 이데올로기의 작동으로 인해 좌절과 지연 및 계획 변경의 우여곡절을 거쳐 애초의 계획과는 달리

표 2-3 _ 구로·마산·구미 지역 공단 개발 과정의 비교

사례	구로	마산	구미
입지 조건	수도권 지역	경남 임해 지역	경북 내륙 지역
주도 인물	이원만	이명조, 손달원	곽태석, 이원만
출신 지역	경북, 영일	경남, 마산, 평남, 양덕	경북, 선산, 경북, 영일
주요 파트너	중앙정부	지역 경제인	지역 정치인+중앙정부
초기 계획	구로수출산업공단	마산기계공업단지	구미수출산업단지
진행 경과	초기 성공적, 이후 단순 중소기업 단지로 변질	사업 중도 백지화, 계획 변경 후 재추진	열악한 인프라 불구, 중앙정부 지원으로 사업 가속화
최종 결과	한국수출산업공업단지	마산수출특구+창원기계공단	구미전자공업단지
작동 담론	애국	애국, 반공, 반일	애향, 애국

수출산업단지가 조성된 사례다. 셋째, 구미공단은 상대적으로 열악한 입지 여건에도 불구하고, 정권의 개발 특혜가 보증된 예외적 지역성에 대한 공감대를 바탕으로 곽태석과 김봉환, 이원만과 박정희의 개인적 관계가 핵심 추동력이 되어 급진전된 사례로, 중앙정부의 전폭적 지원에 힘입어 수출형 전자산업공단으로 성공적으로 개발된 경우라고 볼 수 있다. 비교·분석의 주요 내용을 간략히 표로 정리해 보면 〈표 2-3〉과 같다.

이로부터 이끌어낼 수 있는 이론적 함의는 무엇일까? 본고에서 비교·분석 대상으로 선정한 구로, 마산, 구미 세 공단도시 사례를 입지 유형 면에서 분류해 보면 일차적으로 수도권과 지방도시(비수도권)로 대별된다. 즉, 중앙정부에 의해 주도된 전자의 사례와 달리, 후자의 경우는 지방에 연고를 지닌 재일상공인들을 비롯한 지방행위자들의 역할이 두드러진다.[27] 하지만

---

27) 박정희 정권기 산업단지 조성 과정은 국민경제와 국가산업의 장기적 발전을 추구하는 국가 관료와 정치 지도자의 합리적 판단에 의해 이루어진 것이라기보다는, 지역에서 장소의존적 이해를 가진 행위자, 재일교포 사업가와 같은 초국가적 행위자, 지역구 국회의원과 같이 지역적 스

교포자본이 개발동맹의 한 축을 담당했다는 두 사례의 공통점에도 불구하고, 난항 끝에 계획의 유보와 좌절로 귀결된 마산의 사례와 이례적으로 급속하고 순탄하게 추진된 구미의 사례는 선명한 대비를 드러낸다. 이러한 차이를 만들어낸 원인은 매우 복합적이어서 간단하게 설명하기는 어렵지만, 공단 개발 과정에 참여한 교포자본의 성격과 역할의 차이가 하나의 주된 변수로 작용했음은 분명하다. 그렇다면 마산기계공단 추진계획의 '좌절' 사례와 구미수출공단 추진계획의 '성공' 사례에서 재일상공인들은 각각 어떻게 다른 방식으로 작용했는가? 전자에서 이명조와 손달원의 역할과 후사에서 곽태석과 이원만의 역할은 어떤 차별성을 띠고 있으며, 그것은 공단 개발의 추진 과정에서 어떤 변수로 작용했는가?

반일·반북 이데올로기라는 장애물에 발목이 잡혀 손달원의 참여가 좌절된 마산의 사례와 비교했을 때, 구미의 경우는 적어도 다음 두 가지 점에서 매우 독특한 사례로 볼 수 있다. 첫째, 구미공단 프로젝트는 장월상을 필두로 한 지역 유지들의 '밀어붙이기식 공단 유치 작전'이 곽태석과 이원만으로 대표되는 교포 기업인들의 자본 투자와 공장 건립의 실행을 통해 전폭적 지원을 받음으로써 실현될 수 있었는데, 이는 상호 간의 강력한 신뢰 관계를 전제하지 않고는 성립되기 어려운 일이었다. 즉, 곽태석과 이원만으로 대표되는 교포 기업인들이 장월상과 김봉환을 중심으로 한 지역 유지 세력과 공통의 지역연고를 토대로 긴밀한 인적 결합을 형성할 수 있었다는 점, 그리고 이를 통해 지역개발을 추진하는 강력한 연합적 주체가 창출되었다는 점이 구미공단 프로젝트를 성공으로 이끈 핵심 동력이었다고 볼 수 있다.

둘째, 단순히 지방 유력자들의 긴밀한 인적 유대 관계만으로는 이러한

케일과 국가적 스케일 모두에 연결되어 활동하는 다중스케일적 행위자 등이 상호작용하면서 우발적이고 역동적으로 형성된 것이라고 볼 수 있다(박배균·장세훈·김동완, 2014: 243).

실행력을 확보할 수 없었을 것이라는 점에서, 지역개발 사업에 대해 중앙 정부가 전폭적인 정책적 지원을 할 것이라는 확고한 믿음 또한 성공의 필수 요소였다고 볼 수 있다. 그런데 당시의 총체적으로 불안정한 사회적 여건 속에서 이러한 믿음은 정권 실세와의 긴밀한 인적 연결망이 없이는 확보될 수 없었을 것이다. 결국 구미공단 형성 과정의 예외성은 한편으로는 당시 지역개발을 둘러싸고 제기되는 그 모든 불안과 불신을 무화시키거나 불식시킬 수 있을 정도로 강력하고 안정된 정치권력에 대한 믿음과, 다른 한편으로는 동일한 지역연고에 바탕을 둔 여러 세력들 간의 긴밀한 인적 신뢰 관계가 화학적으로 결합함으로써 성립할 수 있었다고 볼 수 있다. 제반 사회 여건의 불안정, 미래 전망의 불투명, 상호 관계의 불신으로 인해 '이윤 추구' 동기만으로 모국투자를 감행하기에는 쉽지 않은 당시 상황에서, 장소의존적 이해관계를 바탕으로 중앙과 지방의 주체들이 단일한 개발동맹을 형성할 수 있었던 구미의 사례는 '애향적 실천'이 '애국적 실천'을 담보하는, 혹은 '이윤 추구'를 통해 '애향적 가치'와 '애국적 가치'를 동시에 실현할 수 있는 이례적인 특수 조건을 창출했던 것이다.

7. '이윤 추구'와 '인정 투쟁'의 이분법을 넘어서

1960년대 교포 상공인들에게 모국투자란 단지 이윤 추구를 위한 합리적 선택지 가운데 하나를 뜻하는 것이 아니었다. 그것은 "고국에 있는 부모 형제들에 대한 경제 보조와 생활 향상을 위해 조그마한 생활 근거라도 마련해 주자는 것부터 시작해서 수지타산(收支打算)이 서면 조국의 국가경제에 이바지할 기간산업(基幹産業)에까지 투자하겠다"(≪경향신문≫, 1962.7.10)는 애향적·애국적 의지를 담지한 것이었다. 하지만 당시에는 한일 간의 외교·

통상 교섭상의 제도적 미비점뿐만 아니라 식민화와 전쟁의 상흔으로 인한 반일·반공의 사회적 분위기, 정치적·사회적 미성숙으로 인한 불합리한 관행의 존속 등 교포 기업인들의 '애향심'과 '애국심'의 실천을 가로막는 사회적 걸림돌이 적지 않았다. 이 글에서는 이러한 장애 요인에도 불구하고 모국투자가 실현된 사례들을 공업단지 개발의 세 가지 대표적 사례를 통해 비교·분석함으로써 당시 교포자본의 모국투자라는 역사적 실천의 실체적 진실에 접근해 보고자 했다. 그 결과 공단도시 개발 과정에서 재일상공인들의 '애국/애향'의 정체성 정치가 지역사회와 결합하는 몇 가지 대별적 양상을 확인할 수 있었는데, 이 결합의 양상을 결정하는 주된 변수로 다음 세 가지 요인이 작용하고 있었음을 발견할 수 있었다.

첫째는 개발주의와 이윤 추구 논리의 국면에 따른 결합과 갈등이다. 교포자본의 모국투자라는 사회적 실천을 논할 때, 구체적 행위자 개개인의 내면적 동기가 무엇이든 자본의 존재론적 속성상 이윤 추구 목적을 배제할 수는 없다. 이러한 맥락에서 이 요인은 세 가지 사례 모두에 공통적으로 작용하고 있는 변수라고 볼 수 있다. 사태가 순조롭게 진행될 경우, 이 교포 기업인들의 이윤 추구 행위는 외견상으로는 '애국심' 담론으로 표상되는 것이 일반적이었다. 하지만 중앙정부가 교포 자본의 교섭 파트너로 직접 나섰던 구로공단의 사례와 달리, 지방공단 개발에서는 교포 기업인 개개인의 지역연고 및 지방 유지들과의 인적 연계가 주된 변수로 작용했다. 그 점에서 당시 교포자본의 모국투자를 추동한 직접적 요인으로 작용한 것은 '애국'보다는 '애향'이었다고 볼 수 있다.

둘째는 지역정치와 '애향심'의 선택적 친화성이다. '애향심'이 교포 기업인들의 모국투자의 진정성의 주요한 한 측면을 형성하고 있음은 애향적 실천이 가장 왕성하고도 꾸준하게 전개되었던 제주 출신 재일동포들의 '유별난 고향 사랑' 사례를 통해 앞서 확인한 바와 같다. 하지만 공장 설립이나 공단 개발 투자와 같은 기업의 전략적 행위를 '애향심'과 같은 순수한 정서적 동기로만 환원할 수는 없다. '애향심'은 지역연고를 공유하고 상호 신뢰가 가능한 인적 네트워크와 적극적으로 개발이익을 추구하는 활성화된 지역정치가 결합해 개발동맹 관계를 형성하지 않으면 현실화되기 어렵다. 본고에서 분석한 세 가지 사례 가운데서는, 이 두 가지 요인이 충분히 구비되지 못한 결과로 기계공단 건설 계획이 좌절된 것이 마산공단의 사례였다면, 구미공단의 이례적인 성공 사례는 이들 요인의 성공적 결합에 바탕을 둔 시너지 효과에서 기인한 것으로 설명할 수 있다.

셋째는 당시 지배적이었던 반일 및 반공 이데올로기가 미친 영향과 관련된 요인으로, 교포 기업인들의 본국 진출에 부정적인 방식으로 작용한 이데올로기적 장치의 효력이다. 즉, 당시 한국 사회에 팽배했던 반일적 민족주의와 반공적 국가주의 담론은 교포 기업인의 '애국심'을 검증하고 판별하는 기준으로, 상당한 단속 및 검열 장치의 기능을 담당했다고 볼 수 있다. 특히 앞서 살펴본 마산공단 사례에서는 손달원의 동양중공업 건설안을 취소시키며, 기계공단 조성안 자체를 보류시키고 전면 수정하는 정책적 결정에 대한 사회적 정당성을 확보하는 과정에서 이러한 담론적 장치가 주요한 변수로 작용했음을 확인할 수 있었다.

이 연구는 재일동포 기업인들의 모국투자를 바라보는 '이윤 추구'와 '인정 투쟁'이라는 이항 대립적 관점의 한계를 넘어서 그 복합적이고 관계적인 양상을 밝혀내기 위해, 발전국가의 공단 개발 과정에 교포자본이 참여한 다양한 사례를 살펴보고 그것을 유형화해 보고자 했다. 이를 위해 다중스케일 관점에서 이루어진 관련 학계의 최근 연구 성과를 바탕으로 구로, 마산, 구미 세 지역의 공단 형성사를 비교·분석했는데, 이를 통해 교포 기업인들이 중앙정부 그리고 지역정치와 맺는 관계 방식의 차이에 따라 그들의 '애국'과 '애향'의 정체성 정치가 가변적 양상으로 나타남을 확인할 수 있었다. 하지만 이 연구는 새로운 자료를 발굴하기보다는 관련 분야의 연구 성과를 활용해 심층연구의 필요성을 제기하는 데 그쳤다는 점에서 한계를 띤다. 향후 본격적인 후속 연구가 필요할 것이다.

마지막으로 이 연구로부터 파생되는 몇 가지 연구문제를 제시해 보면 다음과 같다. 첫째, 재일동포 기업인들의 모국투자는 '진정성'을 띤 행위로 볼 수 있는가? 과연 '사익/공익'의 이분법을 넘어서 이들의 역사적 행위에 대한 의미 분석이 가능한가? 둘째, 이 글에서 제기한 '애국/애향'의 정체성 정치를 다른 지역개발 사례에도 확대 적용해 설명할 수 있는가? 지역사회 변동에 대한 다중스케일적 관점의 분석에서 이러한 다양한 차원의 행위자들의 존재 방식과 행위 양식을 어떻게 유효적절하게 변수화할 수 있는가? 셋째, 교포 기업인들의 모국에 대한 '투자'와 '공헌'에 대한 종합적인 역사적 평가는 어떻게 가능한가? 불안정한 국내외 정세나 국면에 따라 개발동맹의 전략과 관계 또한 유동적이고 가변적일 수밖에 없었음을 감안할 때, 사후적이고 결과론적인 관점의 한계를 넘어설 수 있는 실체적 진실에 대한 접근은 가능한가? 이러한 문제들에 대한 해답을 찾는 작업은 향후의 과제로 남는다.

제3장

'자이니치'의 만박*

1970년 일본만국박람회 당시 재일한국인들의 후원 활동

정호석

1. 재일한인의 고국에 대한 '공헌'을 어떻게 이해할 것인가

지난 70여 년간 재일한인들은 다양한 형태로 본국의 역사적 흐름에 관여해 왔다. 그중에서도 남북한에 대한 그들의 각종 경제적 공여와 원조는 양적·질적인 면에서 흥미로운 주제이다.[1] 이 글에서는 1970년에 일본 오사카에서 열린 국제박람회에 대한 후원 사업을 통해, 재일한인들의 대한민국에 대한 관여와 동원의 역동적인 모습을 어떻게 이해할 것인지의 문제를 다루고자 한다.

지난 2016년, 재일본대한민국민단(민단)은 창단 70주년을 맞아 서울, 부산, 인천 등 여덟 개 도시를 순회하는 사진전을 열고, 10월에는 '달려온 70

---

* 이 글은 ≪사회와 역사≫(제113호, 2017.3)에 실린 논문을 수정·보완한 것이다. 이를 영역한 논문으로 "An Expo of Their Own: How Ethnic Koreans in Japan Appropriated the Japan World Exposition in Osaka"(*Japanese Studies*, Vol. 4, no. 1, 2018)가 있다.

1) '총련계 재일한인'들의 북한과의 긴밀한 상호 관계에 대한 개괄로 Shipper(2010: 60~64)를 참조하라.

년, 만들어가는 새 역사'라는 표어를 내걸고 도쿄에서 성대한 기념식을 열었다. 그런데 이러한 일련의 행사에서 민단의 지난 과거에 대한 자기이해를 규정하는 키워드는 '모국에 대한 공헌'이었다.

> 조국이 어려울 때, 힘든 시기에는 반드시 민단이 있었습니다. 가난했던 조국을 위해 적극적인 투자와 새마을운동, 그리고 서울올림픽 후원 사업, 외환위기 송금 운동 등 조국에 큰 기여를 했습니다. 이제 조국은 경제 대국으로 발전하여 재일동포들의 지원이 필요치 않습니다. 그러나 결코 잊혀지면 안되는 것은 민단이 공헌하여 온 역사입니다. …… 우리 모두 힘을 모아 한국 교과서에 반드시 기재되도록 노력합시다(재일본대한민국민단, 2016: 4).

이상의 중앙본부단장 기념사가 강조하듯 재일한인들은 한국전쟁 시 의용군을 파견한 이래 각종 국제 행사에 참가하는 한국 대표단을 후원했으며, 구로공단 등 대규모 직접투자와 다수의 기술 이전을 통해 고국의 경제발전에 중요한 기여를 했다. 산림녹화나 지역 자매결연 같은 공식 사업 이외에도 고향 마을에 대한 사적인 기증 및 공여의 예가 다수 알려져 있으며, 경남 진해 군항제의 벚꽃 축제나 제주도의 감귤 농업 등 그들의 기여에 대한 고려 없이는 지역사회의 현재 모습을 이해하기 어려운 경우도 적지 않다. 또한 이들은 자연재해나 경제위기 등 본국이 위기에 직면할 때마다 구호를 위한 모금과 송금 운동을 벌여왔다(〈표 3-1〉, 〈그림 3-1〉). 그 외에도 도쿄 미나토구(港區)의 재일대한민국대사관 부지를 포함한 9곳의 한국 공관 부지 혹은 건물을 필두로 한 각종 기부가 있는데, 이러한 현물 공여를 제외한 기부액만 어림잡아 약 25억 엔(1769억 원), 현재 가치로 약 40억 엔(8096억 원, 2012년 한국은행 및 일본총무성의 소비자물가지수 기준)에 이르며, 비공식적으로

표 3-1 _ 재일한인의 모국기부

시기	후원 내용	기부액(당시 금액)	후원 물품
1948~ 1959년	런던올림픽 한국팀 후원	649,500엔	유니폼, 스포츠용품, 기념품
	한국전쟁 의연금	2,030,000엔	의류, 모포, 비누 등 생필품
	고향 발전 후원	9,350,000엔	축음기 50대, 오르간 10대, 재봉틀 등
1960~ 1969년	고향 발전 후원	30,914,400엔	재봉틀 46대, 오르간/피아노 8대, 가로등 120기, 경비정, 소방차, 버스, 오토바이, 자동차, 콜레라 백신, 텔레비전, 녹음기, 의류 수만 점, 학교/마을회관 신축, 묘목 수십 만 그루
	라디오 보내기 운동	─	일제 라디오 1337대
	모국 가족 부양금 운동	12,856,520엔	─
	재해의연금	131,174,292엔	양수기, 쌀, 밀가루, 의류, 모포
	방위성금	524,000엔	
1970~ 1979년	고향 발전 후원	392,644,150엔	농약 살포용 헬기 2대, 경비정, 소방차, 오토바이 1100대, 경찰 사이드카 67대, 구급차, 엑스레이기, 농기계, 텔레비전, 비디오, 피아노, 휠체어, 영사기, 복사기, 한우, 묘목 수백만 그루, 학교/마을회관/경로당/정미소 신축, 경기장/교량 건설, 도로 포장
	재해의연금	127,843,238엔	구호물자 수만 점
	봉산사(진주) 중건기금	600,000,000원	─
	망향의 동산 건립기금	500,000,000엔	─
	방위성금	11,076,000엔	─
	민단 148개 새마을 자매결연 지원금	516,930,000원	─
	민단 식목 지원기금(~1981년)	36,247,600엔	─
1980~ 1989년	고향 발전 후원	388,800,000엔	도서 수만 권, 피아노, 텔레비전, 복사기, 농기계, 소방차, 버스, 경찰 사이드카, 학교/장학회 설립, 관공서/마을회관 건립
	재해의연금	18,405,000엔	─
	독립기념관 건립기금	15,830,000엔	독립운동가 이봉창 조상화(1억 엔 상당)
	평화의 댐 건설기금	5,400,000엔	─

시기	후원 내용	기부액(당시 금액)	후원 물품
1990~1999년	서울올림픽 후원성금	54,096,654,879원	—
	고향 발전 후원	94,000,000엔	장학회 설립, 건물 신축, 가전제품, 묘목 수만 그루
	북한 동포 돕기 성금	17,011,541엔	—
	재해의연금	205,534,111엔	—
	대전엑스포 후원성금	10,000,000엔	—
	독립기념관 지원	—	독립운동가 초상화 60점
2000년 이후	재외국민학생회관 건립기금	1,236,000,000원	—
	2002 한일월드컵 후원금	11,500,000엔	—
	미술품 및 문화재 기증	58,000,000엔	미술품 1593점, 문화재 1116점, 자료 6만 8400여 점
	태풍 재해 구호 재일동포기금	359,500,000원	—
	대구지하철 화재 참사 위문금	107,000,000원	—
	숭례문 복원기금	587,104,955원	—
	한일교류한마당 기금	79,600,000엔	—
	천안함 순국 장병 조의모금	13,771,233엔	—
	안중근의사기념관 건립기금	15,000,000엔	—
	세월호 침몰 참사 모금	648,231,537원	—

자료: 이민호(2014: 26~27, 30)와 재일대한민국민단(2016: 46)을 바탕으로 재구성.

는 이보다 훨씬 많을 것으로 추정된다(이민호, 2014: 31).[2]

흔히 고국에 대한 '공헌'이라 일컬어지는 이러한 활동은 한편으로는 원조형 원격지 내셔널리즘(supportive long-distance nationalism)[3](Anderson, 1994;

---

2) 새마을운동의 실무를 맡았던 김국진 전 내무부 국장은 다음과 같이 증언했다. "1972~1978년에 내무부에 직접 내방해 전달한 새마을운동 성금은 74건, 6억 1968만 원이었습니다. 극히 일부에 지나지 않으며, 실제로는 이 금액의 수십 배에 달합니다. 워낙 개인적으로 하는 일이 많은데, 정작 본인들은 공개를 꺼려해 통계로 잡히지 않는 경우가 허다했습니다"(이민호, 2014: 31에서 재인용). 한편 직접투자의 경우 1963~1965년 5200만 달러(625억 원), 1965~1979년 10억 달러에 달하는데, 같은 기간 여타 외국인 투자총액이 9억 달러, 1962년 총수출액이 5400만 달러, 가용 외화가 2000만 달러 미만이었음을 고려할 때 이는 상당한 액수이다(김인덕, 2014: 154).

그림 3-1 _ 재일한인의 모국기부

(왼쪽 위부터) ① 민단 간부들이 주일 공관을 통해 일제 라디오를 기증하는 모습(1961년), ② 서갑호가 본인 소유의 도쿄 아자부 1번지 대지를 국가에 헌납하는 모습(1962년), ③ 쌀값 파동과 태풍 피해로 식량난을 겪는 한국에 보낼 구호식량을 선적하는 모습(1964년), ④ 민단을 통한 서울올림픽 후원(성금액 100억 원)을 기리는 올림픽기념관 내 기념비 건립(1988년), ⑤ 한국의 IMF 금융위기 극복을 위한 재일동포 외화 예금구좌 개설운동(목표 100억 엔, 달성 900억 엔)(1997년), ⑥ 수재의연금을 기탁하는 민단 김재숙 단장(2001년)

자료: 이민호(2014: 27, 45, 29, 37, 20, 31).

---

3) Shipper(2008)는 B. Anderson(1994)의 논의를 언급하면서 재일한인의 본국에 대한 관계의 패턴을 '원조형(supportive)'과 '비판형(critical)'으로 나눈 바 있다.

Shipper 2008), 즉 고국을 떠난 에스닉 집단의 본국에 대한 감정적 유대와 그 표출 방식, 그중에서도 특히 구종주국에 남은 피식민국 출신자들의 본국과의 관계에 관한 보편적인 질문을 제기하는 동시에 전후 한일 관계 및 재일한인 집단의 특수성을 새로이 바라보기 위한 유용한 단서가 된다.

그런데 이들 '공헌'은 단일한 요인으로 환원하기 어렵다는 점에서 신중한 접근을 요한다. 직접투자만 하더라도 이를 본국 정부의 정치적 영향력의 행사나 경제적 타산, 혹은 애향심이나 민족의식과 같은 특정 요인으로 한정해 그 동기나 원인을 설명하는 데는 명백한 한계가 따른다. 따라서 그들의 '헌신'을 단순히 강조하거나 정부에 의한 이데올로기적 동원을 비판하기보다는, 짧게 잡더라도 50년 이상 반복적으로 나타난 그러한 활동 자체가 갖는 사회 현상으로서의 특질과 의미를 어떻게 하면 보다 생산적으로 주제화할 수 있을지에 대한 고민이 필요한 시점이라 여겨진다. 이 글에서는 이러한 문제의식에 바탕해, 일본만국박람회라는 구체적인 사건을 들여다봄으로써 '공헌'이 갖는 중층적이고 동태적인 면모를 조명하고자 한다. 이러한 작업은 재일한인의 일상사 및 민단 조직의 동학이 한일 양국의 전후사와 엮이는 가운데, '공헌'이 재일한인과 본국 간의 상호관계를 이루는 하나의 주요한 행위 패턴으로 자리 잡아 오늘날에 이르는 과정을 보다 입체적으로 이해하기 위한 노력의 일환이다.

2. 1970년 일본만국박람회와 재일한국인 만박후원회

재일한인들의 본국에 대한 '공헌'은 한국전쟁이나 새마을운동과 같은 국내적 사안에 대한 직접적·간접적인 참가, 구호물품 등 재화나 각종 서비스의 제공을 통한 후원/지원, 기부/기증, 혹은 직접투자/원자재 및 기술/노하우의 공여 등 다양한 형태로 나타났다. 그중에서도 국제적 행사에서 본국을 후원함으로서 본국과의 관계를 돈독히 하는 동시에 스스로의 정체성을 형성한 대표적인 사례로 1964년 도쿄올림픽 한국선수단 지원, 1970년 일본만국박람회 후원, 1988년 서울올림픽 원조, 2002년 한일월드컵 후원 등이 있다.[4] 그런데 이들 올림픽이나 박람회는 매스미디어의 대대적인 보도를 통해 대중의 시선이 집중되는 거대한 스펙터클이자 참가자나 관객의 '집단적인 상상'을 매개함으로써, 그들의 민족주의적 열망과 공동체적 정체성을 명확히 드러내고 또 새로이 주조하는 '미디어 이벤트'(다얀·캣츠, 2011)라는 성격을 갖는다. 특히 이 글이 다룰 1970년 만국박람회 후원의 경우, 1965년 한일기본조약 체결 이후 첫 대규모 민단 사업으로서 이후의 본국과의 관계 및 재일한인의 자기이해에서 유의미한 계기가 되었을 것으로 여겨진다.

흔히 '오사카만박(萬博; 반파쿠)', '오사카엑스포' 혹은 "EXPO'70"이라고 불리는 1970년 일본만국박람회는 아시아에 처음으로 열린 국제박람회로, 6개월에 걸친 개최 기간 동안 연일 매스미디어를 압도적으로 지배하는 가운데, 국민의 절반가량이 관람한 일본 전후 최대의 '메가 이벤트'였다.[5] 이 박람회는 패전국 일본의 부흥을 세계에 알리고 이를 전 국민이 동시적으로 관람하는 국가적인 행사였던 1964년 도쿄올림픽과 더불어 '경제대국'을 지향하는 일본의 전후적 국가 정체성 구축에 중요한 역할을 했을 뿐만 아니라

---

4) 나가노 신이치로(2010: 144~150)는 재일한인의 본국 공헌을 ① 구호 및 구조형(1950년대~1960년대), ② 망향형(1970년대~1980년대), ③ 국제 이벤트형(1990년대~2000년대), ④ 위기 대응형(1990년대 이후), ⑤ 재해 대응형으로 나누었으나, 이들 유형은 각 시대에 고유하다기보다는 중층적으로 존재하면서 반복되는 것으로 이해하는 것이 더 타당하다. 만박 후원은 위의 분류상 ② 망향형과 ③ 국제이벤트형의 성격을 동시에 가지나, 후술하듯 그들의 '망향'이란 어디까지나 '재일정주'를 전제로 한 것이었다.

5) 일본만국박람회는 1970년 3월 14일부터 9월 13일까지 183일간에 걸쳐 오사카부 스이타시 센리(大阪府 吹田市 千里) 구릉지에서 개최되었다. 총입장자 수는 약 6422만 명으로 역사상 최대의 흥행을 기록했다.

라, 이를 통해 이후 약 40여 년간의 '포스트 고도성장기'를 관통하는 지역개발주의의 정책적 지평이 형성되었다(요시미 순야, 2011). 흥미로운 점은 이러한 일본의 '내셔널 이벤트'가 민족적 소수자인 한인들에게도 '새로운 미래'를 열기 위한 더없는 기회로 인식되었고, 그들의 집단적 활동이 본격화되는 무대로 기능했다는 점이다.

1969년 8월, 민단(당시 명칭 '재일본대한민국거류민단')은 한국의 박람회 참가를 후원하기 위해 '재일한국인 만박후원회'(이하 '후원회')⁶⁾를 조직하고, ① 박람회장 내 한국관(파빌리온) 건설 비용을 충당하기 위한 모금활동, ② 행사 기간 중 각국이 호스트가 되어 자국을 홍보하는 '내셔널 데이' 개최와 귀빈에 대한 접대를 포함한 한국관 운영 전반에 대한 지원, ③ 본국 가족 및 친지 초청 등 체계적인 활동을 전개했다(〈표 3-2〉 참고).

당시 민단의 조직력에 비추어볼 때, 이와 같은 사업 계획은 상당히 야심 찬 것이었다. 그럼에도 후원회는 결과적으로 한국관 건설 예산의 25%를 차지하는 50만 달러(1억 8000만 엔, 현재 약 4배 가치에 상당)를 모금하고, 행사 기간 내내 한국 참가단에게 각종 편의를 제공하며, 9710명에 달하는 고국 친지의 방문·체제·귀국과 관련한 제반 사무를 처리함으로써 사업을 성공시켰다.⁷⁾

---

6) 만박후원회는 회장, 부회장, 고문단, 참여단으로 구성된 회장단 산하에 운영위원회와 감사기구를 두고 기획부, 섭외부, 총무부로 이루어진 사무국에서 실무를 추진했다. 30명 규모의 회장단은 명예회장과 회장 외에 민단 지방본부 단장과 오사카상공회 인사들로 구성되었고, 이후락 주일대사를 최고 고문으로 하는 24명 규모의 고문단에는 정부 대표와 일본공사, 민단중앙본부 단장과 민단 중진들 및 서갑호(사카모토방적), 신격호(롯데제과), 한록춘(후지관광) 같은 재력가들을 두루 포함하고 있었다(在日韓国人万博後援会·在日大韓民国居留民団, 1970).

7) 만박 후원은 '대대적인 성공'으로 평가된다. 모금 총액은 2억 3307만 582엔에 달했으며, 한국관 입장객이 624만 명, 회장을 찾은 한국 정부의 요인이 1500명, 한국 상공인이 3713명, 한국관 직매점 및 식당의 판매고가 5억 7625만 엔으로써(大阪韓国人商工会, 1985: 424), 이전의 민단 사업과 비교해 볼 때 전례가 없는 규모였다. 1964년 도쿄올림픽 당시 민단이 조직한 후원회는 1억 4600만 원의 예산을 책정해 3489명의 가족·친지를 초청한 바 있다. 또한 '한국관'

표 3-2 _ 재일한국인 만박후원회 사업 개요

박람회 개최전 준비	박람회 기간 중 후원	박람회 종료 후 정리
• 선전, 계몽활동(인쇄물, 기념수첩 제작, 배부) • 한국관 건설 비용 모금 • 한국관 건설 공사 지원 • 본국 가족 초청 준비 • 보안 대책 사업	• 초청자 입국 확인 • 섭외 관련 사무 • 초청자 숙박 알선 및 안내 • 만박회장 관람 안내 • 국무총리 내외 등 정부 요인, 국빈 접대 • 예술단 공연, 내셔널 데이 등 행사 주관 • 기념 다큐멘터리 영화 제작 • 영주권 신청 촉진운동 및 민단 홍보	• 사고 등에 대한 사후처리 • 초청자 귀국 시 농촌 계몽활동 (농기구, 종자 증정) • 초청자 출국 확인 • 회계 결산, 잔여 사무

자료: 在日韓国人万博後援会・在日大韓民国居留民団(1970) 및 자체조사에 의함.

가족 초청 사업과 연동된 영주권 신청운동에 관해서는 후술하겠으나, 민단은 이 기간 동안 단원을 대폭 늘리며 공세적으로 세력을 확장했다. 상공회 회원들이 총력을 기울여 사업을 주도한 오사카 지역에서는 만박에 대비해 민단 사무소 건물을 개축하는 등 업무 태세를 새로이 하는 활발한 움직임이 일었고, 민단중앙본부 역시 후원 사업의 성공에 힘입어 본부 건물 건립을 추진하는 등 조직 강화의 안정적인 기반을 얻었다.[8]

그런데 주의 깊게 볼 점은 이러한 전례 없는 규모의 사업의 대대적인 성공을 단순히 정부 방침이 일방적으로 관철된 결과로 보기 어렵다는 사실이다. 한국 정부는 애초에 총비용 200만 달러 중 정부 예산 100만 달러, 국내

을 건립하고 2000만 원의 예산으로 관광객을 한국으로 유치하기 위한 홍보 활동을 펼칠 계획을 세웠으나, 이를 실현하지 못했다. 이에 비해 당시 총련 측은 2억 5000만 원을 모금해 북한 선수단을 후원했다(≪동아일보≫, 1964.10.29: 8면).

8) 오사카 이쿠노(生野)지구의 경우, 민단 사무소를 친지들과 환담할 수 있는 '살롱형'으로 바꾸기 위해 400만 엔의 경비를 들여 사무소를 리모델링했다(≪韓國新聞≫, 1969.12.5: 3면). 민단중앙은 후원 모금액 중 목표를 초과 달성하고 남은 7000여 만 엔을 총영사관 건물 건설 비용으로 할당함으로써, 7억 4500만 엔 규모의 민단중앙 건물 건립 사업을 본격적인 궤도에 올릴 수 있었다(姜宅佑, 1992: 189~190; ≪韓國新聞≫, 1970.10.24: 3면).

[상자글 3-1] 불가능한 선물: 커뮤니케이션으로서의 '공헌'

이 글에서 다루는 '공헌'은 여러 측면에서 독특한 위상을 가지는데, 그 하나가 '선물'이라는 측면이다. 인간의 사회적 삶과 떼어놓기 어려울 만큼 오랜 역사를 가지는 '선물'이라는 개념은 특히 근대 자본주의를 떠받치는 거래에 기반한 '경제'를 근저에서부터 뒤흔들 수 있는 잠재력을 지니고 있다는 점 때문에 항상 관심의 초점이 되어왔다. 선물은 흔히 '사심 없이 주고받는 것'이라 여겨진다. 하지만 즉각적·물질적 보상이 없다 하더라도 더 넓은 의미에서의 '경제적 고려'를 상정할 수 있으니, 마르셀 모스(Marcel Mauss) 이래 많은 학자들이 매달려온 공동체 내에서의 '전체적인 급부 체계'가 가지는 의사소통으로서의 측면이 그것이다. 요컨대 선물 수수는 물질적 이익, 사회적 권력, 문화적 인정 혹은 신화적인 의미를 매개물로 삼는 커뮤니케이션이다.

그런데 이 선물이라는 커뮤니케이션은 하나의 역설을 내포하고 있다. 조르주 바타유(Georges Bataille)는 '일반경제', 즉 공리적 타산에 입각한 교환의 '한정경제'에 포섭될 수 없는 파괴적인 소모나 일방적인 열정의 발산과 같은 '절대적으로 순수한 증여'를 논했다. 이에 착안해 커뮤니케이션 일반에 대한 새로운 이해를 시도한 자크 데리다(Derrida, 1992)에 따르면, '선물'이 가능하기 위해서는 수수자들이 스스로의 행위를 '선물'로 인식해서는 안 된다. 그것이 '선물'임을 인지하는 순간 반대급부를 상정하게 되기 때문이다. 이처럼 오직 '찰나적'으로만 명멸하는 증여의 아포리아에 대한 천착은 '대화적 커뮤니케이션'의 특권화에 대한 비판이라는 성격을 갖는다. 곧 선물의 증여와 같은 '비대화적인' 커뮤니케이션은 결코 커뮤니케이션의 실패 혹은 예외적인 현상이 아니라 오히려 커뮤니케이션의 (불)가능성의 토대인 바, '대화'의 상호성·대칭성·현전성을 토대로 한 플라톤 이래의 커뮤니케이션 모델이 성립하고 또 무너지는 지점을 직시할 것을 요청한다(Chang, 1988; Krämer, 2015).

이러한 견지에서 보면 '공헌'이나 '기부'란 애초에 구조적 수준에서 사후적으로 '오염될' 위험성을 이미 내포하고 있는 것으로서, '사심 없는 기부'라는 문제 틀은 답례에 대한 열린 가능성을 전제로 한 채 진행되는 구체적인 역사적 추이에 대한 탐구로, 또한 '공헌의 참된 동기'에 관한 본질주의적·인과론적 질문은 거기서 촉발된 다양한 효과와 매개작용에 대한 물음으로 변형되지 않을 수 없다. 이 글이 실증 불가능한 공헌의 '순수성'에 대한 섣부른 판단 대신에 특정 사건을 둘러싼 커뮤니케이션의 면면에 주목하는 것은 이 때문이다.

재일한인들의 고국에 대한 공헌은 애초에 '순수한 선물'이라는 성격을 강하게 띠고 있었던 것으로 보인다. 여러 기록들은 그들이 "본국 도울 생각만 하지 도움받을 생각은 안" 했으며, 그들의 고국에 대한 마음이 이른바 '짝사랑'(김남성, 2009)이었음을 전한다. 실제로 적어도 1960년대 중반까지는 그들이 한국 정부로부터 어떤 반대급부를 기대할 수 있는 여건이 아니었다. 다만 이하에서 살펴보듯이, 1970년 오사카만박 이벤트를 거치면서 부상한 민단계 상공인들의 '공헌'은 단순한 일방적 선물의 증여라고 일축할 수 없는 복합적인 위상을 더하게 된다.

기업 부담분 70만 달러를 제외한 30만 달러를 재일한인에게 일방적으로 할당했다(≪매일경제신문≫, 1969.4.28: 2면). 그러나 후원회는 목표액을 50만 달러로 높여 잡아 이를 달성했을 뿐만 아니라, 직접적인 본국의 지시가 없었던 신규 사업을 입안하거나 정부에 사업 규모를 늘릴 것을 제안하기까지 했다. 무엇보다도 한인들은 열띤 후원과 적극적인 참여를 통해 각종 사업을 성공으로 이끌었다. 요컨대 한인들의 선제적인 계획과 자발적인 실행 의지를 수반한 '조직적인 대중운동'이라는 측면을 간과하고서는 이와 같은 주체적·활동적인 모습을 이해하기 어려워 보인다. 이처럼 대량의 인적·물적 동원, 능동적인 참여를 수반한 '공헌'의 역사사회적 성격을 어떻게 고찰할 수 있을까? 그 한 가지 방법으로서 이 논문에서는 재일한인의 모국에 대한 적극적인 관여와 다양한 실천을 '커뮤니케이션'으로 이해하면서 1970년 오사카만박을 둘러싼 후원 활동을 하나의 '문화적 텍스트(cultural text)'로서 분석하고자 한다.

그렇다면 먼저 '공헌'을 '커뮤니케이션'으로 바라보는 의의는 무엇인가? 우선 이는 원인이 아닌 역사적 과정에 주안점을 둔다는 데 있다. 즉, '공헌'을 개인이나 제도의 수준에서 유래하는 특정 요인의 발현으로 보아 비역사적으로 고정시키는 대신, 시간의 경과 속에서 시도되는 행위자들의 상호작용을 통해 점차 발전·변형되어 가는 '역사적인 것'으로 파악하기 위함이다. 사실 한인들의 '공헌'은 그간 본격적인 학술적 논의의 대상이 되지 못하다가 최근 들어 구로공단으로 대표되는 본국투자 혹은 자수성가한 기업(가)의 경영 사례, 민단과 본국의 상호 관계에 대한 연구 속에서 일부 다루어지기 시작했다.[9]

---

9)　재일동포모국공적조사위원회(2008), 이민호(2014, 2015)의 경우 재일한인의 공적을 널리 알려야 한다는 주장을 전면에 내세운 기록적 형태의 연구이다. 다만 커다란 자료적 가치에도 불구하고 사실 관계에 입각한 '헌신'을 강조하는 데 그치고 있어 다양한 관점의 가능성과 방법론

이들 논의는 크게 보아 기업인들의 활동을 '애국심'(이민호, 2014), '애국의 에토스와 한민족적 긍지', '금의환향의 기업가 정신'(河明生, 2003) 등 그들이 '본래' 지닌 속성의 발로로 여기거나, 총련(재일본조선인총연합회)에 대항하는 민단의 육성과 같은 유신 체제하의 정책적 필요성(김인덕, 2014; 김태기, 2000) 과 같은 거시적인 여건을 강조하는 경향을 보인다. 그런데 이러한 두 갈래의 대조적인 관점, 곧 정서적·이념적 정향을 중시하는 주의주의적(voluntaristic) 접근과 정부의 영향력을 강조하는 구조주의적(structuralistic) 접근은 나름의 일정한 설명력에도 불구하고 '공헌'의 발생에 대한 인과론적 해석에 머물고 있다. 즉, 이들 선행연구는 하나의 독특한 행위 영역이자 역사적 현상으로서의 '공헌' 그 자체에 대한 고찰이라는 과제를 남기고 있다.

본 논문은 행위주체적 요인이건 아니면 사회구조적인 여건이건, 구체적인 사건과 그를 둘러싼 상호작용에 선행해 후속하는 사태를 온전히 결정짓는 독립변인은 존재할 수 없다는 인식에 입각해 있다. 복수의 요인이 함께 작동하는 가운데, 당사자들의 주관적인 의미 부여가 특정한 행위로 이어지고 의도를 넘어서는 다양한 효과가 생겨나며 그러한 행위가 반복되면서 구조적 지속성이 생겨나는 흐름에 주목할 때, '공헌'은 결코 단선적인 인과관계로 환원될 수 없는 새롭고 도전적인 연구 대상으로 떠오른다.

한편 '커뮤니케이션'이라는 관점은 섣부른 규범적 판단이나 이분법적 평가를 넘어서 더욱 일반적인 지평에서 '공헌'의 특질에 대한 탐구를 가능케 한다. '공헌'은 고향이나 모국에 대한 '자발적이고 순수한 마음'의 발로라는 측면을 가지면서도 때때로 합리적 기대나 전략적 타산이라는 면모를 수반하기도 한다. '커뮤니케이션'이라는 관점은 '순수한 마음'과 '계산', 일방적인 '헌신'과 상호적인 '거래'를 상호배타적인 것으로 여기기보다 본질적으로

에 대한 학술적 고민이 긴요한 실정이다.

불가분의 연속성을 이루며 복합성을 더해나가는 역사적인 과정 속에서 바라봄으로써, 합리적 계산/비합리적 정념, 혹은 순수성/대가성이라는 이분법적 틀로 담아내기 어려운 '공헌'이라는 행위 영역이 '증여의 커뮤니케이션'으로서 가지는 사회문화적 복합성을 포착하려는 시도이다. 이때 대두되는 주요한 과제는 대가에 대한 상호적 교감을 전제로 하는 '대화적 커뮤니케이션'과 더불어, 그러한 패턴으로 환원될 수 없는 일방적인 실천들, 즉 미디어를 통해 매개된 '비대화적 커뮤니케이션'으로서의 '공헌'이 촉발하는 다양한 효과들이 역사를 빚어내는 모습에 대한 분석이라고 할 수 있다.

이에 이 논문에서는 1970년 오사카만박에 대한 각종 후원 활동을 이러한 분석에 값하는 문화적 텍스트로서 다루고자 한다. 즉, 만박이라는 초유의 이벤트를 둘러싸고 지역 상공인들, 상공회와 금융조합, 민단 조직, 한국 정부와 같은 다양한 수준의 행위자(actors)들이 전개한 일련의 커뮤니케이션을 그 대상으로 삼되, 특히 그들의 연극적인(performative) 실천들이 엮어낸 민단 기관지 및 박람회라는 무대(stage)에 주목했다. 만박 후원을 통한 '공헌'이라는 텍스트의 저자들(authors)은 누구이며, 그들 간의 상호 관계는 어떠했는가? 재일한인들은 어떠한 외부의 시선들을 인식하고 있었으며, 만박에 어떠한 의미를 부여하고 있었는가? 그들의 능동적인 참여를 가능케 한 '무대' 이면의 인지적·제도적 메커니즘은 무엇인가? 실제 사업을 통해 후원 활동이 갖는 정치사회적 위상은 어떻게 변화했으며, 이는 한인들의 정체성 형성과 관련해 어떠한 의미를 갖는가? 사업의 성공은 어떠한 역사적 효과와 흐름을 만들어냈는가?

이하에서는 이러한 일련의 질문에 답하면서 정치적 계산, 경제적 기대, 문화적 정체성 등의 요소가 중첩적으로 작용하는 재일한인의 '공헌'이라는 주제를 하나의 본격적인 연구 대상으로 제시하면서, 주고받는 호혜적 관계로부터 자유로울 수 없는 동시에 어떠한 기대이득이나 심리적 보상의 교환

[상자글 3-2] 상연되는 텍스트, 박람회

요시미 순야(2004)는 어빙 고프만(Erving Goffman)의 상징적 상호작용론과, 빅터 터너(Victor Turner) 와 클리포드 기어츠(Clifford Geertz) 등의 사회극(social dramas)에 관한 논의를 배경 삼아 상연론적 관점(performative perspective)에서 박람회를 제국주의, 산업소비사회, 대중오락이라는 복수의 맥락이 동시에 관여하는 문화적 텍스트로서 분석했다. 그에 따르면, 박람회를 계획하고 연출하는 행위자는 국가, 기업, 흥행사, 매스미디어, 여행 대리점을 포함한 복합적인 편성체로서, 그들을 추동하는 것은 기본적으로 권력과 자본이다. 하지만 박람회의 실질은 이들 저자에 의해 일방적으로 결정되지는 않는다. 박람회는 그 무대 공간에 개입·참가하는 사람들의 다양한 경험과 얽힘으로써 비로소 실질적인 의미들을 빚어내는 열린 텍스트로 '상연'되기 때문이다. 이 글이 다루는 재일한인들의 활동 역시 '상연되는 텍스트'로서의 박람회가 가지는 복합적인 면모의 한 측면을 이룬다. 만박 후원을 통한 이들의 본국에 대한 공헌은 한편으로는 국가주의적인 동원이나 타산적 고려라는 '힘'에 의해 구조화되었다. 하지만 박람회를 통해 공적인 가시성을 획득한 한인들의 모습이 갖는 의미와 효과의 총체를 가늠하기 위해서는 개인들의 정황과 민단 조직의 논리, 개별 이벤트가 놓인 역사적 배경과 더불어 일회적 혹은 우연적인 요소들, 박람회장을 찾은 다양한 청중들의 시선과 반응이 함께 고려되어야 한다. 바로 이러한 점에서, 박람회와 같이 상연됨으로써 사회성을 획득하는 '열린 텍스트'에 대한 역사적 탐구는 이제껏 드러나지 못한 새로운 의미의 층을 발견할 수 있는 가능성을 연다는 의의를 갖는다.

관계로도 온전히 편입되지 않는 '만박 후원'이라는 텍스트의 다층적·복합적 면면을 살펴보고자 한다.

3. 호혜적 커뮤니케이션으로서의 만박 후원

1) 오사카 상공업자 네트워크의 부상과 한국 정부와의 협조 관계의 형성

이 절에서는 먼저 사업을 주도한 행위주체를 중심으로 후원 활동을 외적·거시적인 수준에서 파악한다. 즉, 1970년경 '재일동포'가 갖는 정치경제적 의의가 급부상하는 가운데, 오사카 지역 상공업자들이 한국 정부의 시선을 인식하고 기대에 부응하며 본국과 호혜적인 관계를 구축하는 과정에서 후원 사업의 원동력을 제공하게 된 정황에 대해 살펴본다.

후원회 활동의 핵심 축인 한국관 건설 모금에서 가장 두드러진 측면은 민단계 경제인, 특히 오사카 지역 상공인들의 활약이었다. 후원회는 형식상 민단중앙본부 산하의 활동기구였다. 하지만 박람회가 오사카에서 열린다는 점, 일정한 재력을 가진 상공인들이 밀집해 있다는 점 때문에 후원회는 오사카 지역의 주도하에 출범하게 된다. 후훤회 회장에 오사카홍은(大阪興銀) 이사장 이희건(李熙健)이, 명예회장에 오사카상은(大阪商銀) 이사장 박한식(朴漢植)이 각각 취임했고, 상은 부회장 강택우(姜宅佑)가 자금 출입 등 실무를 관리하는 상임부회장을 맡았다. 후원회 임원단은 약 80명의 규모였으나 실질적으로 업무를 추진하는 9명의 상임위원 중에서 오사카의 인사가 6석을 점했고, 무엇보다도 오사카의 양대 신용조합인 상은과 홍은의 핵심 인물들이 사업을 이끌게 되면서 발족식 역시 오사카상공회에서 열리게 되었다(〈그림 3-2〉).

당시 모금운동의 결과 역시 이러한 정황을 잘 드러내고 있다. 전국적으로 모금한 1억 8000만 엔 중 오사카 지구는 단독으로 1억 2810만 엔을 조달함으로써 70% 이상을 분담했고, 100만 엔 이상 거액 기부자 59명 중 50명이 오사카상공회 회원이었다.[10]

한인 상공업자들이 상호부조적 네트워크를 형성한 것은 일본이 고도성장 궤도에 들어선 1950년대 이래의 일이다. 오사카의 경우, 섬유나 고무제품 등 전전부터 활발했던 제조업에 더해 종전 직후 우메다(梅田), 쓰루하시(鶴

---

10) 오사카 지구의 1000만 엔 이상 기부자는 서갑호와 한록춘, 500만 엔 이상 기부자는 안재우, 임광식, 이희건이었다(大阪韓国人商工会, 1973: 305).

그림 3-2 _ 재일한국인만박후원회 출범식

자료: 大阪韓国人商工会(1988: 214).

橋), 덴로쿠(天六), 아베노(阿倍野)에 형성된 대규모의 암시장이 그 중요한 배
경으로 작용했다. 특히 하루 약 20만 명의 인파가 몰려드는 쓰루하시역 주
변 시장은 상인만 2000명이 넘는 규모였다고 전해진다(大阪興銀, 1987: 18).
암시장에서 군수물자, 생필품 등을 판매하며 세를 키운 한인 자영업자들은
1950년대 초에 지연 네트워크를 형성과 관련해 활발한 모습을 보였는데,
이 책에 실린 정진성의 글「한국 진출을 위한 재일상공인의 조직적 활동: 오
사카한국인상공회의 사례(1953~1980년)를 중심으로」(제1장)가 상세하게 다
루고 있듯이, 거기서 핵심적인 역할을 한 것이 바로 상공회 조직이였다.

1953년 결성된 민단 산하의 재일한국인상공회는 1950년에 출범한 친목
단체 재일간사이한국인실업회를 흡수합병하고 본국과 거래할 공동의 무역
회사를 설립하며 산업시찰단을 본국에 파견하는 등 지역 경제인들을 통합
하고 본국과의 관계를 공식화하는 틀로서 자리잡았다. 이때 주된 추진력을

제공한 것이 민단계 신용기관이었다. 1953년 설립된 오사카상은(大阪商銀)은 대출, 세금 등 경영상의 고충과 민족적 차별을 타개하기 위해 우메다 지역의 한인들이 일본인들과 공동출자해 설립한 신용조합으로서, 설립 10여 년 만에 30억 엔의 예금고를 돌파하기에 이르렀다. 한편 쓰루하시의 국제시장을 중심으로 1955년에 출범한 후발주자 오사카흥은(大阪興銀)은 철저한 고객제일주의에 기반한 공세적인 영업 확장을 통해 1964년 초에 이미 29억 엔의 예금고를 달성했다(梁京姫, 2009: 16~18; 재일동포모국공적조사위원회, 2008: 94~96). 1956년 5월, 오사카상은과 오사카흥은을 포함한 각지의 5개 민단계 신용조합은 재일한국인신용조합협회(한신협)을 결성했고, 1959년 재일한국인경제연합회(한경련)이, 그리고 1962년에는 전국의 민단계 경제단체를 총괄하는 재일한국인상공인연합회(한상련)이 설립된다. 이로서 민단계 경제인들은 조총련계 신용조합과의 경쟁 구도를 명확히 하면서 본국과의 긴밀한 관계 형성에 나서기 시작했다. 또한 1960년대 말 '이자나기 경기(いざなぎ景氣)'라 불리는 경제 호황기 동안 사업 기반을 확보한 중소기업 경영인들이 다수 두각을 나타내는 가운데, 기존의 비공식적·산발적인 형태의 재산 반입이 아닌 조직적인 본국 직접투자가 급물결을 타게 된다. 1970년 오사카만박에 대한 후원 활동은 이상의 여건을 반영하는 동시에 그러한 시대적 흐름을 한층 더 가속화시킨 중요한 계기였다.

한편 민단은 본국의 '기민정책'에 대한 반발 및 자유당 정권에 대한 불승인 결의(1959년)의 과거를 뒤로 하고 1961년 박정희 군사정권에 대한 지지를 결정했으나, 재일한국청년동맹(한청)과 재일한국학생동맹(한학동) 등 산하 단체들의 반대와 집행부에 대한 친일 의혹 제기 등 끊임없는 내분을 겪으면서, 사실상 1960년대 중반까지 정부를 불신하고 견제하는 모습을 보이며 동요했다. 그러던 와중에, 앞서 언급한 경제인들의 움직임과 연동해 민단이 정부와의 우호관계를 급진전시키게 된 중요한 계기는 '민족계 금융기관 설립운동'이었다. 1960년대 중반까지 민단은 조직력이나 자금력 면에서 총련에 비해 열위를 면치 못하는 상태였는데, 특히 일본의 금융기관으로부터 대출을 받지 못한 한인 기업가들이 자금 융통을 위해 총련계의 동화신용금고(同化信用金庫)와 거래하는 일이 늘어났다. 이에 따라 민단은 1960년대 들어 '단원들의 유출'을 막기 위해 협동조합 및 상업은행의 전국적인 확대에 나서는데, 박정희 정권이 이 과정에 적극적으로 개입하면서 경제인들과 민단 그리고 한국 정부 사이의 협력적 의존 관계가 본격화된다.

'재일동포'에 대한 박정희 정권의 입장은 1960년 중반에 이르러 ① 한일협정에 반대하던 총련에 효과적으로 대항하기에 미약한 민단의 육성 및 강화와, ② 수정된 경제개발계획 추가재원 확보를 위해 한일협정상 일본의 '경제협력기금'을 보완할 비공식적 재원으로서 재일동포의 민간투자에 대한 기대라는 두 기조로 수렴된 바 있다(김태기, 2000: 79; 이현진, 2010: 302). 이는 명백히 한인의 일본 영주를 전제로 한 것으로서, 이러한 두 정책 기조가 겹치는 지점에서 민단계 경제인들의 정치경제적 중요성이 대두되었다. 이러한 배경하에 1961년 초 박정희 정권은 1953년에 승인되었음에도 진전을 보이지 않던 동포중소기업육성기금 명목의 50만 달러 정부융자를 시행했는데, 당시 한신협 부회장이자 오사카흥은 이사장이었던 이희건은 융자금의 지역 배분에 중요한 역할을 했고, 총배당액의 거의 절반이 상은과 흥은 등을 통해 오사카 지역에 배당되었다. 이러한 과정을 거쳐 흥은을 창립 14년 만에 예금고 157억 엔, 일본 전국 14위 규모의 거대 신용조합으로 키워낸 이희건은 오사카뿐만 아니라 한인 사회에 그 입지와 지도력을 널리 알리게 되었다. 만박 모금이 이례적인 '목표 초과 달성'을 이루게 된 데는 폭넓은 인적 네트워크를 가진 후원회장 이희건의 역할이 기여한 바가 컸다. 한편 만박 후원은 민단 전체의 조직 강화책인 동시에 실질적으로는 오사카 경제인들의 사활이 걸린 사업이라는 성격이 짙었고, 그 성공에 필요

[상자글 3-3] 재일한인 신용기관 설립운동과 오사카흥은 이희건의 부상

1960년대 중반 정점에 달한 민단계 재일한인들의 신용기관 설립운동은 일찍이 1950
년대 좌우합작 신용조합 설립이 실패로 돌아간 후 총련을 따라잡기 위한 민단의 주요
수단이었다. 1952년에 개정된 일본 '신용조합제도법'을 배경으로, 도쿄도는 한인들의
신용조합 설립 신청에 대해 민단과 총련이 하나로 통합시킬 것을 허가의 조건으로 삼
았고, 이에 따라 동화신용금고[후에 조은도쿄(朝銀東京)로 개칭]가 탄생했다. 그러나
이사장 간 파벌 갈등으로 인해 민단 측이 1954년 한성신용금고(漢城信用金庫, 후에
도쿄상은으로 개칭)로 분리독립한 이래, 양 진영은 거의 모든 지역마다 속속 각자의 신
용조합을 설립하면서 서로 경쟁하게 된다(韓載香, 2010: 164, 2007: 3, 9~16).

1960년대 들어 민단 산하의 한인상공회 및 신용기관의 설립 기운이 고조된 또 하나의
배경으로, 1952년 이승만 정부에 대해 건의했던 '재일동포의 중소기업 육성자금' 제
안이 수용되면서 융자액을 배분할 기관이 필요했다는 사정이 있었다(金府煥, 1977:
55; 大阪韓国人商工会, 1985: 211). 이 안건은 박정희 정권에 들어서야 시행되는데,
이를 계기로 민단계 금융기관, 특히 오사카흥은이 급부상하게 된다. 융자금은 몇 차
례에 걸쳐 제공되었는데, 1961년의 경우 오사카상은(20%), 오사카흥은(20%), 도쿄
상은(15%), 아이치상은(12%), 타이헤이신용조합(9%), 교토실업신용조합(9%) 등의
비율로 배분되면서 오사카로의 자금 집중에 대한 불만이 제기되기도 했다(韓載香,
2010: 178~180). 한편 설립 5년 만에 융자금을 배부하면서 안정적 자금 운용의 기
반을 얻은 오사카흥은은 1960년대를 거쳐 급속한 성장세를 보이게 된다.

이러한 오사카 지역의 부상의 중심에 선 흥은의 이희건은 1950년대부터 지역 내 '단
결'과 '협동'을 상징하는 핵심 인물이었다. 1946년 8월 쓰루하시역 암시장이 폐쇄되
었을 때 상인들은 연합군 사령부를 상대로 청원과 설득에 나섰는데, 이때 이희건은
세력을 규합하고 협상을 주도함으로써 이듬해 재개한 쓰루하시 국제상점의 초대 번
영회장을 맡아 두각을 나타냈고(梁京姬, 2009: 17~18), 1955년 설립된 흥은의 이사
장직 취임 이래 영세상공인들의 자금 융통을 주도하면서 지역 내 각종 현안 사업에
서 빼놓을 수 없는 역할을 했다. 1964년 도쿄올림픽 후원 사업 때는 미리 상당액을
기탁하고 나서 모금활동을 추진하는 대담함으로 화제를 모으기도 했다. 1970년 오
사카만박 후원 사업에서도 그의 추진력이 두드러졌는데, 이희건은 그 자신이 먼저
500만 엔을 낸 후 다른 상공업자들에게 협조를 요청함으로써 '그리 어렵지 않게' 대
규모 모금을 성사시켰다. 지역의 상공업자들은 다른 이들의 기부 현황을 보면서 사
업 규모에 따른 자신의 적정한 기부액 규모를 알 수 있었고, 그에 따라 공개적으로 모
금에 참가했다고 한다. 당시 실무를 총괄한 부회장은 "얼마든지 돈이 모이는 상황"이
었다고 회고한 바 있다(蔣宅佑, 1992: 188). 철저한 개별 방문에 주력한 오사카흥은
의 첫 개설 지점이었던 이쿠노구(生野区)에는 지역 유지들로 구성된 '흥은 이쿠노지
점 협력회'가 생겨나 영업의 기반을 이루었는데(大阪興銀, 1987: 82), 모금운동으로
증명된 이희건의 '지도력'은 바로 이러한 네트워크에 힘입은 바 컸다.

불가결한 원동력을 제공한 것은 당시 급속한 성장을 거듭하던 상은과 홍은, 양대 신용조합이었다. 1970년 3월에 이르면 민단계 한신협은 예금고 201억 엔을 달성하면서 총련계 동화신용금고의 예금고를 넘어서게 되는데, 전통적으로 압도적인 우세를 보이던 총련을, 사상의 우위가 아니라 '경제력'으로 따라잡아 객관적인 수치상으로 추월했다는 사실은 한인 사회의 '새로운 시대적 경향'을 알리는 상징적 지표로 널리 회자되었다. 이처럼 만박 후원 사업은 1960년 말 오사카 지역의 상공업자와 민단 그리고 한국 정부와의 삼자 간 협조 관계가 무르익는 흐름을 배경으로 '화려하게' 등장했다.

2) '충성'과 '인정'의 호혜적 커뮤니케이션: 만박 후원과 국가서훈

후원 사업에서 나타난 경제인들의 적극성과 관련해 상공회 조직 및 한국 정부와의 관계라는 측면에서 간과할 수 없는 한 가지 요소는 조직과 공동체에 '헌신'하고 그 노력을 '인정(recognition)'받는 상호적인 후견-수혜(patron-client)의 커뮤니케이션이라는 성격이다.

사회자본(social capital)에 관한 연구들이 강조하듯, 당장의 가시적인 이득을 얻기 위한 일대일 거래가 아니더라도 언젠가 어떤 형태로든 보상을 받으리라는 믿음 속에 상호 관계를 반복적·지속적으로 확인하는 과정을 통해 높은 수준의 협력과 공동체적 결속이 생겨날 수 있다. 이러한 사회자본에는 특정한 행위를 이끌어내고 자극하며 또한 관리하기 위한 법칙, 절차, 규칙, 상벌, 제재 등 제도적·구조적 요인뿐만 아니라 가치, 신념, 태도와 같은 무형적·인지적 요소가 포함된다(Uphoff, 2000: 218~221).

엘리트 유학생이나 홀로 자수성가한 기업가가 상대적으로 다수를 차지하는 도쿄 지역 민단 인사들이 전통적으로 이념과 이데올로기에 따라 결속

[상자글 3-4] 오사카 지역의 '제주 인맥'

간사이(關西) 지역은 이념적 갈등이 첨예했던 간토(關東) 지역에 비해 지연조직이 활성화되었는데, 이때 간과할 수 없는 요소가 오사카 한인의 20~40%를 차지하는 제주인 동향(同鄕) 네트워크다. 오사카에는 1910년대부터 도쿄(東京), 후쿠오카(福岡)에 이어 조선인들이 집중되어 있었는데, 1920년대 상공업의 중심지('동양의 맨체스터')로 부상하면서 일본 각지의 조선인들이 일자리를 찾아 이 지역으로 모여들었다. 이 시기 오사카는 부족한 노동력을 제주도로부터 보충하기 시작했는데, 일본 공장 측이 제주도에서 직공 모집을 벌이기도 했다[1911년 셋쓰방적(攝津紡績)의 기즈가와(木津川) 공장, 1914년 도요방적(東洋紡績) 산켄카(三軒家) 공장](杉原達, 1998: 80). 한편 1923년에 제주와 오사카 간에 부관연락선(釜関連絡船) 정기항로가 개설되어 그 운항 수를 늘이면서, 이른바 '군대환[기미가요마루(君が代丸)]' 등을 통해 유입된 제주인들이 오사카에 정착하는 일이 흔해졌다. 특히 오사카 모모타니(桃谷)와 쓰루하시를 포함한 대표적인 한인 집거지 이카이노[猪飼野, 현재 히가시나리구(東成區) 및 이쿠노구에 걸친 지역]는 1920년대 이래 '제주인의 제2의 고향'이라 불려왔다(杉原達, 1998: 55). 1930년대 중반에는 제주도 인구의 약 5분의 1에 해당하는 수가 일본에 거주하기에 이른다. 한편 1948년 '4·3 사건'을 계기로 적지 않은 이들이 밀입국해 오사카 등지에 정착했는데, 그중 일부는 발각되어 오무라수용소(大村收容所)로 이송·추방된 후 다시 밀항으로 입국하기도 했다.

이와 같은 배경에서 흔히 같은 조선인들 사이에서도 '섬사람'이라는 이유로 차별받곤 했던 재일 제주인들은 타 지역 출신자들보다 더 강한 연대의식을 발전시켜 왔으며, 그들의 네트워크는 1970년대 이래 오사카 상공인들의 적극적인 활약상을 뒷받침하게 된다. '제주 인맥'은 일본 사회에 뿌리내리기 위한 일종의 '생존전략(survival strategy)'으로도 볼 수 있는데, 특히 기업 활동과 관련해 경제 활동 기회의 모색, 자본의 융통, 정보의 교환이라는 측면에서 불가결한 구심점으로 작용했다(고광명, 2013: 111). 동시에 이러한 사정이 지역 내에서 민단과 총련을 가로지르는 일상적인 협력을 가능케 한 측면도 있다.

'제주 인맥'은 상공업 이외에도 다양한 부문에서 두드러진 활약상을 보였다. 300만 그루 이상의 감귤 묘목을 고향에 기증한 오사카의 제주인들은 정부의 '감귤 주산지 조성 5개년 계획'(1965)을 성공으로 이끈 실질적 주역이었으며, 제주도의 각급 학교 교정에 그들의 공적비가 없는 학교를 찾아보기 어렵고 재일한인들의 도움이 없었던 마을회관이 없다고 일컬어질 정도로 고향 지원에 적극적이었다. 제주도의 관광산업 개발 및 각종 문화·체육 사업을 주도한 것 역시 오사카를 중심으로 한 제주 인맥이라고 알려져 있다. 현재에도 약 20만 명에 달하는 제주도 출신자가 일본에 거주하고 있으며, 지역별 협력단체를 통해 활발한 활동을 이어가고 있다.

그림 3-3 _ 고향 발전을 위한 재일한인들의 공헌을 기리는 공덕비

자료: 이민호(2014: 108).

그림 3-4 _ 간사이제주특별자치도민협회 회보 ≪관제협(関済協)≫ 제21호(2018년 11월) 표지 및 특집 기사 "제주 4·3 희생자위령비 제막식"(16쪽)
4·3 사건의 70주년을 맞아 협회는 위원회를 설치해 오사카 도코쿠지(統国寺)에 희생자 위령비를 세웠다. 위령비의 하단에는 제주도 178개 전 마을에서 모아온 돌들이 둘러져 있다.

자료: ≪관제협(関済協)≫(2018.11).

과 대립을 반복해 온 데 반해, 1950년대 암시장에서 영세한 상공업을 일으키던 시절부터 생계를 위해 상호 협력하지 않을 수 없었던 오사카 지역 한인들은 타 지역에 비해 훨씬 긴밀한 상호의존적 지연 관계를 발전시켜 왔다. 양대 신용조합을 필두로 한 지역 경제인들의 여러 모임과 조직은 그러한 지역 내 사회자본 축적의 주요한 매개물이었다.

이러한 호혜적 사회자본의 축적이라는 관점에서 볼 때, 자신의 기부 행위에 대한 지역 사회의 시선과 평가에 대한 고려와 더불어 1960년대 말 새로이 부상한 것이 대한민국 정부의 '인정'이다. 우선, 실질적인 기부의 동기로서 얼마나 큰 영향 관계가 작동했는가와는 별개로, 만박후원회가 대외적으로 자신의 활동을 애국주의적·국가주의적인 관점에서 정당화하고 있었음은 의심의 여지가 없다.

> 본국 정부에서는 …… 재일한국인의 부담액으로서 50만$이 할당되어 거국적인 대사업에 직접 기여·공헌할 수 있는 길을 통하여 준 것입니다. 성스럽고 세계적인 대규모의 만박 사업에 적극 거획(擧劃)할 수 있는 영예를 베풀어준 조국에 호응하여 한국관 건립에 기여하는 한편 이 기회를 통해여 만박에 따른 모든 각종의 행사를 전개하고져 재일한국인만박후원회를 조직하여 …… 본회에 부담된 만박 후원기금 모금 사업에 대하여 본국 정부에서는 재일동포들이 전개하는 이 모금활동에 크다란 관심과 기대를 가지고 주시하는 가운데서 우리들은 이미 할당이 결정된 지역별 할당금을 100%이상 모금할 군굳한 자세와 준비에 만전을 기하여 갖인 역량을 이 성스러운 모금활동에 결집하여 목표 달성을 완수하기 위하여 노력하고 있읍니다(在日韓国人万博後援会·在日大韓民国居留民団, 1970: 21~22에서 재인용, 밑줄은 인용자).

각종 훈포장은 정권의 정통성을 강화하기 위한 수단으로 적극 활용되었다. 해방 이래 1960년도까지 총 24만 4725건의 훈장이 주어졌으나, 1960년대 그 수가 급증해 1961년 169건에 불과하던 것이 5·16 군사 쿠데타 직후인 1962년 8224건, 선거가 있던 1963년에는 2만 5275건으로 늘어났고, 1967년 이후 연간 6500건에 달하는 집중적인 '서훈 남발' 현상이 나타났다. 국민훈장(무궁화장, 목단장, 동백장, 목련장, 석류장)의 경우 당시까지의 총수 1282건 중 약 절반이 1969년 및 1970년 중에 수여되었다. 서훈제도는 특정 행위를 유발시킬 목적으로 시행되는 '사회자본'의 한 가지 예라고 할 수 있다. 이러한 맥락에서 1970년대 새마을운동의 동학을 밝히고자 한 시도로서 이현정(2014)은 주민들 간의 신뢰, 가치, 호혜성이 운동의 성패를 가른 요인이었음을, 윤충로(2014)는 수훈자에 대한 구술 자료 분석을 통해 '새마을 지도자'라는 주체화에서 훈장, 포상 등 상징적 보상이 중요한 의의를 가지고 있었음을 지적했다.

그들은 가난을 딛고 일구어낸 '피땀 어린 돈'을 기부하면서도 오히려 '성스러운' 국가적 대의에 참여할 수 있도록 배려해 준 데 대해 정부에 감사하고 있다. 이러한 수사(rhetoric) 속에 눈에 띄는 점은 본국 정부가 우리의 활동을 '주시'하고 있다는 국가로부터의 시선에 대한 명확한 인식이다.

더 나아가 당시 '공헌'에 대한 심리적 보상 체계로서 가장 중요한 제도적 사회자본은 한국 정부의 훈장·표창이었다. 재일한인 서훈과 관련해 1960년대 말~1970년대 초반에 두드러진 변화가 나타나는데, 이 시기 정부의 훈포장이 눈에 띄게 증가하면서 재일한인들은 최고의 영예로 여겨지는 무궁화장을 포함한 정기적인 훈포장의 수여자로 등장했다(〈표 3-3〉).

이때 그 주된 포상 대상은 민단 조직 및 민단계 상공업자들이었다. 우선 1960년대 중반, 민족금융기관에 대한 한국 정부의 공식적 '인정'이 처음으로 나타나기 시작했으니, 이를 상징적으로 보여주는 사건이 1965년 10월 오사카상은이 서울에서 연 출장이사회에서 정일권 국무총리가 직접 축사를 한 일이었다. 1969년 오사카상은 창립 15주년 때에는 이사장 박한식과

표 3-3 _ 재일한국인에 대한 정부 서훈(1963~1980년)

서훈 시기	국민훈장 무궁화장	국민훈장 목단장	국민훈장 동백장	국민훈장 목련장	국민훈장 석류장	국민포장	합계
1968년	0	1	13	0	0	3	17
1969년	0	0	0	0	0	0	0
1970년	1	0	1	0	0	0	2
1971년	2	2	21	0	1	13	39
1972년	0	1	0	0	0	4	5
1973년	1	3	1	0	0	0	5
1974년	2	1	6	0	0	0	9
1975년	0	2	36	13	0	0	51
1976년	1	0	71	0	0	0	72
1977년	0	11	0	0	1	0	12
1978년	2	8	48	9	0	0	67
1979년	2	8	33	13	0	0	56
1980년	0	0	0	2	0	1	3
1963~ 1980년 누계	11	37	230	37	3 (1963년 1건 포함)	21	339

자료: 民団東京50年史編纂委員会(1998: 514~522) 및 재일동포모국공적조사위원회(2008: 256~294) 등을 토대로 작성.

지역 유력가 한록춘(韓祿春)이 국민훈장 동백장을 수여받았고, 2개월 뒤에는 오사카상은에 박 대통령의 '공신공영(共信共榮)'이라는 휘호가 수여되었다. 이어 1970년 만박 한국관 건립 모금의 공적을 치하하기 위해 정부는 유공자 97명에 대해 국무총리표창 및 상공부장관표창을 수여했는데, 이는 전례가 없는 규모였다. 수상자들은 내한해 중앙청에서 열린 표창식과 축하연에 참가하고, 일본에서는 다시 민단의 공식 행사로 이를 기념했다(≪매일경제신문≫, 1970.8.12: 3면). 만박 때 가족 초청 사업과 연계된 영주권 취득운동에 대해서도, 정부는 이희원 민단장 등 112명의 '영주권 신청 촉진 유공자'

그림 3-5 _ 오사카 만국박람회후원 사업 유공자 모국 방문 기념사진

자료: 大阪韓国人商工会(1983: 424).

를 불러 훈장 및 표창장을 수여했다(≪경향신문≫, 1971.4.20: 1면). 또한 오사
카흥은 창립 15주년을 기념해 동 은행에 대통령포장이 수여되었다. 이어
1970년 오사카상은 부이사장 강택우가 국무총리표창, 1971년 오사카흥은
이사장 이희건이 한록춘과 함께 재일한인으로서 처음으로 무궁화장, 같은
해 오사카상은이 대통령 표창, 1972년 오사카한국인상공회 회장 유수현이
국민훈장 동백장, 1973년 오사카상은 이사장 박한식이 무궁화장, 1974년
도쿄상은 이사장 허필석이 무궁화장을 수상하는 등 상공업자들에 대한 서
훈이 잇따랐다. 이후로도 1974년 도쿄상은 20주년 기념 대통령포장, 같은
해 민단중앙회관 건립을 치하한 외무부장관표창이 24건이나 수여되는 등
"한국인 상공회 등을 조직하고 이의 발전에 전력함으로써 재일교포의 사회

복리 증진에 크게 공헌"(≪매일경제신문≫, 1972.7.15, 1면)한 데 대한 포상이 정례화되다시피 했다. 민단이 사실상 '유신 체제의 일익'을 담당하게 되는 1970년대 후반에 이르면, 박 대통령이 장관급 관료가 배석한 자리에서 민단 간부들 및 경제인들을 접견하고 직접 훈장을 수여하며 칵테일 연회를 열어, 민단에 대한 지원을 약속하는 등의 모습이 나타나게 된다(≪경향신문≫, 1976.7.1: 1면; ≪동아일보≫, 1979.5.16: 1면).

이와 같은 서훈이 민단 사업에 대한 참여를 영예로운 '애국적 공헌'으로 공식화하고 정당한 '대의명분'을 부여해 한인들의 행동에 일정한 영향을 미쳤음을 예상하기란 어렵지 않다. 해방 후 명확한 법적 지위 없이 일상적인 차별을 겪으며 민족의식을 유지해 온 그들의 입장에서 정부의 훈장, 특히 박정희 대통령으로 대표되는 본국 최고 권력과의 직접적인 '교감'이 갖는 무게는 상당한 것이었다.

필자는 수차례의 인터뷰를 통해서, 특히 재일한인 남성의 경우 조직 활동의 동기로서 훈장이 상당히 중요한 의미를 지녔다는 취지의 발언을 누차 접한 바 있다. 또한 이를 잘 보여주는 단적인 예로, 민단 활동이나 기업 활동을 통해 높은 명망을 얻은 한인들의 자서전은 거의 예외 없이 그 첫 장에 훈장을 몸에 두른 대형 사진을 배치하고 있는데(〈그림 3-6〉), 자신의 전 생애를 되돌아보는 시점에서 단 한 장의 사진을 싣는 페이지에 망설임 없이 훈장을 두른 모습을 배치하는 모습은 국가수훈이 이들의 인생에 어떠한 무게로 인식되고 있는지를 시사한다.

민단 활동가들의 각종 회고록에서도 수훈에 대한 기술이 두드러지며, 각급 조직이 주기적으로 발행하는 각종 『재일한국인 ○○회 ○○주년 기념사』에도 거의 예외 없이 수훈에 관한 정보가 강조되어 있다. 예컨대 『민단 도쿄 50년사(民団東京50年史)』는 지난 50여 년간의 수훈자 명단을 싣고 있으며(民団東京50年史編纂委員会, 1998; 514~523), 『오사카한국인상공회 30년사(大阪韓

그림 3-6 _ 재일한인들의 자서전 속의 훈장을 두른 사진
왼쪽부터 강계중(민단오사카본부단장, 민단중앙본부 상임고문), 박병헌(만박후원회 상임사무국장, 민단중앙본부단장)

자료: 湖山姜桂重刊行発起人會(1979, v)(오른쪽), 朴炳憲(2011: 3)(왼쪽).

国人商工会三十年史)』에는 수훈자 명단과 별도로 대통령, 국무총리 표창식에서 상패를 건네받는 13명의 수상자 모습이 모두 컬러 화보로 담겨 있다(大阪韓国人商工会, 1983: 20~21, 50~52). 또한 이러한 서훈 결과가 논란의 대상이 되곤 했는데, 예컨대 영주권 취득운동에 대한 서훈과 관련해 포상 기준과 대상자 선정을 두고 상당한 불만이 터져나왔고(≪경향신문≫, 1971.4.20: 2면), 이에 따라 국회에서 "해외 교포에 대한 서훈이 정실에 흘러 공정성이 유지되지 않기 때문에 교포들의 비판이 높다"라는 지적과 함께 서훈공동심사기구의 설치안과 같은 정책 질의가 나오기도 했다(≪경향신문≫, 1976.10.29: 1면). 이와 같은 모습 역시 역설적으로 재일한인들이 서훈의 여부에 얼마나 깊은 관심을 기울였는지를 보여준다고 할 수 있다.

만박 후원 모금은 그 자체로서는 어떤 직접적인 대가를 상정하지 않는

'기부'였다. 하지만 그러한 자발적인 증여는 분명 신용·공적에 대한 인지, 대중에게 회자되는 명성(Lin, 2008: 213~217)을 제고한다는 면에서 사회적 자본의 축적이라는 성격을 가지고 있었으며, 상공인들 간의 신뢰와 결속을 더 높은 수준으로 끌어올렸다. 또한 설령 당시에 충분히 인지되지 않았다 하더라도, 기부를 포함한 후원 활동은 훈장 및 표창이라는 문화적·심리적인 보상 체계 속으로 편입됨으로써 호혜적인 커뮤니케이션의 일부를 이루었다. 즉, 당시의 동기가 어떠했는가와는 별도로, 그러한 행위는 '사후적으로' 서훈의 대상이 되면서 '영예로운 이력, 영광의 메달, 탁월한 상, 봉사의 증명'으로서의 '자산'(Lin, 2008: 213~217)이 될 수 있음이 증명되었고, 이후 자신의 행동이 불러올 수 있는 유무형의 잠재적인 이득과 혜택에 대한 기대를 더 명확히 했다고 볼 수 있다. 이처럼 특정 행위가 반복적·지속적으로 정합관계(positive-sum)의 이득을 산출하게 되면 해당 행위가 더욱 촉진되면서 행위의 선순환에 기반한 특정한 사회적 구조가 나타날 수 있다(부르디외, 2003; 퍼트넘, 2003; Adler and Kwon, 2000). 1970년대 이후 민단 사업에 '애국'이라는 대의명분을 부여하고 이를 현창하는 의례를 공급하는 모습이 하나의 패턴으로 정착하게 되는데, 만박 후원 사업은 그 과정에서 주요한 계기로 작용했다고 여겨진다.

4. '조국의 미래'와 '자이니치의 미래'

1) 만박 한국관 건설의 사명과 '미래'에 대한 상상

그렇다면 당시 후원회는 박람회에 어떠한 의미를 부여하고 있었는가. 이 시기 민단이 출간한 여러 자료에는 곧 다가올 전후 최대의 '메가 이벤트'를 나름의 의미로 자리매김하고, 그러한 공유된 이해를 현실적인 힘으로 바꾸어나가려는 역동적인 모습이 드러나 있다. 이 절에서는 일본어로 발행된 민단계 신문 ≪한국신문(韓國新聞)≫, ≪한교통신(韓橋通信)≫, 박람회 기념 수첩 및 인쇄물, 그 외 민단중앙 및 각 지역 지부의 보유 자료와 공식 통사, 각종 회고록 등을 통해 만박의 의미가 인용·이해·재해석되는 모습을 확인하면서, 이 후원 사업이 한인 1세들의 새로운 자기상에 대한 모색이라는 성격을 가지고 있었다는 점을 조명하고자 한다.

후원 사업을 추진하는 이들의 인식에서 두드러진 한 가지 특징은 '미래에 대한 상상'이었다. 각종 홍보 자료와 관련 담론은 전반적으로 전쟁과 피식민에 대한 언급을 극도로 자제하면서 '과거'에 얽매이지 말고 '미래'의 향방을 주시할 것을 주장했는데, 이러한 '과거/미래'의 수사적 용법은 총련/민단, 정치/경제, 1960년대/1970년대, 갈등/평화라는 이분법적 대립항과 함께 겹치면서 다양하게 변주되었다. 즉, 만박 후원 사업 내내 반복적으로 등장하는 논법은 ① 총련 측이 과거사에 기반해 '굴욕적인 한일회담'에 반대하고 과거 회고적인 '귀국 사업'을 전개하는 것과 달리, 민단은 그러한 반대 세력의 '훼방'을 이겨내고 조국의 산업화와 함께 새로운 미래를 만들어가기 위해 노력하며, ② 한일협정으로 대표되는 1960년대의 이념적·투쟁지향적인 '정치'론에 대신해, 다가올 1970년대에는 '경제'발전을 위해 본국 및 일본과의 우호적인 협력 관계를 맺고 자신들의 생활 기반을 다진다는 것으로서 요약될 수 있다. 민단계 신문은 행사를 앞둔 준비 상황을 지속적으로 주요 기사로 다루며 점차 완공되어 가는 한국관 건설 현장, 속속 입국하는 가족·친지들의 모습 등을 다수의 사진을 통해 수시로 전함으로써 이러한 '미래'에 대한 기대에 현실적·가시적인 형태를 부여했다.

1970년 들어 첫 번째로 발행된 민단계 신문에 실린 각계 주요 인사들의 칼럼에는 이러한 '미래지향적' 성격이 명확히 나타나 있다. 이들은 단순한

'새해 인사'라기보다는 1970년대의 방향성과 전망, '인류사상 처음으로 인간이 달나라에 갔다 오는 위업'이 이룩된 지난해에 이어 새로운 '시대'를 맞이하는 포부와 한인들의 '사명'을 요약적으로 보여주는 것이었다(≪韓僑通信≫, 1970.1.5: 3면; ≪韓國新聞≫, 1970.1.5: 2면). 예컨대 사토 에이사쿠(佐藤栄作) 총리의 "극동번영을 위하여" 및 당시 외무대신의 "발전하는 한일관계"라는 글과 나란히 실린 후원회 회장 이희건의 "만박으로 국위선양"이라는 칼럼은 "대한민국이 1970년대를 경제적 번영을 토대로 한 '근대화'로 나아가는 해로 삼고 있는" 상황에서 한인들도 "조국의 비약 발전에 발걸음을 맞추어야" 함을 주장하고 있다(≪韓國新聞≫, 1970.1.5: 3면).

여기서 흥미로운 것은 박람회 테마에 관한 재해석이다. 만박 공식 주제인 '인류의 조화와 평화'가 문명사적 차원에서의 인간/자연, 기술/환경 사이의 조화, 지역 간 불평등과 이념 대립을 넘어선 평화의 구축이라는 비전이었다면, 한국관의 테마 '깊은 이해와 우정'은 식민지 시기에 대해 함구한 채로 한일협정 이후의 협조적 한일 관계를 암시하는 것이었다. 그런데 이희건은 이러한 만박의 테마들을 '만박 후원의 정신'으로 받아들일 것을 제안하면서, "조직과 경제인이 서로 이해하고 협조함으로써 비로소 새로운 대한민국이 그 국위를 걸고 참가한 만박의 후원 사업을 성공시킬 수 있을 것"이라는 점을 강조하고 있다. 이때 '조화와 평화', '이해와 우정'은 향후 한일 관계의 방향성을 나타내는 어구일 뿐만 아니라, 민단 조직('정치')과 상공인('경제')의 협력적 관계에 대한 요청으로서 전유되고 있다. 모금운동에 앞장선 오사카 상공인들의 활약이 웅변하듯, 만박은 그간 민단에 자금을 지원하면서도 정치적 주장을 앞세우는 인사들에 비해 상대적으로 주변화되어 온 상공인들, 또한 그러한 상공인들이 다수를 차지하는 오사카 지역의 지위를 제고할 절호의 기회이기도 했다. 박람회 후원은 그러한 기존 권력 관계의 재조정을 염두에 둔 그들 나름의 '바람직한 미래상'과 결부되면서,

더 현실적인 추동력을 가질 수 있었던 것으로 보인다.

한편 민단 기관지들은 도쿄와 오사카의 백화점에서 처음으로 열리는 한국 물산전(한국페어)이나 한국 의상 발표회, 한국 요리 강습회(≪民團東京≫, 1970.5.6: 1면), 혹은 '근대화하는 오늘날의 조국'의 모습을 상징하는 서울 시내 고가도로의 사진을 연이어 실으면서 기대감을 고조시켰고, 만박 기간 중에는 참관을 위해 본국에서 온 친지가 일본에서 출산한 '만박 아기', 600만 번째로 한국관을 찾은 '행운의 입장자'에 대한 한국 일주 여행 초대권 증정(≪韓國新聞≫, 1970.7.25: 3면; ≪韓國新聞≫, 1970.9.12: 3면) 같은 크고 작은 가십거리를 지속적으로 제공하면서 축제 분위기를 유지했다. 이는 5월 18일에 열린 '내셔널 데이' 행사 보도에서 절정을 이루었는데, 그 중심에는 재일한인들의 활동을 요약하는 한국관 건물이 있었다. 만박회장에 들어선 한국관은 명백하게 '산업입국'으로 수렴되는 것이었다. 각종 민단계 신문은 지면의 3분의 1에서 2분의 1에 해당하는 초대형 사진과 함께 다수의 기사를 실었는데, 그 핵심 이미지는 한국관의 외관, 즉 '약진하는 공업'을 상징하는 청록색 굴뚝 모습의 원통형 구조물이었다(〈그림 3-7〉). 신문 보도는 한국관의 완공과 '내셔널 데이'의 성공적인 개최를 통해 후원의 보람을 느끼고 민족에 대한 자부심을 고양하는 어조로 일관하고 있었으며(〈그림 3-8〉), 가난한 과거를 극복하고 산업화를 일구는 조국의 미래상과 관련해 재일한인들이 적극적인 역할을 수행해야 한다는 민족주의적 요구가 강력한 자장을 형성하고 있었다.

만국박람회는 그 출발부터 미래의 모습을 앞질러 상연하는 '프레젠테이션 발표'로서, 서구 선진국들에게는 자신들의 최첨단 기술력과 공업 수준을 선보이는 '산업 올림픽'이었으나 개발도상국이나 구피식민지국에게는 대중의 오리엔탈리즘적 욕망에 영합해 이국 정서 체험을 제공하는 장이기도 했다. 오사카만박 한국관의 경우, 전통 문화를 내부에 담은 대신 그 외관은

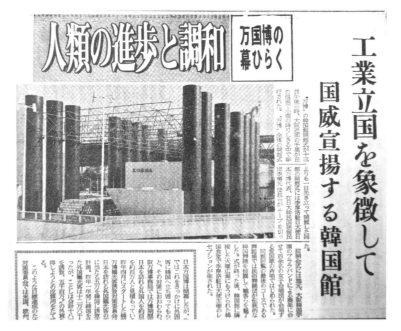

산업화 일변도의 경종을 울리고 '조화'를 구한다는 박람회 전체 테마와의 부조화로 위화감이 들 정도로 '산업화'를 강조하고 있었다. 하지만 그럼에도 불구하고 그것이 결코 단일한 관객에게, 단일한 의미로 수렴했다고 결론지을 수는 없다. 한국관은 그 건축 디자인이 의도한 바 기술적(constative) 수준의 의미론과는 구별되는 수행적인(performative) 수준에서 그 자체로 다른 '메세지들'을 전했기 때문이다. 77개국 중 10번째로 거대한 규모를 자랑하는 한국관은, 재일한인들의 입장에서 그간 고국과 그들 자신에게 씌워진 열등하고 부정적인 낙인(stigma)을 극복하고 '70년대의 산업화라는 비전'을 가시적인 형태로 물질화해 내보였다. 이는 한인들이 일본 사회 내에서의

그림 3-8 _ 민단계 신문이 전하는 일본만국박람회 '내셔널 데이'(기사 제목: "내셔널 데이, 한국일색인 만박회장")

자료: ≪韓國新聞≫(1970.5.23: 1면).

스스로의 이미지를 개선하려는 표상의 정치(politics of represeatation)의 미디어인 동시에, 한국 정부에 대해서는 그들의 결집된 경제적 역량과 '충성심'을 어필하면서 존재감과 발언력을 제고하는 수단이기도 했다. 이는 또한 민단중앙이나 정치엘리트들에 대해서는 오사카 지역의 한인들, 특히 상공업자들의 활약을 강렬하게 전시하며 그들의 부상을 예고하는 미디어였으며, 그들의 초청으로 일본을 찾은 가족·친지들에 대해서는 뜨거운 '상봉'의 채널이자 고향을 떠난 그들이 일구어낸 그간의 성공을 요약하는 상징물이기도 했다. 그들이 만박 후원을 통해 극복·지양하고자 했던 '과거'란 피식민의 과거, 대립적 한일 관계의 과거, 한일협정을 둘러싼 민단 분열의 과거, 민단 내 간토/도쿄 우위의 과거, 가난한 조국의 과거 등 결코 단일한 '과거'

로 한정지을 수 없는 복합적인 '과거들'이었고, 한국관 역시 단일한 한국의 미래상이라기보다는 그러한 복수의 과거들을 넘어서기 위한 한인들의 분투 그 자체를 상연(perform)하고 전시하는 무대로서, 본국의 정부와 한국인들, 일본인들, 재일한인들 등 다양한 관객들이 나름의 입장에서 나름의 방식으로 '그들의 미래'를 맛보고 기대하도록 이끄는 미디어로서 기능했으리라 생각된다.

물론 '산업강국의 미래상'을 옹호하는 당시의 논조는 곧이어 부상하는 "조국 근대화에의 길"(≪韓國新聞≫, 1970.1.5: 1면 큰제목), "민족중흥의 역사 창달"이라는 유신 체제 프로파간다에 대한 민단의 무비판적 추종을 예비하는 것이기도 하다. 하지만 그럼에도 불구하고 재일한인들의 주체적인 참여가 있었기에 한국관은 본국의 의도가 그저 일방적으로 관철되는 장으로 끝나지 않았다. 곧 그들에게 '만박'은, 본국에 대한 발언권을 높이고 총련계 한인들에 대해 민단계의 세력을 과시하며 민단중앙에 대해 오사카 기업인들의 위상을 제고하기 위한 다층적인 프로젝트였다.

당시 재일한인들은 한국관의 디자인이나 그 컨텐츠에 대한 의사 결정으로부터 완벽하게 배제되었다. 그럼에도 그들에게 '만박'은 일본 혹은 한국의 국가적 행사 이상의 '어떤 것'이었다. 그것은 일본에 있는, 즉 '자이니치(在日)'하는 자신들이 몸소 엄청난 자원을 투입하고 노력을 경주해 활동적인 주체로 나서는 이벤트였으며, 바로 그렇기에 앞 절에서 언급한 지연 네트워크 내에서의 평가나 국가로부터의 서훈과 같은 '주고받기'로는 온전히 편입될 수 없는 층위를 가지고, 의도와 예상을 앞지르고 넘어서는 효과들을 역사에 기입하게 되었다고 보아야 할 것이다.

그림 3-9 _ 오사카 만국박람회 한국관 전경

자료: 대한무역진흥공사(1971).

한국 정부가 공식화한 오사카 박람회 참가 목표는 "우리나라의 화려한 과거의 우산 및 최근 몇 년 동안의 경제발전, 제1·2차 경제개발 5개년 계획이 성취한 정치, 경제, 사회, 문화상을 전시·소개해 약 60만 명에 달하는 재일동포의 조국에 대한 자부심과 긍지를 높이게 할 수 있음은 물론, 널리 우리나라의 인식을 새롭게 해 각 참가국과의 상호 이해 증진을 도모하고 경제외교를 강화하며 국위를 크게 선양"(대한무역진흥공사, 1971: 20)하는 것이었다. 박람회장의 한국관(파빌리온)은 이러한 의도를 구현하는 장이었지만, 그 실제 모습에는 여러 우연적인 요인들이 복잡하게 관여한 것으로 알려져 있다. 예컨대 한국관 콘셉트는 원래 박정희 대통령의 아이디어("경회루 같은 것")에 기반한 것으로서 처음에는 경회루를 실제로 옮겨 짓고 만박 종료 후에는 재일한인들을 위한 '교포회관'으로 활용하려는 계획을 세웠으나, 막대한 이축 비용과 공사 기간의 제약 및 주최 측의 파빌리온 6개월 내 철거 방침에 따라 현대적인 건축물로 변경되었다. 최소의 비용으로 최대의 공간을 점하고 주변 파빌리온들에 비해 '위압적이고 크게 보이'며 관람객의 시선을 잡아끄는 건물을 세운다는 상공부의 기본 방침(대한무역진흥공사, 1971: 26~28)하에, 전문가로 위촉되어 설계를 맡은 김수근 팀(윤승중, 김원)은 스테인리스 거울을 감아 관람자와 주변 환경을 반사하는 은색 기둥

그림 3-10 _ 오사카 만국박람회 내부 전시
(왼쪽 위부터) ① 입장객을 가장 먼저 맞도록 배치된 대통령 박정희의 사진, ② 전시장 입구에 걸린 '미(美)' 휘장, ③ 과거관의 농기구 전시, ④ 현대관의 한글 타이프라이터, ⑤ 에밀레종을 본따 만든 '평화의 종'. 30초 간격으로 종소리가 건물 전체에 울려 퍼졌다. ⑥ 건물 내 '인간교환장(人間交歡場)'에서 상연된 전통무용.

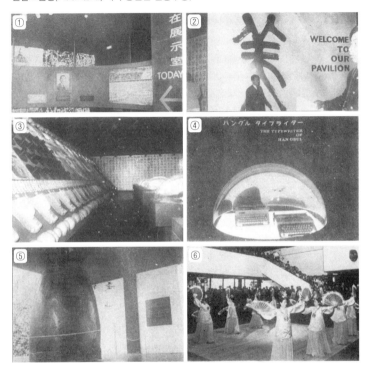

자료: 대한무역진흥공사(1971).

구조체가 주는 개방된 미래주의적·탈산업주의적 인상에 초점을 맞추었다. 하지만 예산 부족으로 기둥의 색상이 군청색으로 변경되고, 기둥의 개수도 18개에서 15개로 줄어들면서 굴뚝, 실린더, 철골, 파이프를 연상시키는 '공업입국'의 이미지가 강해졌다(신정훈, 2015: 119~121). 한국관을 국가 이미지를 대변하는 것으로 여긴 정부의 시각과 만국박람회라는 예술 전시장 속에 놓일 자신의 '작품'을 설계한 김수근의 인식 사이의 간극 및 세반 현실적 사정이 복잡하게 얽히면서, 결국 정부와 설계자 양쪽 다 수긍하기 어려운 모습으로 세워진 한국관의 "정유공장을 방불케 하는" 외관은 강력한 비판 여론에 직면했다. 하지만 완성된 건축물이 의외로 일본 및 해외의 호평을 받고, 그 '특이함'이 관람객들의 주목을 끌어 인기 파빌리온으로 떠오르면서 관련 논란은 사라졌다(성효진, 2012: 36~40).

한편 한국관의 내부 전시실은 과거관, 현재관, 미래관으로 구성되었는데, 과거관에는 고려청자, 신윤복의 여인 풍속도, 전통 악기, 불상, 조선시대 생활 도구, 팔만대장경, 한글 그래픽이 전시되었고, 현재관은 박정희 대통령 메시지, 근대화 현황을 보여주는 산업, 농업, 교육, 레저 관련 사진과 더불어 한글의 기계화, 현대미술 작품으로 채워졌다. 미래관은 '평화를 기원하는 거북선' 조형물이 세워졌고, 반투명 스크린에 에밀레 범종 소리와 함께 인류가 한 배를 타고 바다로 향하는 모습의 영상이 투사되었다. 원래 미래관의 전시는 현대음악(강석희)을 배경으로 사진과 슬라이드, 거울, 조명을 이용한 복합 감각적이고 '해프닝적인' 현대미술 작품(임응식, 홍훈태, 박서보)을 통해 관람객들의 참여를 이끌어내는 환경예술 공간으로 기획되었으나, 그 모호하고 묵시록적인 분위기는 현재관의 발전 서사와 충돌하는 것이었고, 결국 5월에 철수되었다 (신정훈, 2015: 131).

2) 애향과 애국의 행복한 결합: 가족 초청과 영주권 신청운동

만박 후원이 가져온 여러 효과 중 빼놓을 수 없는 한 가지는 가족 초청이 민단 가입과 결부되면서 '협정영주권 시대'에 본국에 공헌할 수 있는 유효한 형식(repertory)이 발견되었다는 사실이다. "육친, 옛 친구와 함께하는 만박", "만박 후원·초청 사업"(≪韓國新聞≫, 1970.1.5: 1면 큰제목)이라는 신문 1면을 수놓은 선전 문구에서 볼 수 있듯이, 가족 초청은 한국관 건설 모금과 함께 후원 사업의 또 다른 핵심 축을 이루었다. 그런데 이것이 한일협정상의 영주권 취득을 필수 요건으로 하고 있었기에, 언뜻 가장 '순수하고 비정치적인' 사업으로 여겨질 수 있는 친족 상봉은 지극히 '정치적인' 캠페인으로 추진되었고, 이 시기 민단계 한인의 수가 급증하게 된 직접적인 배경으로 작용함으로써 한인 사회의 지형을 크게 바꾸는 결과를 가져왔다.

이번 만박은 우리 문화를 전 세계에 효과적으로 소개하는 절호의 기회이다. 이를 위해 모국 대한민국 정부도 막대한 예산을 투입하여 참가, 한국관을 건설하여 조국의 국위를 선양하기로 하였다. 국위선양은 재일한국인의 사기를 고취하는 데 극히 중요한 의미를 갖기도 하지만 특히 조총련에 속해 있는 동포들에 대해 우리들의 우위에 선 입장을 과시함으로써 그들이 대한민국에 대한 인식을 새로이 하고, 민단으로 전향할 수 있는 계기가 될 것으로 확신하는 바이다. 이러한 취지에서 거류민단에서는 이러한 기회를 충분히 활용하여, 중립계 동포들의 포섭 공작은 말할 것도 없이 현재 부진한 상황에 놓인 영주권 신청의 촉진제가 될 수 있는 선전계몽운동을 전개하여 실적을 올림으로써 우리 민단 조직의 강화를 기할 수 있도록 '만박 참가단 초청 사업'을 추진하기로 하였다. 이는 본국의 가족 및 친지를 일본에 초청하여 만박을 참관토록 함으로써 선진세계 각국의 상업화 문명에 접하는 기회를 갖게 하는 것 외에 시야를 넓혀 귀국 후에는 본국의 산업발전에 기여할 것을 기대하는 동시에, 일본에 거주하는 가족 및 친지들에게 조국의 근대화 사업 상황을 전하게 함으로써 모국에 대한 인식을 더욱 깊게 하고 더 나아가서는 민족의식을 높이고 조총련의 허위선전공세를 분쇄하는 데 힘을 더할 수 있을 것으로 확신하여 ⋯⋯ (≪韓國新聞≫, 1969.7.5: 3면).

이상의 공식 사업 취지가 밝히고 있듯이 만박 가족 초청 사업은 친지들과의 애틋한 상봉에 대한 기대 혹은 애향심에만 근거하고 있는 것이 아니라, 총련에 대항하는 민단의 강화, 본국 산업발전을 위한 계몽, 재일한인의 민족의식 고양 등 여러 관점에서 정당화되고 있었다. 사실 고향의 가족·친지를 일본으로 초청하는 일은 한인들의 '오랜 염원'으로(朴炳憲, 2011: 132), 1964년 도쿄올림픽 때 민단은 재일교포올림픽후원회(회장 허필석)를 통해 2957명을 처음으로 초청했고, 이때 친지·가족을 만나 "자극을 받음으로써"

총련계 1449명이 민단에 '전향 입단'한 전례가 있었다(≪동아일보≫, 1964.12. 11: 3면; ≪동아일보≫, 1964.10.30: 4면). 하지만 당시의 후원회는 주도권 문제로 난항을 거듭하면서 예정보다 뒤늦은 1964년 3월에 출범한 데다, 방문자들의 체제비 일체를 부담한다는 재정보증서, 올림픽 관람권 교환권(引換券), 왕복 항공료를 전액 부담한다는 까다로운 조건을 요구받는 등 복잡한 절차와 비용상의 제약 때문에 상당한 어려움을 겪었다(≪동아일보≫, 1964.6. 18: 3면). 이에 비해 그때의 경험과 노하우에다 넉넉한 자금에 바탕해 안정적으로 사업을 추진했던 오사카만박의 경우에는 가족 초청을 단순한 관광이나 가족 상봉의 일회성 이벤트가 아니라 일본 영주에 대한 명백한 '결단'에 기반한 원대한 미래지향적 목표들 속에서 자리매김하고, 또 적극 홍보하는 모습을 보였다.

민단과 한국 정부의 입장에서 가족 초청 사업은 무엇보다 당시의 저조한 영주권 신청 현황을 타개하기 위한 시의적절한 수단이었다. 1966년 1월 17일에 시작된 협정영주권 신청은 1971년 4월 18일을 기한으로 하는 것이었으나, 1966년 10월까지 신청 유자격자 56만 명 중 신청자가 1만 5904명, 허가자가 7146명이었으며, 1968년 초에 이르러서도 허가자가 전체 재일한인의 10%에 불과한 5만 명 수준에 머물러 있었다(김태기, 2000: 83~84). 이에 정부는 1969년 1월, 대사관과 민단으로 하여금 영주권 취득에 총력을 기울일 것을 지시하고, 민단 간부 80여 명을 서울로 불러 관계부처 실무자 30여 명과 함께 영주권 취득 촉진 방안 등을 논의하는 '민단강화대책회의'(8월 7~8일)를 여는 한편, 일본 정부와의 협의를 통해 절차의 간소화를 골자로 하는 "한일법무장관 공동성명"(8월 20일)을 낸다. 이러한 배경하에 민단중앙본부는 영주권취득촉진위원회를 결성해 9월부터 본격적인 '영주권 신청 촉진 계몽운동'에 나서게 되었다.

원래 만박에 대한 한국의 참가 결정(1968년 12월)은 그 자체로서는 영주권 문제와 관련될 필연성이 없었다. 그러나 그 시기가 겹치게 되면서 가족 초청을 영주권 신청 촉진의 유효한 수단으로 활용하는 아이디어가 제기되었고, 이에 따라 두 사업은 실질적으로 '불가분의 하나'로서 묶이기에 이르렀다. 당시 운동은 3단계 로드맵에 의해 추진되었다. 먼저 1969년 말까지 민단 내 모든 직원의 신청을 마무리하고(1단계), 1970년 3월 15일까지 전국 민단 단원들의 신청을 끝내며(2단계), 1971년 1월 16일까지 모든 재일한인 동포들의 신청을 완수한다(3단계)는 것인데, 특히 오사카만박은 주로 민단원이 아닌 중립계 및 총련계 동포들을 포섭하기 위한 주요한 선전 방편이었다.

만박 후원 사업이 궤도에 오른 1970년 전반기에 민단은 '영주권 신청 촉진'과 '만박 후원 및 가족 초청'을 하나의 '세트'이자 '최중요 2대 사업'(≪韓國新聞≫, 1970.3.21: 1면)으로 삼아 전국의 7개 텔레비전과 라디오 네트워크, 신문에 광고를 내는 한편, 예능 공연과 영화 상영회, 집회, 포스터, 팸플릿을 통한 다각도의 홍보 활동에 주력했고(金府煥, 1977: 305), 신청자 수를 매달 2만 명씩 늘인다는 목표하에 지역별로 수치를 할당했다. 이에 각 지역에서는 '지부 명예를 걸고' 목표치 달성을 위해 대필반, 기동반, 선전반, 안내반을 조직해 현내 시정촌 각 행정창구에서 '딱 달라붙어(張り付き)' 신청을 돕는 상주인원을 배치하고(〈그림 3-11〉), 순회연설단(遊說班)이 전용 선전카를 타고 각지를 돌거나(〈그림 3-12〉), 단원들이 조를 짜 한인들을 호별 방문하는 등 비상한 노력을 경주했다.

한편, 영주권 취득운동이 후원 사업의 일부가 되면서 민단오사카본부는 영주권 취득운동에서도 '전국 사령탑'(姜宅佑, 1992: 189~190)의 역할을 수행하게 되었으며, 지역 상공업자들 역시 적극성을 발휘했다. 민단오사카 본부는 전국에서 가장 먼저 '영주권취득추진위원회 결기대회'(9월 1일)를 열어 캠페인을 벌였는데, 서갑호(사카모토방적), 이희건(오사카흥은, 만박후원회), 강

그림 3-11 _ 영주권 신청을 돕는 민단 직원들

자료: 재일본대한민국민단(2016: 31).

그림 3-12 _ 영주권 취득운동 민단 선전카
선전카에는 "영주권 신청 기한 1971년 1월 16일, 영주권 시기 놓쳐 아들 손자 울리지 말자"라는
표어가 붙어 있다.

자료: 在日本大韓民国民団愛知県地方本部(2007: 145).

택우(오사카상은), 박한식(한신협), 김용재(오사카흥은), 한록춘(오사카상공회) 등 재계 리더들을 포함한 800여 명의 지역 인사들이 운동을 주도할 대표자로 참가했다(金府煥, 1977: 309). 오사카상공회의소는 별도의 '영주권촉진대회', '재일한국인의 법적 지위 관련 설명회' 등을 개최하기도 했으며, 지역의 재력가가 만박 한국관 건설모금과는 별도로 수천만 엔 단위의 영주권 신청운동 후원금을 기탁한 일도 있었다(姜宅佑, 1992: 191). 당시 오사카 지역의 영주권 신청운동은 17명의 영주권상임위원회에서 총괄해 진행되었는데, 5개 행동반이 다양한 기자재(유인물 3만 장, 카메라 4대, 승용차 2대, 대형버스 1대, 마이크로버스 1대)를 활용해 낮에는 주로 호별 방문을 하고, 밤에는 집회 혹은 영화제를 개최했으며, 소형 비행기로 한인 집거지 상공을 누비며 "한 사람도 빠짐없이 영주 신청을 하자"라고 선전하기도 했다(金府煥, 1977: 452). 이러한 열띤 사업 추진의 결과, 협정영주 신청 만료 시점까지 오사카 한인 20만여 명(전국의 약 36%) 중 약 14만 명이 영주권을 취득하게 되는데(大阪韓国人商工会, 1985: 425), 이는 전국의 유자격자 55만 9147명 중 35만 992명이 협정영주권을 취득했다는 정황(民団神奈川60年史編纂委員会, 2006: 117)에 비추어볼 때도 두드러진 약진이었다.

한편 1970년을 "영주권 취득 완료의 해"(≪韓國新聞≫, 1970.1.5: 2면 큰제목, 이희원 민단장 칼럼)로 삼아 "영주권 획득해 안정생활 구축하자", "만박 초청은 민단을 통해서만 가능"과 같은 슬로건이 기관지 지면을 장식하는 가운데(≪韓國新聞≫, 1969.12.5: 3면; ≪韓國新聞≫, 1969.11.5: 1면) 지방본부를 통해 가족 초청의 신청을 받은 결과, 당초 예상했던 5000명을 훨씬 웃도는 신청이 쇄도해 혼란과 갈등이 나타났다. 이에 따라 이미 대통령의 승인이 끝난 해외여행 허가분을 늘리기 위해 민단 간부들은 본국 방문 팀을 조직해 외무부 교민과장(공로명), 국무총리(정일권), 정무비서관, 중앙정보부장을 잇달아 만나 증원을 요청한 끝에 초청자를 2배로 늘리는 데 성공하게 된다(朴

炳憲, 2011: 132~133). 당시 총련에 대한 대항 세력으로 급격히 부상한 민단이 동포 자본에 대한 정부의 기대에 바탕해 정부의 지시대로만 움직이는 것이 아니라 오히려 정부를 상대로 제안하고 요청하는 이와 같은 모습은 1970년대 이후에는 거의 찾아보기 힘든 주체적인 일면이었다. 가족 초청 사업은 분명 민단과 총련의 대립 그리고 냉전적 체제 경쟁이라는 논리에 입각해 있었고, 이러한 관점에서 보면 이 사업은 대한민국 국적의 '교포'를 늘리기 위한 수단이었다. 하지만 운동의 당사자들은 이러한 정치적 위상을 역으로 이용해 본국에 대한 협상력을 발휘하려 노력했고, 그 결과 일정 부분 그 규모와 파급력을 증대시키는 방향으로 사업을 전유할 수 있었던 것으로 보인다.

그렇다면 이렇게 필연성과 우연성, 구조적 힘과 행위주체적 노력이 동시에 작용하는 가운데 하나의 사업으로 묶여 추진된 만박 가족 초청과 협정영주권 취득운동의 성격을 어떻게 보아야 할까? 나가노 신이치로(2010: 168~169)는 고국을 지원하는 한인들의 심적 동기와 관련해 '패트리어티즘'(특정한 향토의 일원으로서 가지는 애향주의)과 '내셔널리즘'(국가 형성 과정에서 고취되는 귀속 국민으로서의 충성심)이라는 두 가지 차원으로 구분한 바 있다. 이러한 맥락에서 볼 때, 영주권 신청운동과 결부된 가족 초청 사업의 '성공'은 혈족의 일본 초청과 고향에 대한 지원이라는 공동체주의적인 애향정신(local patriotism)이 정부 예산을 원조하고 고국의 대외 이미지를 제고하는 애국적 민족주의(nationalism)와 '행복하게' 접합될 수 있음이 처음으로 증명된 중요한 사례였다.

'내 친지'와 '내 고향'을 향한 마음이 '대한민국'이라는 확대된 국가 공동체에 대한 충성과 갈등 없이 한 몸을 이룰 수 있음을 실증하는 대규모의 성공 사례로서, 각종 사업을 계획하고 돈을 기부하며 그 결과로 세워진 한국관에 혈족을 안내하고, 또 민단과 정부로부터 공로를 치하받는 일련의 체험은 그들 앞에 펼쳐진 '1970년대'라는 '새 시대'에 민단과 국가에 공헌하는 것이 어떠한 의미를 갖는지에 대한 생생한 감각을 제공했을 것으로 추측해 볼 수 있다. 앞서 언급한 나가노는 '애국심'이 '패트리어티즘'에서 '내셔널리즘'으로 변화하는 추이를 보인다는 가설을 제시하고 있으나, 이상의 논의가 보여주는 것은 오히려 그 두 계기가 서로 얽이고 공존하는 가운데 하나의 유효한 '공헌 운동'의 레퍼토리로 발전해 나가는 매듭으로서 만박 후원이 갖는 중요성이다. 이처럼 사적인 '가족애, 향토애'가 공적인 '헌신, 애국'과 하나로 묶여 민단의 공식 사업으로 추진되는 방식은 만박 후원 사업의 대대적 성공을 발판 삼아 삿포로동계올림픽 참관(1971년), 새마을 자매결연(1972년), 오키나와국제해양박람회 참관(1975년), 1988 서울올림픽 후원(1988년) 등을 통해 하나의 패턴으로서 반복·계승된다.

5. '자이니치'의 만박: 만박 후원과 조국 지향의 새로운 비전

이상 살펴보았듯 재일한인들은 적극적인 후원 활동을 통해 대한민국 정부나 민단 조직의 의도만으로 온전히 설명될 수 없는 어떤 가능성의 공간을 만들어냈다. 그들은 '만박'이라는 장에 다양한 의도와 욕망을 투사함으로써 자신들의 역량을 과감히 시험대에 올렸고, '성공'으로 말미암아 '자신들이 할 수 있는 것'에 대한 감각을 얻어냈던 것으로 보인다. 자기상(self-image)과 행위주체성(agency)의 변용이라는 관점에서 볼 때 만박 후원은 1970년을 전후한 시점에서 재일한인의 집단적인 주체성의 형성과 관련한 가장 중요한 도전, 곧 '정체성 프로젝트'(Touraine, 1995: 29~30; 카스텔, 2008: 27~28에서 재인용)였다고 여겨진다. 그렇다면 이때 '정체성'이란 과연 어떠한 것인가? 앞서 언급했듯 재일한인으로서, 오사카 한인으로서, 상공인으로서, 혹은 민단 간부로서 추진한 후원 사업은 그 자체로서 복수의 정체성이 몇 겹으로 겹치고 교차하며 때로는 길항하는 복합적인 기획(project)이었다. 하지만 그것은 무엇보다도 대한민국 국민이되 본국에 돌아가지 않고 '미래'에 영속적으로 '자이니치'할 존재로서의 정체성이라 할 수 있다.

　민단의 입장에서 만박 후원 및 영주권 신청 캠페인은 한일협정 이래 첫 대규모 행사였다. 이제 막 "대한민국 국민인 동시에 일본이라는 지역사회의 구성원이라는 깊은 자각"에 입각해 "한일 양국이 호혜평등의 원칙하에 상호 번영과 발전을 이룰 수 있도록 노력"(1966년 6월, 제4차 선언)해야 할 존재로서 스스로를 자리매김했음에도 불구하고(재일본대한민국거류민단, 1977: 90~91), 민단은 협정영주권 체제에 걸맞은 본국과의 관계나 조직으로서의 명확한 비전을 갖지 못한 상황이었다. 형식상 법적 지위가 정비되었다고는 해도 한일 양국을 위해 무엇을 어떻게 '노력'해야 할 것인지, '재일한국인', '영주권자'로서 어떤 미래를 지향할지에 대한 구체적인 전망을 결여하고 있었던 것이다. 이런 상황에서 박람회 후원 사업은 전환기 민단의 자기이해의 형성이라는 면에서 획기적인(epoch-making) 사건이었으리라 여겨진다.

　또한 이는 다름 아닌 '1세'의 정체성 변화라는 점에서 중요한 의미를 가진다. 그간 본국의 전쟁과 정치 혼란이 지속되는 가운데 '괄호'쳐 두었던 귀환 가능성을 명시적으로 기각하고 협정영주권과 함께 받아든 '해외동포'라는 지위가 실질적으로 과연 어떠한 삶의 방식을 뜻하는 것인지 불분명한 상황에서, 만박 후원에 적극적으로 나선 주역은 오늘날 '재일한국인 1세'라고 불리는 이들이다. 1960년대 말의 시점에서 이들은 일본에서 태어난 자식들의 교육·학업·취업 문제에 직면하고, 기존의 복고적·과거지향적인 향수나 친족애에 집착하는 한계를 점차 명확히 인식하면서 다음 세대의 안정적인 정주 환경을 확보하기 위한 실용적이고 현실적인 대책에 고심하고 있었다. 이른바 "감상적인 망향의 념(念)을 잘라내고 2세, 3세를 위해 비전을 가지고 대처해 나가야"(金府煥, 1977: 822) 할 '부모세대'로서 1970년대를 맞이하고 있었던 그들은 만박 후원에 적극 가담했고, 그러한 활동의 성공은 '귀국/북송'과는 다른 형태의 '조국 지향', 즉 일본에서 자식을 키우면서 조국과 고향의 경제발전을 원조하는 새로운 형태의 본국 관계의 현실성을 확인케하는 동시에, 그러한 미래를 담당하는 능동적인 역할에 대한 자각을 강화시켰다고 할 수 있다. 이러한 뜻에서 볼 때, 1970년의 만박은 '자이니치의 만박'이었다. 여기서 '자이니치'란 해방 후 1세들이 줄기차게 모색해 온 정주에 대한 비전이자 새로운 정체성의 지표로서, 그들이 만박이라는 창을 통해 내다보던 '미래', 즉 1970년대 이후 점차 일본 사회 속에서 점차 그들 자신을 일컫는 호칭으로 보통·명사화하기에 이르렀다.

1990년대 이후 재일한인에 대한 의식 조사는 인터뷰 등을 통해 종종 어떤 특정한 시기에 1세나 2·3세가 갖는 정체성의 단면을 포착하는 방식으로 이루어졌다. 또한 그러한 연구는 흔히 1세의 '귀환/본국 지향'과 2세 이후의 '재일/정주 지향'을 서로 상대적인 대립항으로 파악하는 경향을 보였다. 하지만 이상의 고찰을 통해 분명해지는 것은 협정영주권이 마련된 직후 한인 1세들이 만박 후원 활동을 통해 '정주'와 '본국 지향'을 조화롭게 결합시킬 방법을 적극적으로 탐색했다는 사실이다. 정체성이 특정한 시대적 배경 하에서 특정한 사건을 통해 배태되고 모색되며 교섭되는 가운데 변화를 거듭하는 것이라고 할 때, 1970년 오사카만박 후원 활동의 중요성은 당시 1세들이 이를 통해 '조국 지향 아니면 정주 지향'이라는 이분법적인 유형론으로 결코 재단할 수 없는 '자이니치의 공헌'이라는 새로운 주체성의 가능성을 시험하고 또 비약적으로 발전시켰다는 데 있다.

일본에 거주한다는 자기 인식, 곧 '자이니치'라는 정체성을 2세의 것으로 위치 짓는 통상적인 견해와 달리, 이 글은 1세들이 변화된 환경 속에서 '자이니치' 정체성을 모색했다는 측면에 주목하고 있다. 다시 말해 여기서 조명하는 1세들의 '자이니치' 정체성은 1970년대에 주로 2세들이 주도하면서 부상한 정주지향성과는 형성 배경을 달리한다. 거칠게 시기적으로 요약해 보자면, 1960년대 말~1970년대 초반, 산업화라는 본국 정부의 비전에 동조하고 이를 위해 공헌하며 일본에 영주할 후속 세대들을 키워낼 '1세'들의 '재일교포'로서의 정체성이 부상했고, 1972년 7·4 남북공동성명을 계기로 '자이니치'의 또 다른 패턴, 즉 기존의 조직 간 대립을 지양하고 '탈이데올로기'의 입장에서 일본에서의 생활 문제를 우선하되 남북통일의 비전을 새로운 희망으로 삼는 움직임이 나타났다. 2세들의 '자이니치' 정체성은 물론 그들 나름의 처지에 기반한 것이었지만 이와 같은 1세들의 새로운 움직임을 배후에 두고 움튼 것이었다. 이처럼 1세/2세의 세대 구분과 본국 지향/정주 지향이라는 정체성 유형은 서로 완벽하게 조응한다기보다는 오히려 1970년대 이후 복수의 '자이니치' 정체성이 공존·경합하는 가운데 '자이니치'의 실질이 중층화한 것이라고 할 수 있다. 이렇게 '자이니치' 개념 자체가 갖는 역사성을 파악할 때, 오사카만박은 2세들의 그것과 구분되는 1세들의 '자이니치' 의식의 성장을 읽을 수 있는 주요 사건이라는 의미를 갖는다.

6. 재일한인 모국공헌의 역사사회학을 위하여

이상의 논의가 시사하듯 재일한인들의 '공헌'은 결코 '고국을 향한 마음' 혹은 '애국'이라는 어구만으로 충분히 이해될 수 없다. 1970년 오사카만박을 통해 본격화한 대규모의 기부와 헌신적 노력은 재일한인 집단이 공유한 피식민과 피차별의 트라우마, 그리고 이를 넘어서기 위한 저항적 민족주의, 냉전적 반공주의와 국가주의, 개발주의가 서로 복잡하게 얽혀드는 가운데 스스로의 문화적 전통과 자기이해를 계승·발전·변화시키기 위한 나름의 고민과 실천 속에서 나타난 것이었다. 만박후원회의 사업은 지역 내의 신뢰와 협동이라는 사회적 자본의 축적이라는 측면을 가지는 한편, 다양한 타자들에게 결집된 역량을 현시하고 본국으로부터 인정받기 위한 분투였으며, 그와 동시에 1970년대라는 '새 시대'를 맞는 한일 양국의 미래상 속에 스스로의 모습을 그려보려는 자기정체성의 모색이었다.

그런데 오늘날 그들이 '모국공헌'을 교과서에 명기할 것을 요구하는 데서 알 수 있듯이, 만박 이래 50년 가까이 이른 지금에도 이러한 '공헌'의 역사, 그 기나긴 커뮤니케이션의 순환 고리는 아직도 닫히지 않은 채이다. 완벽하게 '대가'가 지불되거나 완벽하게 '인정'받는 대화적인 변증법의 사이클을 이루지 못한 채 다양한 효과들을 흩뿌리면서 역사의 결을 더 깊고 복잡하게 만드는 비대화적인 산종(散種; dissemination)으로서의 '공헌', 그 역사적 미완결성 속에서 '공헌'의 복합성과 역동성을 어떻게 하면 더욱 생산적으로 탐구할 수 있을 것인가. 이와 관련해 이 논문의 한계와 향후의 과제를 세 가지 측면에서 제시하고자 한다.

첫째로, '공헌'의 복합성을 더욱 면밀히 살피기 위해서는 여기에서 다루지 못한 다른 주체들 혹은 시선들의 문제를 고려할 필요가 있다. 만박 후원에 한정해 보더라도, 예컨대 민단 부인회를 통해 모금에 나섰던 여성들 혹은 모금의 실무에 동원된 일반 단원, 오사카나 도쿄 외 다른 지역 활동가들의 경우 등 성별이나 계급, 지역에 따라 '오사카 상공인'의 경우와 판이한 양상을 보이는 다양한 주체 위치가 존재했을 것이다. 더 나아가 1970년대 이후의 각종 '공헌'의 경우에는 세대 간의 차이, 직업과 계층, 구이민자(올드커머)와 신이민자(뉴커머) 등 재일한인 사회 내부의 분절이 더욱 중요하게 부상할 것으로 여겨진다. 다른 한편으로는 이 논문에서 주목한 한국 정부 이외에 재일한인들을 바라보고 평가하며 또 그들에게 유의미한 영향을 미칠 수 있었던 이들의 시선, 예컨대 총련, 한국의 일반 국민, 북한 당국, 혹은 일본 정부나 일본인들의 다층적인 시선이 '공헌'에 어떻게 투영되고, 그 동학에 어떻게 관여되고 있었는지의 문제를 더 미시적으로 살펴볼 필요가 있다. 특히 총련의 경우 민단보다 앞서 대규모의 본국 원조를 실시했던 바, 총련의 '공헌'과 민단의 '공헌' 사이의 유사성과 차이점 그리고 상호 영향 관계에 대한 질문이 대두될 수 있어 추가적 검토를 요한다.

둘째로, '공헌'이 갖는 역사성, 특히 1960년대 말에서 1970년대에 이르는 시기의 재일한인들의 '운동'과 정체성의 문화정치를 보다 심도 있게 이해하기 위해서는 개별적인 이벤트에 관한 분석을 넘어서는, 보다 거시적인 흐름에 대한 질문 역시 필요하리라 본다. 반복적으로 나타난 한인들의 '공헌'을 떠받치는 어떤 문화적 토대가 존재했다면, 그것은 이해타산이나 공동체적인 열정을 아우르며 '미래에 대한 상상'을 가능케 하는 어떠한 시대적인 에토스의 작동, 즉 1970년대 이후 한국과 일본, 재일한인 사회를 가로지르며 대중적 동원력을 발휘해 온 '미래 신앙' 이데올로기로서의 경제성장 혹은 개발주의(강상중·현무암 2012; 한석정 2016)가 가지는 강력한 효과와 그 역사적 부침과 함께 고찰되어야 할 것이다. 더 나아가 그러한 거대한 사회문화적 흐름 속에서 본국을 지원하고 민단 캠페인에 헌신한 이들의 감정 구조가 문맥 짓는 지난 50여 년의 흐름을 '재일한인 공헌의 전후사'로서 재구성하는 일 또한 가능할 것이다.

셋째로, '공헌'이 갖는 역동성은 한국 현대사 속에서 재일한인의 행위주체성이 어떠한 의미를 갖는가를 더 적극적으로 물음으로써 탐구될 수 있다. 앞에서 살펴보았듯 재일한인들은 단일한 의미론적 층위로는 환원 불가능한 풍부한 행위자성을 발휘하면서 만박을 나름의 입장에서 전유했다. 또한 그들의 관여가 빚어낸 다양한 효과와 영향 관계는 재외국민의 '기여'나 '역할'로 평면화될 수 없는 질적 풍부함을 가진다. 그것들은 그저 과거 속으로 퇴장하는 것이 아니라, 그 잠재력을 읽어내는 오늘날의 작업을 통해 비로소 한국사에 신선한 자극을 더하는 새로운 행위의 계열로서 '사후적으로' 발견될 수 있다. 예컨대 가족 초청 사업에서 정부를 상대로 보였던 민단의

그림 3-13 _ 1988 올림픽 재일한국인 후원위원회의 발족
현판 바로 왼쪽에 선 인물이 회장 이희건이다.

자료: 大阪韓国人商工会(1983: 424).

오사카만박 이후 재일한인들의 더욱 활발해진 한인들의 모국에 대한 공헌 활동에서
는 민단의 노하우 축적과 더불어 주요 인물군의 활약이라는 측면이 두드러진다. 예
컨대 만박후원회를 이끌었던 이희건은 재일한국인신용조합협회 회장으로서 1970년
대 본국투자 관련 창구 역할을 했고, 1988년에는 다시 서울올림픽후원회 회장으로
서 3년에 걸쳐 100억 엔(당시 525억 원 상당)에 달하는 모금 운동을 주도했다. 오사
카만박후원회에서 사무국장을 맡았던 박병헌은 재일한국투자협회 및 신한은행 출범
에 깊이 관여했고, 1985~1990년에 걸쳐 민단중앙단장을 역임하는 가운데 해외한민
족대표자회의(1987년)를 주재했으며, 이희건 후원회 회장과 다시 보조를 맞추어 서
울올림픽후원회를 이끌었다.

주체적인 모습은 '공헌'을 되돌아보는 오늘날의 우리에게 적지 않은 시사점
과 고민을 안겨준다.

2019년 현재, 일본에서는 2020년으로 예정된 도쿄올림픽에 이어 개최가
결정된 2025년 오사카 국제박람회 관련 논의가 한창 진행 중이다. 1969년,

만박을 앞둔 한인 상공인들은 "1964년 올림픽이 도쿄였다면 이번에는 오사카가 흥(興)할 차례"라는 세간의 기대를 공유하며, 또 다른 여러 가지 의도와 신념을 가지고 만박 후원 사업에 적극적으로 뛰어들었다. 하지만 오늘날의 상황은 여러 면에서 사뭇 다르다.

1970년의 만박 직후 한국 정부와 민단, 재일한인 재계의 협조 관계는 더욱 긴밀해졌고, 유효성이 증명된 '공헌의 원원 모델'은 이후 본국투자, 모금활동, 정부활동 후원 등으로 확대·재생산된 바 있다. 하지만 그러한 호혜적 관계는 이른바 '유신민단' 이래 정부의 예산 지원과 개입에 대한 일방적인 추종이라는 종속관계로 변질되었고, 그로부터 40년 이상 지난 오늘날의 민단은 변화된 현실에 대처하지 못하고 '정부의 하부기관'이 되었다는 비판(김태기, 2000) 앞에 놓여 있다. 한편, 한인 상공업자들은 기업 경영상 차별이 상당 부분 완화된 까닭에 굳이 민족계 금융기관을 고집하거나 민단계 경제인들의 연합회를 위해 '헌신'할 필요성을 크게 느끼지 못하게 되었다. 1960년대 중반 이후의 민단-경제인-한국 정부의 삼자 간 협조 관계가 "일본 사회의 다문화화 속에서 역설적으로 와해"되는 모습을 보이는 가운데(朴一, 2016), 기업과 정부 간의 협력은 오히려 청산해야 할 구시대적 '정경유착'의 유산으로 여겨지기도 한다. 그렇다면 이와 같은 현실을 염두에 두고 재일한인들의 '공헌'을 되돌아보는 일은 그들을 이른바 '민족의 영웅'으로 치켜세우기만 하는 작업일 수 없으며, 반대로 그들의 삶을 단순한 이해타산이나 외적 압력으로 환원시키는 일이어서도 안 될 것이다. '공헌'의 복합성, 역사성, 역동성을 비판적으로 묻고 또 깊이 있게 음미하는 작업은 아직까지 한일 두 사회 속에 강하게 작동하는 식민주의, 국가 건설, 개발과 성장이 남긴 유산의 양가성(ambivalence)과 대면하는 일이자 과거로부터 새로운 미래를 재발명(reinvent)하는 일이다. 우리는 이러한 커다란 과제 앞에 이제 막 섰을 뿐인지도 모른다.

연표

연도	월일	오사카한국인상공회	재일한인 사회와 본국 관계	한국 사회와 한일관계 및 공단 개발
1945년	8월 15일		재일한인들의 자발적 귀국 시작. 도쿄를 중심으로 재일조선인거류연맹(8월 22일), 재일조선인대책위원회(8월 22일), 재일조선학생동맹(9월 4일), 재일본조선인상공회(10월 11일) 등 각종 조직 결성	제2차 세계대전 종전, 해방
	9월 10일	재일본조선인연맹(조련) 오사카총본부 설립	일본 정부, '재일조선인 귀국 취급 요강' 발표	
	10월 11일		재일본조선인상공회 결성	
	10월 15일		재일조선인연맹(조련) 결성	
	11월		오사카, 고베, 도쿄, 나고야 등지에서 조선인상공회/조선인실업회 결성	
1946년	2월 26일		재일본조선인상공회연합본부 결성(도쿄)	
	10월 3일		재일본조선거류민단(민단) 결성	
1947년	1월 5일	민단오사카본부 결성		
1948년	1월 24일		일본 문부성, 조선인 학교 설립 불승인. 조선어 정규 과목 삭제를 내용으로 하는 지령 통달. 이후 한신(阪神) 교육투쟁 사건(4월 24일) 등 조련을 중심으로 한 교육투쟁 확대	
	8월 15일			대한민국정부 수립
	9월 9일			조선민주주의인민공화국 수립
	9월 18일		도쿄조선인상공회 결성(조선인상공회, 재일본경금속공업조합, 조선인간토상공회를 합병함)	
1949년	1월 20일			주일한국대표부 설치
	8월 1일			한국 정부, '재외국민등록령' 공포
			일본 정부, 92개 재일조선인 학교에 '학교폐쇄령' 발령	
	11월 1일		민단, 재외국민 등록 실시	
	9월 8일		GHQ, 조련에 해산 명령	
1950년	4월 17일	재일간사이실업회 설립		
	6월 25일			한국전쟁 발발

연도	월일	오사카한국인상공회	재일한인 사회와 본국 관계	한국 사회와 한일관계 및 공단 개발
	8월 8일		민단, 자원군 지도본부 설치, 두 차례(제1진은 8월 13일, 제2진은 9월 18일)에 걸쳐 재일 자원군 641명 출진(사망 52명, 행방불명 83명)	
	12월 24일		나가사키현에 오무라수용소(大村收容所) 개설	
1951년	1월 9일		재일조선통일민주전선(민전) 결성	
1952년	2월 15일			제1차 한일회담 개시(~4월 25일)
	4월 28일		재일한인의 일본 국적 상실과 지문 날인 조항을 내용으로 하는 '외국인 등록법' 공포·시행	미·일 샌프란시스코 강화조약 조인
	6월 20일		좌우 합작의 동화신용조합(同和信用組合) 업무 개시, 동화신용조합은 후에 조총련계의 조은도쿄(朝銀東京)가 됨	
1953년	1월 5일			이승만 대통령 일본 방문, 귀국 후 중소기업 육성자금으로 200만 달러 송금 용의 발표
	4월 15일			제2차 한일회담(~7월 23일)
	5월 12일	재일한국인상공회 창립, 하갑조(河甲祚) 회장(초대) 취임		
	6월 25일		오사카상은 발기인회, 7월 23일 창립총회	
	7월 12일	제1차 본국산업시찰단 파견		
	7월 23일			제2차 한일회담 무기 휴회
	7월 27일			한국전쟁 휴전
	10월 6일			제3차 한일회담 개시(~10월 21일)
	10월 10일			구보타(久保田) 발언, 10월 21일 회담 결렬, 일본과의 무역 금지
	11월 3일	대운무역주식회사(大運貿易株式会社) 설립 결의		
1954년	2월 3일		조국경제시찰단(민단) 제1진 일행 46명, 하네다(羽田)에서 출발	
	3월 5일		한성신용조합(도쿄상은의 전신) 개점	
	3월 26일	제2차 본국산업시찰단 파견		

연도	월일	오사카한국인상공회	재일한인 사회와 본국 관계	한국 사회와 한일관계 및 공단 개발
	3월 30일		제2차 경제시찰단 출발, 본국 정부 지령으로 연기	
	4월 8일	오사카한국상공인협동조합 창립총회		
	7월 3일	재일한국인상공회와 간사이한 국인실업회의 합병총회 개최, 정천의(鄭天義) 회장(2대) 취임		
1955년	4월 11일	제3차 본국시찰단 파견		
	4월 20일			
	5월 26일		재일조선인총연합회(조총련) 결성	
	5월 29일		오사카흥은 설립총회	
	6월 18일	서갑호(徐甲虎) 회장(3대) 취임		
	8월 17일			한국 정부, 당분간 재일한국인 의 고국 방문 금지 발표
				대일통상 전면 금지(1956년 1월 18일 해제)
	8월 29일		조은 오사카신용조합 창립	
1956년	1월 8일			한국정부, 대일교역 수속 세칙을 발표
	1월 14일	오사카무역업자간담회 개최		
	1월 21일		도쿄 소재 무역업자들, '재일한 국인무역회(在日韓国人貿易会)' 결성	
	2월 3일	무역부 결성		
	5월		• 이희건, 오사카흥은 제2대 이 사장 취임 • 오사카상은, 오사카흥은 등 5 개 민단계 신용조합, 재일한 국인신용조합협회(한신협) 결성	
	6월 16일		한신협 결성총회	
	8월 10일		• '재일한국인무역협회' 결성(도 쿄-오사카 간 업무 협력 단체) • 민단중앙본부, '재일동포생산 품수출입협동조합' 설립	
	9월 7일		'재일동포수출공업협동조합 간사이사무소' 설립총회	
	11월 7일	제4차 본국시찰단 파견		
	11월 10일	강용옥(康龍玉) 무역국장(상공 부) 오사카 방문, 좌담회 개최		

연도	월일	오사카한국인상공회	재일한인 사회와 본국 관계	한국 사회와 한일관계 및 공단 개발
1957년	6월 13일	정천의 회장(4대) 취임		
1958년	3월 14일	이원만(李源萬) 재일한교무역협회 회장, 귀국 보고회를 개최		
	4월 15일			제4차 한일회담 재개(~1960년 1월 19일)
	6월 20일		재일한국인경제인연합회(한경련) 결성	
	8월 17일		고마츠가와 여고생 살해 사건, 용의자 이진우 체포	
	12월 1일		서울 중앙상공장려관에서 '재일한교생산품본국전시회 개최(12월 1일~15일)	
1959년			• 민단, 정부에 대한 불승인 결의 • 재일한국인경제인연합회(한경련) 결성	
	2월 2일		민단, 북한송환반대투쟁위원회 결성	
	2월 13일			일본 정부, 교포 북송을 정식 결정
	2월 25일			
	6월 15일		재일조선인상공연합회, 총련 산하 단체로 가입 결의	한국 정부, 교포 북송 대항책으로 대일교역 중단 발표
	6월 20일		'재일한국인경제연합회(한경련)'의 결성 총회	
	10월 8일			쌀, 무연탄의 수출을 위해 대일통상 중단 조치 해제
	12월 14일		북송 개시, 1962년까지 약 7만 7000명 이주	
	12월 27일			일한경제협회(日韓経済協会) 발족
	12월 30일			한일회담 중단 합의
1960년	4월 19일			4·19 혁명
	6월 15일			제2공화국 성립
	10월 25일			제5차 한일회담 개최(~1961년 5월 15일)
	11월 14일	'재일한국인상공회'를 '오사카한국인상공회'로 개칭. 서갑호 회장(5대) 취임		
	12월 11일	대구상공회의소 동남아시아시찰단 일행 16명, 오사카 방문		

연도	월일	오사카한국인상공회	재일한인 사회와 본국 관계	한국 사회와 한일관계 및 공단 개발
1961년			재일동포 중소기업 육성자금 1차 배분	
	5월 16일		민단, 군사쿠데타 지지 성명(권일 단장 명의)	5·16 쿠데타
	5월 20일		도쿄한국인상공회 결성	
	6월 20일			
	6월 26일	군사혁명 정부의 전면적 지지 결의		
	7월			경제기획원 창설
	10월 20일			제6차 한일회담(~1964년 4월)
	11월 12일			박정희 의장, 방미 도중 일본에서 이케다 수상과 회담
	12월 20일		재일교포경제인 본국방문단 출발	
1962년	1월 29일			
	2월 22일		'재일한국인상공회연합회(한상련)' 결성대회 개최[도쿄 시바공원(芝公園)]	
	4월			한국종합제철주식회사 발족
	10월 31일		민단, 한국 농어촌 라디오 보내기 운동 개시	
	11월 29일			
1963년	5월 17일		도쿄 무사시고가네이역에서 조선고교 재학생 3명이 칼로 습격당하는 집단폭력 사건 발생. 이후 전국 각지에서 유사 사건이 잇달아 사회문제화	
	10월			• 국토건설종합계획법 제정 • (주)한국수출산업공단 설립
	11월 21일	유수현(柳洙鉉) 회장(6~14대) 취임		
	12월 15일		한상련이 한경련을 흡수	
	12월 17일			제3공화국 성립
	12월			울산 정유공장 준공
1964년	1월 23일			일한협력위원회[회장 기시 노부스케(岸信介)]가 도쿄에서 발족
	3월 21일	공화당 의원 일본시찰단 오사카 방문		

연도	월일	오사카한국인상공회	재일한인 사회와 본국 관계	한국 사회와 한일관계 및 공단 개발
	4월 7일		민단, 도쿄올림픽 재일한국인 후원회 결성(회장 이유천). 행사 기간(10월 10~24일) 동안 고국의 가족·친지 3489명을 초청	
	4월 10일	대한상공회의소의 국제견본시 조사단 오사카 방문		
	5월 19일	대전상공회의소 방일시찰단 오사카 방문		
	8월			서울 구로동에 한국수출산업공단 조성
	8월 21일	국회상공위원 일본경제시찰단 오사카 방문		
	8월 28일	부산상공인시찰단 오사카 방문		(주)한국수출산업공단을 사단법인으로 전환
	9월 14일			'수출산업공업단지 개발 조성법' 제정
	11월 16일	경제과학심의회 시찰단 오사카 방문		
	12월 3일			제7차 한일회담 개시
	12월 8일	'재일교포기업시찰단' 오사카 방문(한국수출산업공단 이사장을 단장으로 함)		
1965년	1월 30일	한국 국회재경위원 방일시찰단 오사카 방문		
	4월 15일			'수출산업공업단지 개발 조성법'에 의거하여 구로동이 수출산업공업단지로 지정
	4월 17일	제5회 본국시찰단 파견		
	6월 22일			한일기본조약 조인
	10월 16일	대한무역진흥공사(KOTRA)의 오사카사무소를 대상(大商)빌딩에 설치		
	12월 18일			한일조약 비준
1966년	1월 17일		재일한국인의 법적지위협정 발효, 영주권 신청 접수 개시	
	2월 18일			한일경제간담회(도쿄회관, 한국 측 61명, 일본 측 80명)
	2월 21일	'한국민간경제사절단' 52명 오사카 방문		
	4월 9~20일		오사카국제견본시에 한국관 설치	

연도	월일	오사카한국인상공회	재일한인 사회와 본국 관계	한국 사회와 한일관계 및 공단 개발
	4월 11일			제2정유공장 후보지 여수로 결정
	4월 20일	제3차 대한상공회의소 시찰단 오사카 방문		
	6월 29일			한일민간교역협의회(~7월 1일)
	10월 2일	본국 기자 환영회(중앙민단 초청)		
	11월 11일			마산임해공업단지 기공식
1967년	2월 20일	한국외환은행에 융자 원조를 요망		
	3월 11일	주식회사오사카한국인상공회관의 설립을 결의, 3월 30일 정식 발족		
	5월 28일	제2차 경제개발 5개년 계획 설명회, 조동필(趙東弼) 교수 강연		
	6월			종합제철공장 후보지를 포항으로 결정
1968년	2월			석유화학공업단지를 울산에 설립키로 결정
	2월 7일			250만 명 규모의 향토 예비군 창설
	2월 13일			제3회 한일합동경제회의
	2월 20일		김희로 사건으로 조선인 차별 사회문제화	
	3월 4일	주오사카총영사관 주최의 '긴키지구 한국인무역간담회' 개최		
	4월 8일	엄민영 대사, 본회 회의실에서 '주일공관장수출진흥회의'에 임석		
	4월 25~27일	• 한국물산전을 오사카상공회관에서 개최 • 제1회 한국무역박람회(구로동 제2수출산업공업단지를 회장으로 함)에 참관단 파견		
	12월			한국 정부, 일본만국박람회 참가 결정
1969년				간사이일한협회 주최의 경제인 간담회 개최
	1월 3일			구미공업단지 설립추진대회
	1월 12일			한일경제간담회을 발전적으로 해소하여 한일경제협력위원회를 발족

연도	월일	오사카한국인상공회	재일한인 사회와 본국 관계	한국 사회와 한일관계 및 공단 개발
	1월 28일			'전자공업 진흥법' 제정 및 공포
	7월 20일			한국도시바(주) 구미공장 착공
	8월 7~8일			한국 정부, 민단강화대책회의 개최
	8월			마산수출자유지역 지정
	9월 1일		민단, 영주권 신청 촉진 계몽운동 개시	
	6월 4일	제2회 무역수출진흥간담회가 오사카상공회 회의실에서 개최, 회원 45명 참가		
	8월 4일		재일한국인만박후원회 발족	
	10월 13일			마산수출자유지역설치 추진위원회 구성
1970년	1월 1일			수출자유지역 설치법 공포(법률 제2180호)
	2월 20일		박종석, 히타치제작소를 상대로 취업 차별 소송(1974년 6월 19일 승소)	
	3월 2일			한국도시바(주) 구미공장 가동
	3월 18일			한국포리에스텔(주) 구미공장 착공
	3월 14일~9월 13일		일본만국박람회(EXPO'70) 개최. 재일한국인만박후원회 가족·친지 초청 사업(9710명)	
	4월 3일			마산수출자유지역관리청 개청
	4월 22일			박정희 대통령, 새마을운동 최초 선언
	5월 10일	마산수출자유지역단지의 정문 도(鄭文道) 관리청장 방문, 간담회 개최		
	5월 18일			마산수출자유지역 제1공구 단지 조성(18만 평) 착공
	7월 2일		민단중앙, 영주권 신청 촉진을 위한 선전계몽반, 가두순회 선전반 파견	
	7월 7일			경부고속도로 개통
	8월 23일	'오사카한국인청년상공회의소' 창립총회(1971년 5월 2일, 한국JC 제2회 이사회에서 '오사카한국청년회의소'의 인준을 얻음)		

연도	월일	오사카한국인상공회	재일한인 사회와 본국 관계	한국 사회와 한일관계 및 공단 개발
	8월 24일			구미에 전자공업수출단지 조성 방침 결정
	9월 1일		상공인회 주도로 '오사카한국 인영주권취득추진위원회 결기 대회' 개최	
	10월 31일			국토개발 10개년 계획 확정
	11월 11일	오사카흥은, 창업 15주년 예금 고 220억 엔 돌파		
	11월 13일			전태일 분신자살
	12월 7일			4대강 종합개발계획 확정
1971년	2월 28일	한국건설협회 서울지부의 방 일시찰단 11명 오사카 방문		
	3월 18일			한국포리에스텔(주) 구미공장 준공
	4월 27일			제7대 대통령 선거, 공화당 박 정희 후보가 신민당 김대중 후 보에 신승
	7월 29일	유수현 회장, 급서		
	8월 17일	후임 회장으로 김용재(金容載) 회장(15대) 취임		
	8월 31일	정문도 마산수출자유지역관리 청장을 초대하여 '마산수출자 유지역 설명회'를 개최		
	9월 6일	'주오사카 대한민국총영사관 건 설기성회' 발회식		
	11월 3일			구미전자공업단지 제1공구 25 만 9000평 조성 착공
1972년	2월 3일	강택우(姜宅佑) 회장 취임(16~ 18대)	삿포로 동계올림픽(~2월 13일), 민단, 가족 초청 참관 사업(1987 명)	
	6월 2일	긴키지구상공회협의회 결성, 제1차 협의회 개최		
	6월 3일			구미전자공업단지 제1공구 25 만 9000평 조성 완료
	7월 4일		민단과 총련, 각각 '7·4 남북공 동성명' 지지 성명 발표	7·4 남북공동성명
	7월 6일			제1회 전국상공회회장회의 개 최(도쿄상은)
	8월 3일			8·3선언(국가 주도 기업구제책 발표)

연도	월일	오사카한국인상공회	재일한인 사회와 본국 관계	한국 사회와 한일관계 및 공단 개발
	10월 17일			10월 유신(계엄령 선포, 국회 해산, 비상국무회의 체제 수립)
	10월 22일	모국산업시찰단(77명) 파견		
	11월 14일		민단, 새마을운동 참관단 파견 (250명)	
	12월 30일			구미공단 일반단지 제1공구 71만 1000 평 완공
1973년	2월 2일			중화학공업추진위원회 발족 (대통령령 6675호)
	7월 16일		민단, 새마을자매결연단 결단 식(새마을 성금 4억여 원 기탁, 122개 새마을 부락과 자매결연)	
	8월 3일	긴키지구협의회, 제1회 본국 투자기업체간담회를 개최		
	8월 6일		'한상련 회장을 둘러싼 간담회'	
	8월 7일	오사카 상은, 창업 20주년 예 금고 300억 엔 돌파		
	8월 8일		김대중 납치사건	
	9월 19일			박정희 대통령, 창원기계공업 단지 건설 지시
	12월 24일			'공업단지 개발 육성법' 공표
1974년	2월 5일		재일한국인투자기업협회의 결 성 총회	
	3월 15일			박정희 대통령, 극비 방위 프 로젝트 '율곡사업' 승인
	7월 1일			본국 국회의원 재일동포실태조 사단 민단중앙본부 내방
	8월 15일		박정희 대통령 저격 사건의 범 인으로 문세광 체포	
	9월 15일	주오사카총영사관 완공(1972 년 11월 7일 기공), 건설자금을 긴키 일대에서 모금		
	12월 3일	한국공업단지관리청장의 일행 일본 방문, 오사카에서 본국투 자유치설명회를 개최		
	12월 26일		민단중앙, 새로운 민단(유신민 단) 운동 실시 방침 전국 통달	
1975년	4월 8일			긴급조치 제7호 선포
	4월 23일			베트남전쟁 종전 선언

연도	월일	오사카한국인상공회	재일한인 사회와 본국 관계	한국 사회와 한일관계 및 공단 개발
	4월 24	강병준(姜炳浚) 회장(19~23대) 취임		
	5월 13일			긴급조치 제9호 선포
	6월 2일	대한상공회의소 제4차 한국투자유치조사단 9명 방문		
	9월 13일		조총련계 재일교포 모국 방문 첫 입국	
	10월 5일	본국투자기업시찰단을 파견		
	11월 11일	오사카흥은 창업 20주년, 예금고 700억 엔 돌파		
	11월 15일	대한상공회의소 제5차 한국투자유치조사단 9명 방문		
1976년	6월 3일	대한상공회의소 제6차 한국투자유치조사단 9명, 일본상공회의소의 초대로 10일에 오사카 방문		
	6월 15일		오사카일한친선협회 결성	
	11월 20일	대한상공회의소 제7차 한국투자유치조사단 25명 방문		
	12월 2일			한국핵연료개발공단 시설 공식 공개
	12월 14일			대한상공회의소, 재일동포의 본국투자 촉진을 위해 '재일동포투자촉진협의기구'를 설치하여 창구를 일원화하도록 정부에 건의
1977년	7월 22일			재일한국인본국투자협회가 100퍼센트 출자한 단자회사 '제일투자금융주식회사' 인가, 8월 10일 사업 시작
	12월 17일			구마고속도로 개통
	12월 22일			수출 100억 달러 달성
1978년	2월 15일			구미시 승격
	5월 26일			여천석유화학공단 준공
	7월 20일			고리원자력발전 1호기 준공
	10월 4일			국토개발원 발족
1979년	6월 28일			OPEC 총회 평균 유가 59% 인상(제2차 오일쇼크)
	12월 26일		한국 정부, 재일한국인신용조합 육성자금 2000만 달러 지원	

연도	월일	오사카한국인상공회	재일한인 사회와 본국 관계	한국 사회와 한일관계 및 공단 개발
1980년	3월 20일	본국방문단 60명 방한		
	6월 13일	양희진(梁熙珤) 회장(24~25대) 취임		
	8월 2일			컬러TV 시판 개시
	12월 1일			컬러TV 방영 개시
1981년	7월 20일		교민은행 설립을 위한 발기인 대회 개최	
	8월 1일			해외여행 자유화
	9월 17일			세계 최대 규모 대우 옥포조선소 준공
	11월 19일			수출 200억 달러 돌파
1982년	1월 5일			야간통행 금지 해제
	7월 7일			신한은행 개업

자료: 강철 편저, 『재일코리안사 연표』, 정희선·황익구 옮김(서울: 선인, 2016); 金府煥, 『在日韓国人小史(大阪編)』, (大阪: 共同出版社, 1977) 등을 토대로 작성.

참고문헌

제1장 한국 진출을 위한 재일상공인의 조직적 활동

자료

국제고려학회일본지부『재일코리안사전』편찬위원회. 2012.『재일코리안사전』. 정희선·김인덕·
　　신유원 옮김. 서울: 선인.

공보처 통계국(公報處 統計局).『韓國統計年鑑』. 서울: 공보처통계국.

≪동아일보≫. 1958.12.07. "在日僑胞 生産體1育成時急".

재무부(財務部). 1993.『外資導入30年史』. 서울: 한국산업은행.

재일동포모국공적조사위원회. 2008.『母國을 향한 在日同胞의 100年 足跡』. 서울: 재외동포재단.

정희선. 1999.『湖山 姜桂重』. 서울: 남해안정보문화센터.

韓国貿易協会. 1957.『貿易年鑑 1956/57』. 東京: 韓国貿易協会.

大阪韓国人商工会. 1973.『商工会20年の歩み』. 岡山: 岡山県商工会連合会.

＿＿＿. 1985.『大阪韓国人商工会三十年史』. 大阪: 大阪韓国人商工会.

大阪興銀. 1987.『大阪興銀三十年史』. 大阪: 大阪興銀.

大阪商銀. 1973.『大阪商銀二十年史』. 大阪: 大阪興銀.

大阪韓国青年会議所. 1971.『大阪青年会議所認証伝達式記念誌』.

姜宅佑. 1972.『姜宅佑自伝』(개인출판물).

共同新聞社 編. 1989.『在日韓国人実業名鑑 一 関西版』. 大阪: 共同新聞社.

金府煥. 1977.『在日韓国人社会小史(大阪編)』. 大阪: 共同出版社.

高東元. 2010.「在日商工人 100年のエピソード パート 4 青雲遥なり~大和製缶·孫達元の志」.
　　在日韓国商工会議所 会報 ≪架け橋≫, 140号.

＿＿＿. 2011.「在日商工人 100年のエピソード パート 6 焼跡·闇市からの飛翔~李熙健と徐甲
　　虎」. 在日韓国商工会議所 会報 ≪架け橋≫, 142号.

在日韓国人会社名鑑編集委員会 編. 1997.『在日韓国人会社名鑑』. 東京: 在日韓国商工会議所
　　在日韓国人会社名鑑発刊実行委員会.

朴健市. 2002.「焼肉産業と在日同胞」.『韓商連四十年史』. 東京: 在日韓国商工会議所.

在日韓国人商工会連合会. 1982.『韓商連20年史』. 東京: 在日韓国人商工会連合会.

＿＿＿. 1992.『韓商連30年史』. 東京: 在日韓国人商工会連合会.

在日韓国商工会議所. 2002.『韓商連四十年史』. 東京: 在日韓国商工会議所.

在日韓国人信用組合協会. 1979.「韓信協参加信用組合에 対한 育成資金追加支援請願」.『국가

기록원소장 재일본한국인 在日信用協同協會(한신협) 지원문제, 1979~1980』(전2권)(V.1 1979), 관리번호 CA0330834).

在日韓国人本国投資協会. 2005. 『在日韓国人本国投資協会30年史』. 서울: 在日韓国人本国投資協会.

在日本朝鮮人連盟大阪本部. 1947. 『在大阪朝鮮人 各種事業者名簿録』. 大阪: 在日本朝鮮人連盟大阪本部.

朝鮮人強制連行調査団 編. 1993. 『朝鮮人強制連行調査の記録(大阪編)』. 東京: 柏書房.

統一日報社. 1976. 『1976年版在日韓国人企業名鑑』, 東京: 統一日報社.

東京韓国人商工会. 1991. 『東京韓商30年史』. 東京: 東京韓国人商工会

民団30年史編纂委員会 編. 1977. 『民団30年史』. 東京: 在日本大韓民国居留民団.

民団大阪30年史編纂委員会 編. 1980. 『民団大阪30年史』. 大阪: 在日本大韓民国居留民団大阪府地方本部.

民団五〇年史編纂委員会 編. 1997. 『民団五〇年史』. 東京: 在日本大韓民国民団

通商産業調査会. 1967. 『戦後日本の貿易20年史: 日本貿易の発展と変貌』. 東京: 通商産業調査会.

연구문헌

김승국. 2012. 「향사 박귀희의 한국음악사적 행적」. ≪한국 전통공연예술학≫, 창간호, 281~326쪽.

김인덕. 2014. 「박정희 정부의 경제개발과 구로공단: 해방 이후 재일동포의 국내 경제활동과 관련하여」. ≪崇實史學≫, 제32집, 137~164쪽

나가노 신이치로 편저. 2010. 『한국의 경제발전과 재일 한국 기업인』. 서울: 말글빛냄.

나가노 신이치로. 2010. 「한국의 경제발전에 대한 재일 한국 기업인들의 역할」, 나가노 신이치로 편저. 『한국의 경제발전과 재일 한국 기업인』. 서울: 말글빛냄 .

박미아. 2016. 「해방 직후 재일조선인과 암시장: 1945~1950년 암시장 가쓰기야(担ぎ屋)를 중심으로」. ≪한국근현대사연구≫, 제76집, 251~285쪽.

신재준. 2015. 「1963~65년, 박정희 정부의 교포재산반입제도 운용」. ≪한국문화≫, 69호, 245~276쪽.

양경희(梁京姫). 2010. 「금융 재정 면에서 재일 기업인들의 공헌」. 나가노 신이치로 편저. 『한국의 경제발전과 재일 한국 기업인』. 서울: 말글빛냄 .

이광규(李光奎). 1983. 『在日韓国人 ― 生活実態을 中心으로 ―』. 서울: 一潮閣.

이민호. 2015. 『신한은행을 설립한 자이니치리더: 벼랑 끝에서 일어선 재일교포 성공담』. 서울: 統一日報.

이상철. 2008. 「마산 수출자유지역의 초기 발전과정」. ≪경제발전연구≫, 제14권 제2호, 51~91쪽

_____. 2012. 「수출산업단지의 형성과 변모: 구로공단(1963년~1987년)」, ≪동향과 전망≫, 85호, 41쪽.

이정은. 2017. 「박정희 정권 시기 대자본의 외자도입과 금융기관 진출 연구(1960~1973년)」. 고려

대학교 대학원 박사학위논문.

정진성. 2005. 「1950년대의 한일경제관계」. 한일역사공동연구위원회제3분과 편. 『한일역사공동 연구보고서 제6권』. 서울: 한일역사공동연구위원회.

정호석. 2017. 「'자이니치(在日)'의 만박(万博): 1970년 일본만국박람회 당시 재일한국인만박후원 회의 활동」. ≪사회와 역사≫, 113권, 219~265쪽.

최영진. 2014. 「지리경제학적 관점에서 본 창원공단 설립전사」, ≪대한지리학회지≫, 제49권 제2 호, 178~199쪽.

홍국표(洪國杓). 1977. 「在日僑胞 本國投資誘致에 관한 研究」. 서울대학교행정대학원 석사논문.

李洙任. 2012. 『在日コリアンの経済活動』. 東京: 不二出版.

今井賢一・伊丹敬之・小池和男. 1982. 『内部組織の経済学』. 東京: 東洋経済新報社.

西成田豊. 1997. 『在日朝鮮人の「世界」と「帝国」国家』. 東京: 東京大学出版会.

李瑜煥. 1971. 『在日韓国人60万: 民団・朝総連の分裂史と動向』. 東京: 洋々社.

呉圭祥. 1992. 『在日朝鮮人企業活動形成史』. 東京: 雄山閣.

河明生. 1996. 「日本におけるマイノリティの企業者活動 ― 在日一世朝鮮人ン事例分析」. ≪経 営史学≫, 30巻 4号.

_____. 2003. 『マイノリティの企業化精神 ― 在日韓人事例研究 ―』. 東京: ITA.

金英達. 1988. 「在日朝鮮人の在留権 ―「在日の論理」と「国家の論理」―」. 吉岡増雄(ほか) 著. 『在日外国人の在住権入門』. 東京: 社会評論社.

高佑二. 2014. 『在日コリアンの戦後史 ― 神戸の闇市を駆け抜けた文東建の見果てぬ夢』. 東 京: 明石書店.

佐々木道雄. 2011. 『焼肉の誕生』, 東京: 雄山閣.

徐龍達. 2010. 「戦後における在日韓国人経済・経営の動向」. 水野慎一郎 編. 『韓国の経済発展 と在日韓国企業人の役割』. 東京: 岩波書店.

中川敬一郎. 1967. 「日本の工業化過程における『組織化された企業者活動』」. ≪経営史学≫, 第 2巻, 第3号.

永田正臣. 1967. 『明治期経済団体の研究 ― 日本資本主義の確立と商業会議所 ―』. 東京: 日 刊労働通信社.

永野慎一郎 編. 2010. 『韓国の経済発展と在日韓国企業人の役割』. 東京: 岩波書店.

岩佐和幸. 2005. 「戦前期大阪の都市形成と朝鮮人移民労働者」. 政治経済学・経済史学会, ≪歴 史と経済≫, 187号.

原山浩介. 2011. 『消費者の戦後史』. 東京: 日本経済評論社.

韓載香. 2010. 『「在日企業」の産業経済史 ― その社会的基盤とダイナミズム』. 愛知:名古屋大 学出版会.

朴在一. 1957. 『在日朝鮮人に関する綜合調査研究』. 東京: 新紀元社.

松本貴典. 2002. 「工業化過程における中間組織の役割」. 社会経済史学会 編. 『社会経済史学 の課題と展望: 社会経済史学会創立70周年記念』. 東京: 有斐閣.

宮本又郎. 1993.「戦前日本における財界団体の展開」. 猪木武徳・高木保興 編著.『アジアの経済発展 ― ASEAN・NIES・日本』. 東京: 同文館.

Powell, W. W. 1990. "Neither Market nor Hierarchy: Network Forms of Organizations." in B. M Staw and L. L. Cummings(eds.). *Research in Organizational Behavior: An Annual Series of Analytical Essays and Critical Review*, Vol.12, JAI Press.

웹사이트

黄七福. 2018.『黄七福自叙伝』. https://www.tongil-net.org/黄七福自叙伝%E3%80%80目次/ (검색일: 2019.9.6).

ウィキペディア. "第三国人". https://ja.wikipedia.org/wiki/%E7%AC%AC%E4%B8%89%E5%9B%BD%E4%BA%BA(검색일: 2019.9.6).

제1장 보론 오사카한국인상공회 사람들

자료

국제고려학회일본지부. 2012. 정희선・김인덕・신유원 옮김.『재일코리안사전』. 서울: 선인.

정희선. 1999.『湖山 姜桂重』. 서울: 남해안정보문화센터.

이남호. 1981.『在日僑胞 立志傳: 눈물의 關釜連絡線』. 서울: 삼보문화사.

大阪韓国人商工会. 1985.『大阪韓国人商工会三十年史』. 大阪: 大阪韓国人商工会.

大阪興銀. 1987.『大阪興銀三十年史』. 大阪: 大阪興銀.

大阪商銀. 1973.『大阪商銀二十年史』. 大阪: 大阪商銀.

姜宅佑. 1972.『姜宅佑自伝』(개인 출판물).

共同新聞社 編. 1989.『在日韓国人実業名鑑 ― 関西版』. 大阪: 共同新聞社.

金府煥. 1977.『在日韓国人社会小史(大阪編)』. 大阪: 共同出版社.

在日韓国人会社名鑑編集委員会 編. 1997.『在日韓国人会社名鑑』. 東京: 在日韓国商工会議所 在日韓国人会社名鑑発刊実行委員会.

在日韓国人商工会連合会. 1992.『韓商連30年史』. 東京: 在日韓国人商工会連合会.

在日本朝鮮人連盟大阪本部. 1947.『在大阪朝鮮人各種事業者名簿録』. 東京: 不二出版

朝鮮人強制連行調査団編. 1993.『朝鮮人強制連行調査の記録(大阪編)』. 東京: 柏書房.

統一日報社. 1976.『1976年版在日韓国人企業名鑑』. 서울: 統一日報社.

연구문헌

고광명. 2014. 「일본의 고무공업과 제일제주인 기업가」. 제주대학교 재일제주인센터편,『재일제주인과 마이너리티』. 제주: 제주대학교 재일제주인센터.

김승국. 2012. 「향사 박귀희의 한국음악사적 행적」. ≪한국전통공연예술학≫, 창간호(2012.9),

281~326쪽.

나가노 신이치로 편저. 2010. 『한국의 경제발전과 재일 한국 기업인』. 서울: 말글빛냄.

도노무라 마사루. 2010. 『재일조선인 사회의 역사학적 연구』, 신유원·김인덕 옮김. 서울: 논형.

박일. 2010. 「徐甲虎」. 나가노 신이치로 편저. 『한국의 경제발전과 재일 한국 기업인』. 서울: 말
　　글빛냄.

서용달. 2010. 「安在祐」. 나가노 신이치로 편저. 『한국의 경제발전과 재일 한국 기업인』. 서울:
　　말글빛냄.

박미아. 2016. 「해방 직후 재일조선인의 경제활동: 1945~1950년 암시장을 중심으로」. 서강대학
　　교대학원 사학과 박사학위논문.

양경희. 2010. 「李熙健」. 나가노 신이치로 편저, 『한국의 경제발전과 재일 한국 기업인』. 서울:
　　말글빛냄.

이민호. 2015. 『신한은행을 설립한 자이니치리더: 벼랑 끝에서 일어선 재일교포 성공담』, 서울:
　　統一日報.

정진성. 2017. 「1940년의 재일조선인 취업구조: 국세조사통계원표의 분석을 중심으로」. ≪사회
　　와 역사≫, 제113집, 83~126쪽.

최영진. 2014. 「지리경제학적 관점에서 본 창원공단 설립전사」. ≪대한지리학회지≫, 제49권 제2호.

河明生. 1996. 「日本におけるマイノリティの企業者活動－在日一世朝鮮人ン事例分析」. ≪経
　　営史学≫, 30巻 4号.

高東元. 2010. 「在日商工人 100年のエピソード パート 4 青雲遥なり~大和製缶·孫達元の志」
　　在日韓国商工会議所 会報 ≪架け橋≫, 140号(2010.9).

高東元. 2011. 「在日商工人 100年のエピソード パート 6 焼跡·闇市からの飛翔~李熙健と徐甲
　　虎」. 在日韓国商工会議所 会報 ≪架け橋≫, 142号(2011.1).

朴一. 2017. 『オレたちのカネは, オレたちが守る!』. 東京: 講談社.

朴健市. 2002. 「焼肉産業と在日同胞」. 在日韓国商工会議所 編. 『韓商連四十年史』. 東京: 在
　　日韓国人商工会連合会.

朴在一. 1957. 『在日朝鮮人に関する綜合調査研究』. 東京: 新紀元社.

原山浩介. 2011. 『消費者の戦後史』. 東京: 日本経済評論社.

韓載香. 2010. 『在日企業」の産業経済史 － その社会的基盤とダイナミズム －』. 愛知: 名古屋
　　大学出版会.

李洙任編著. 2012. 『在日コリアンの経済活動 － 移住労働者, 起業家の過去·現在·未来』. 東
　　京: 不二出版.

黄七福. 2018. 『黄七福自叙伝』. https://www.tongil-net.org/黄七福自叙伝%E3%80%80目次/
　　(검색일: 2019.9.6).

제2장 1960년대 재일상공인 모국투자와 공업단지 형성

단행본 및 1차 자료

강상중·현무암. 2012.『기시 노부스케와 박정희: 다카키 마사오, 박정희에게 만주국이란 무엇이 었는가』. 이목 옮김. 서울: 책과함께.

≪경향신문≫. 1962.3.31. "蔚山공업센터 준비 豫定보다 快速調".

_____. 1962.4.13. "경제레뷰: 기계공업 '붐'", 2면.

_____. 1962.6.9. "각종 공장건설 세부계획 설명. 손달원 씨 最高議서".

_____. 1962.7.10. "在日僑胞現況".

_____. 1964.11.10. "재일교포 재산반입 정부측의 설명청취 공화당 黨務議서", 2면.

_____. 1964.2.24. "수출산업 공업개발 추진. 교포재산으로, 九老洞·富平에".

_____. 1964.7.9 "재일교포 57만여 명 98.8%가 남한 출신", 3면.

_____. 1966.11.11. "마산 임해공단 기공".

_____. 1968.8.20. "마산 임해공단 매립공사 중단".

구미공단20년사편찬위원회. 1991.『龜尾工團二十年史』. 대구: 구미수출산업공단.

국가기록원. 1967a. "구로동 입주기업체현황 및 문제점". http://theme.archives.go.kr/viewer/common/archWebViewer.do?singleData=Y&archiveEventId=0000002096#7(검색일: 2019.10.15).

_____. 1967b. "구로동 수출산업공업단지 준공식 참석자들 모습". http://theme.archives.go.kr/viewer/common/archWebViewer.do?singleData=Y&archiveEventId=0049285688(검색일: 2019.10.15).

_____. 1967c. "마산임해공업단지 매립공사 조감도". http://theme.archives.go.kr/viewer/common/archWebViewer.do?bsid=200200073399&dsid=000000000004&gubun=search(검색일: 2019.10.15).

_____. 1968. "제1회 무역박람회 개막식 1". http://theme.archives.go.kr/viewer/common/archWebViewer.do?singleData=Y&archiveEventId=0049285821(검색일: 2019.10.15).

_____. 1974. "구미공업단지 도시계획". http://theme.archives.go.kr/viewer/common/archWebViewer.do?bsid=200301547831&dsid=000000000008&gubun=search(검색일: 2019.10.15).

_____. 1971. "한국폴리에스테르 구미공장 준공식 참석자들 모습". http://theme.archives.go.kr/viewer/common/archWebViewer.do?singleData=Y&archiveEventId=0049320598(검색일: 2019.10.15).

국토개발연구원. 1996.『국토50년: 21세기를 향한 회고와 전망』. 서울: 서울프레스.

기미야 다다시(木宮正史). 2008.『박정희 정부의 선택: 1960년대 수출지향형 공업화와 냉전체제』, 서울: 후마니타스.

김헌규. 2012.『공업도시 50년 '촌락'에서 '산업수도'로』. 울산발전연구원 부설 울산학연구센터 엮음. ≪울산학연구논총≫, 제7호.

김형아. 2005. 『박정희의 양날의 선택』. 신명주 옮김. 서울: 일조각.

나가노 신이치로(長野愼一郎) 엮음. 2010. 『한국의 경제발전과 재일한국기업인』. 서울: 말글빛냄.

_____. 2009. 『상호의존의 한일경제관계』. 서울: 이른아침.

≪동아일보≫. 1960.12.11. "在日僑胞들은 國內投資를 바란다".

_____. 1962.4.6. "蔚山 공장위치변경설로 당황".

_____. 1962.7.11. "경제인협회에 교포 첫 가입".

_____. 1968.2.12. "기초공업의 소유와 운영의 주도권을 정체불투명한 일본계 자본에 넘겨주는 이유를 이해하기 힘들다".

_____. 1968.5.3. "종합기계공장건설 3600만 불 재원계획 변경 1000만 불은 대일차관으로".

≪매일경제신문≫. 1968.1.1. "국토개발이 가져올 70년의 한국."

_____. 1968.9.10. "繁榮에의 '메뉴'", 2면.

_____. 1968.5.15. "종합기계공장 건설 정부서 보류방침".

_____. 1968.9.14. "工作機械工場 건설 건의 年産 2600대 목표. 美 커니社 외국과의 技協 등 체결도".

_____. 1970.6.27. "고도화될 산업구조 중공업개발종합계획. 防衛産業과 연관".

_____. 1967.11.15. "종합기계공장 기존 방침대로", 1면.

박기주·이상철·김성남·박이택·배석만·정진성·김세중. 2014. 『한국 중화학공업화와 사회의 변화』. 서울: 대한민국역사박물관.

박목월. 1974. 「구미공단」.

박배균·김동완 엮음. 2013. 『국가와 지역: 다중스케일적 관점에서 본 한국의 지역』. 서울: 알트.

박배균·장세훈·김동완 엮음. 2014. 『산업경관의 탄생』. 서울: 알트.

박영구. 2015. 『한국의 중화학공업화 공업별 연구: 제1차 금속공업/기계공업』. 서울: 해남.

서울특별시 구로구. 1997. 『九老區誌』. 서울: 구로구.

오원철. 2006. 『박정희는 어떻게 경제강국 만들었나』. 서울: 동서문화사.

이병천 엮음. 2003. 『개발독재와 박정희 시대』. 서울: 창비.

이원만. 1977. 『나의 政經五十年』. 서울: 코오롱20년사편찬위원회.

이헌창. 2016. 『한국경제통사(제7판)』. 서울: 해남.

재일동포모국공적조사위원회. 2008. 『모국을 향한 재일동포의 100년 족적』. 서울: 재외동포재단.

전국경제인연합회40년사편찬위원회. 2001. 『全經聯四十年史 上卷』. 서울: 전국경제인연합회.

조석곤 엮음. 2005. 『1950~1960년대 한국형 발전모델의 원형과 그 변용과정』. 서울: 한울.

통상산업부 마산수출자유지역관리소. 1997. 『馬山輸出自由地域 二十五年史』. 경남: 마산수출자유지역관리소.

허정도. 2005. 『전통도시의 식민지적 근대화: 일제강점기의 마산』. 서울: 신서원.

安倍誠·金都亨 編. 2015. 『日韓関係史 1965-2015 II 経済』. 東京: 東京大学出版会.

在日韓国人商工会連合会. 1982. 『韓商連20年史 1961~1982年』. 東京: 在日韓国人商工会連合会.

논문 및 2차 자료

김인덕. 2014. 「박정희 정부의 경제개발과 구로공단: 해방 이후 재일동포의 국내 경제활동과 관련하여」. ≪숭실사학≫, 32집, 137~164쪽.

권혁태. 2007. 「'재일조선인'과 한국사회: 한국사회는 재일조선인을 어떻게 '표상'해왔는가」. ≪역사비평≫, 78호, 234~267쪽.

류상영. 2003. 「한국의 경제개발과 1960년대 한일 경제관계: 민간 경제외교를 중심으로」. ≪한국정치외교사논총≫, 24권 2호, 291~318쪽.

박배균·최영진. 2014. 「마산수출자유지역의 형성을 둘러싼 국가-지방 관계에 대한 연구」. ≪대한지리학회지≫, 49권 2호, 113~138쪽.

손정원. 2006. 「개발국가의 공간적 차원에 관한 연구: 1970년대 한국의 경험을 사례로」. ≪공간과 사회≫, 25권, 41~79쪽.

왕혜숙·김준수. 2015. 「한국의 발전국가와 정체성의 정치: 박정희 시기 재일교포 기업인들의 민족주의 담론과 인정투쟁」. ≪경제와 사회≫, 107호, 244~286.

이상철. 2008. 「마산 수출자유지역의 초기 발전 과정」. ≪경제발전연구≫, 14권 2호, 51~90쪽.

이상철. 2012. 「수출산업단지의 형성과 변모: 구로공단(1963년~1987년)」. ≪동향과 전망≫, 85호, 223~263쪽.

장세훈. 2014. 「구로 수출산업공단 조성의 재해석」. ≪대한지리학회지≫, 49권 2호, 160~177쪽.

최영진. 2014. 「지리정치경제학적 관점에서 본 창원공단 설립 전사(前史)」. ≪대한지리학회지≫, 49권 2호, 178~199쪽.

최영진. 2015. 「한국 중화학공업화의 지리-정치경제학적 연구: 현대조선과 창원공단을 사례로」. 서울대학교 박사학위논문.

황진태·박배균. 2014. 「구미공단 형성의 다중스케일적 과정에 대한 연구: 1969-73년 구미공단 제1단지 조성과정을 사례로」. ≪한국경제지리학회≫, 17권 1호, 1~27쪽.

제3장 '자이니치'의 만박

단행본 및 1차 자료

강상중·현무암. 2012. 『기시 노부스케와 박정희: 다카키 마사오, 박정희에게 만주국이란 무엇이었는가』. 서울: 책과함께.

김남성. 2009. "民團 60년 비화: 洪性仁 前 오사카 民團 단장이 말하는 在日 民團의 60년 本國 짝사랑 : 대한민국은 60여 년 敵陣에서 외롭게 싸운 야전부대를 벌써 잊었는가?", ≪월간조선≫, 30(3). 180~197쪽.

≪경향신문≫. 1971.4.20. "李禧元民團長 등 1백12명에 훈장", 1면.

_____. 1971.4.20. "기자석", 2면.

_____. 1976.7.1. "朴대통령, 在日信用조합 幹部 30명 접견", 1면.

_____. 1976.10.29. "國會 각常委 質疑「年金銀行」설치용의는", 1면.

고광명. 2013. 『재일 제주인의 삶과 기업가활동』. 서울: 보고사.

나가노 신이치로 편저. 2010. 『한국의 경제발전과 재일한국기업인』. 서울: 말글빛냄.

다얀(Daniel Dayan)·캐츠(Elihu Katz). 2011. 『미디어 이벤트: 역사를 생중계하다』. 곽현자 옮김. 파주: 한울.

대한무역진흥공사. 1971. 『EXPO '70일본만국박람회 한국참가 종합보고서』. 서울: 대한무역진흥공사.

≪동아일보≫. 1964.6.18. "아시아"의 첫 祭典 虛空에 뜬 東京行의 "꿈"?", 3면.

_____. 1964.10.29. "東京올림픽 特派員手帖(2) 僑胞가 모은 돈 一億圓", 8면.

_____. 1964.10.30. "東京올림픽 特派員手帖(3) 玄海灘건너간 韓國人觀覽客", 4면.

_____. 1964.12.11. "朝聯系 千4百49名 轉向", 3면.

_____. 1979.5.16. "朴大統領, 民團간부接見 有功者표창", 1면.

린, 난(Nan Lin). 2001. 『사회자본: 사회자본 이론의 배경과 발전 과정, 연구 의제 총정리』. 김동윤·오소현 공역. 서울: 커뮤니케이션북스.

≪매일경제신문≫. 1969.4.28. "万国博資金計劃總括表", 2면.

_____. 1970.8.12. "万博유공교포표창 97명13일 來韓", 3면.

_____. 1972.7.15. "故柳洙鉉씨에 勳章추서키로", 1면.

요시미 순야(吉見俊哉). 2004. 『박람회: 근대의 시선』. 이태문 옮김. 서울: 논형.

이민호. 2014. 『민단은 대한민국과 하나이다: 재일동포 모국공헌의 발자취』. 서울: 재일본대한민국민단중앙본부.

_____. 2015. 『자이니치 리더: 벼랑 끝에서 일어선 재일교포 성공담』, 서울: 統一日報.

이희건. 1970.1.5. "만박으로 국위선양". ≪韓國新聞≫, 3면.

재일본대한민국민단. 2016. 『재일본대한민국민단 창단 70주년기념식전 공식팜플렛』.

재일동포모국공적조사위원회. 2008. 『재일동포의 100년 족적』. 서울: 재외동포재단.

카스텔, 마누엘(Manuel Castells). 2008. 『정체성권력(The Power of Identity)』. 정병순 옮김. 파주: 한울.

한석정. 2016. 『만주모던: 60년대 한국 개발 체제의 기원』. 서울: 문학과지성사.

姜宅佑. 1992. 『姜宅佑自伝』(개인출판물).

金府煥. 1977. 『在日韓国人小史』. 大阪: 共同出版社.

≪民団東京≫. 1970.5.6. "韓国フェアーひらく", 1면.

民団神奈川60年史編纂委員会. 2006. 『民団神奈川 60 年史』. 横浜: 在日本大韓民国民団神奈川県地方本部.

民団東京50年史編纂委員会. 1998. 『民団東京 50 年史』. 東京: 在日本大韓民国民団東京地方本部.

大阪韓国人商工会. 1973. 『大阪韓国人商工会20年の歩み』. 大阪: 大阪韓国人商工会.

_____. 1983. 『大阪韓國人商工會三十年史』. 大阪: 大阪韓国人商工会.

_____. 1985.『大阪韓国人商工会30年史』. 大阪: 大阪韓国人商工会.

_____. 1988.『写真で見る 35年史』. 大阪: 大阪韓国人商工会.

大阪興銀. 1987.『大阪興銀三十年史』. 大阪: 大阪興銀.

朴炳憲. 2011.『私の歩んだ道』, 東京: 新幹社.

在日韓国人万博後援会・在日大韓民国居留民団. 1970.『在日韓国人万博後援会記念手帳』.

河明生. 2003.『マイノリティの起業家精神 ― 在日韓人事例研究』. 大阪: 株式会社 ITA.

韓載香. 2010.『「在日起業」の産業経済史』. 愛知: 名古屋大学出版部.

≪韓橋通信≫. 1970.1.5."万博事業積極追進", 3면.

_____. 1970.3.25."人類の進歩と調和 万国博の幕ひらく", 4면.

≪韓國新聞≫. 1969.7.5."万博参観団招請事業の全容", 3면.

_____. 1969.10.25."ゆたかな くらしは 永住権から", 3면.

_____. 1969.11.5."万博招請は民団だけ", 1면.

_____. 1969.12.5."永住権取得し安定生活築こう", 3면.

_____. 1969.12.5."万博に備えて改築", 3면.

_____. 1970.1.5,"祖国近代化への道", 1면.

_____. 1970.1.5."永住権取得完了の年", 2면.

_____. 1970.1.5."極東繁栄のために","発展する韓日関係","万博で国威宣揚", 3면.

_____. 1970.1.5."肉親, 旧友と交わる万博", 1면.

_____. 1970.3.21."第16回定期中央委員会開催", 1면.

_____. 1970.5.23."5.18 ナショナルデー, 韓国一色万博会場", 1면.

_____. 1970.7.25."万博赤ちゃん誕生", 3면.

_____. 1970.9.12."万国博韓国館 遂に六百万人突破", 3면.

_____. 1970.10.24."中央会館建立, 軌道に", 3면.

湖山姜桂重刊行発起人會. 1979.『湖山 姜桂重』(개인출판물).

吉見俊哉. 2011.『万博と戦後日本』(講談社学術文庫). 東京: 講談社.

Chang, Briankle G. 1996. *Deconstructing Communication: Representation, Subject, and Economies of Exchange*. Minneapolis: University of Minnesota Press.

Derrida, Jacques. 1992. *Given Time: I. Counterfeit Money*. Chicago: University of Chicago Press.

Hénaff, Marcel. 2010. *The Price of Truth: Gift, Money and Philosophy(Le prix de la vérité)*. translated by Jean-Louis Morhange. Stanford: Stanford University Press.

Krä mer Sybille. 2015. *Medium, Messenger, Transmission: An Approach to Media Philosophy*. Amsterdam: Amsterdam University Press.

Peters, John D. 1999. *Speaking Into the Air. A History of the Idea of Communication*, Chicago: The University of Chicago Press.

Shipper, Apichai. W. 2008. *Fighting for foreigners: Immigration and its impact on Japanese democracy*. Ithaca, NY: Cornell University Press.

논문 및 2차 자료

강태웅. 2008. 「오사카세계박람회와 '오사카'」. 전남대학교 여수엑스포지원특성화사업단 편저, 『세계박람회와 지역문화』. 광주: 심미안.

김인덕. 2013. 「최근 주거·집거지역의 특성과 사회·경제적 상황 – 시론: 역사적으로 보는 이쿠노(生野)지역 재일코리안 연구」. 청암대학교 재일코리안연구소 편, 『재일코리안 디아스포라의 형성: 이주와 정주를 중심으로』. 서울: 선인, 327~357쪽.

김태기. 2000. 「한국정부와 민단의 협력과 갈등관계」. ≪아시아태평양지역연구≫, 3권 1호, 60~97쪽.

브르디외, 삐에르[부르디외, 피에르(Pierre Bourdieu)]. 2003. 「자본의 형태」. 『사회자본 이론과 쟁점』. 유석춘·장미혜·정병은·배영 공편역. 서울: 그린.

신정훈. 2015. 「1970년 오사카 만국박람회 한국관:'공업입국'의 기대와 현실 사이에서」. ≪현대미술사연구≫, 38호, 113~137쪽.

윤충로. 2014. 「새마을지도자 '만들기'와 '되기' 사이에서: 구술을 통해 본 1970년대 새마을운동」. 오유석 엮음. 『박정희 시대의 새마을 운동: 근대화, 전통 그리고 주체』. 파주: 한울, 201~242쪽.

이현정. 2014. 「1970년대 새마을 운동에서 마을공동체의 역동성 비교 연구」. 오유석 엮음. 『박정희 시대의 새마을 운동』. 파주: 한울, 149~200쪽.

이현진. 2010. 「박정희 정부 초기 대일경제협력정책의 추진과정」, 『한국근현대정치와 일본 II』, 서울: 선인.

퍼트남, 로버트[퍼트넘, 로버트(Robert Putnam)]. 2003. 「번영하는 공동체: 사회자본과 공공생활」. 『사회자본 이론과 쟁점』. 유석춘·장미혜·정병은·배영 공편역, 서울: 그린, 125~140쪽.

韓載香. 1997. 「民族金融期間の全国展開」(MMRC Disscussion Paper No.175). 東京: 東京大学COEものづくり経営研究センター.

朴一. 2016. 「在日韓国人の日韓における経済活動とその役割」. 木宮正史外 編, 『日韓関係史 1965-2015 経済』. 東京: 東京大学出版会.

梁京姫. 2009. 「在日韓国人企業家が韓国の金融業界に及ぼした影響 新韓銀行を中心に」. ≪現代韓国挑戦研究≫, 第9号, pp.16~30.

在日本大韓民国民団愛知県地方本部. 『民団愛知県本部60年の歩み』. http://www.mindan.org/www/aichi/front/info5.php(검색일 : 2019.9.16).

Adler, Paul. S. and Seok Woo Kwon. 2000. "Social Capital: the Good, the Bad, and the Ugly." Eric L. Lesser(ed.). *Knowledge and Social Capital: Foundation and Application*, Boston: Burtworth Heinemann, pp.89~115.

Anderson, Benedict. 1994. "Exodus." *Critical Inquiry*, Vol. 20, No. 2(Winter, 1994), pp.314~327.

Shipper, Apichai. W. 2010. "Nationalisms of and Against Zainichi Koreans in Japan." *Asian Politics & Policy*, Vol.2, No.1(January/March 2010), pp.55~75.

Touraine, Alain. 1995. "La formation du sujet." in François Dubet and Michel Wieviorka(eds.). *Penser le sujet*. Paris: Fayard, pp.21~45.

Uphoff, Norman. 2000. "Understanding Social Capital: Learning from the Analysis and Experience of Participation." in P. Dasgupta and I. Serageldin(eds.). *Social Capital: A Multifaceted Perspective*. Washington D.C.; World Bank.

찾아보기

지은이(수록순)

정진성

한국방송통신대학교 교수. 서울대 경제학과, 서울대대학원 경제학과를 졸업하고 일본 쓰쿠바대학교에서 문학박사학위를 취득했다. 주요 논문으로는 「重要産業統制法下における石炭独占組織の市場統制政策」(≪社会経済史学≫, 59巻 4号, 1993), 「高度経済成長期の石炭産業調整政策: 生産維持と雇用調整を中心に」(≪社会経済史学≫, 72巻 2号, 2006), 「재벌비판을 통해 본 일본의 반기업 정서」(≪日本研究論叢≫, 제27호, 2008) 등이 있으며, 역서로는 『일본경영사』(한울, 2001)가 있다.

김백영

1970년 부산에서 태어나 서울대학교 사회학과를 졸업하고 같은 과 대학원에서 박사학위를 받았다. 일본 교토대학 방문연구원, 도시사학회 편집위원장, 미국 UC 샌디에이고 방문학자, 한국사회사학회 부회장 등을 역임했으며, 현재 광운대학교 인제니움학부대학 교수로 재직 중이다. 대표 저서 『지배와 공간: 식민지도시 경성과 제국 일본』(2009) 이외에 「4·19와 5·16의 공간사회학」, 「철도제국주의와 관광식민주의」, 「강남 개발과 올림픽 효과」, "Korean Studies between the Social Sciences and Historical Studies" 등의 논문과 『경계의 섬, 오키나와』, 『고도의 근대』, 『사회사/역사사회학』, 『서울사회학』 등의 공저가 있다.

정호석

일본 세이가쿠인대학(聖学院大学) 정치경제학부 준교수이다. 서울대학교 국제대학원에서 일본 국적법에 관한 논문으로 석사학위를, 일본 도쿄대학 대학원 정보학환·학제정보학부(情報学環·学際情報学府)에서 '김희로 사건'에 대한 논문으로 사회정보학 박사학위를 받았다. 사회운동, 커뮤니케이션에 대한 이론적 관심에 바탕하여 재일한인의 다양한 실천을 통해 일본 전후사를 재해석하는 데 관심을 기울이고 있다. 일본어 논문으로 「貧者の想像: アントニオ・ネグリにおける '想像'をめぐって」(2009), 「終わらない '金の戦争': 近年における '金嬉老事件'の文化的専有をめぐって」(2012), 「空間の変形と変身の時間: デヴィッド・ハーヴェイとアントニオ・ネグリにおける社会変革と想像」(2015)이 있으며, 주요 한국어 논고로 「'자이니치(在日)'의 만박(万博): 1970년 일본만국박람회 당시 재일한국인만박후원회의 활동」(2017)이 있다. 옮긴 책으로는 『불안형 내셔널리즘의 시대』(2007)가 있다.

각 권 차례

전체 저자 소개(가나다순)

권숙인

서울대학교 인류학과 교수이다. 서울대학교 인류학과를 졸업하고 스탠퍼드대학교에서 인류학 박사학위를 받았다. UC 샌디에이고 방문학자, 하버드-옌칭 연구소 초빙학자, 한국문화인류학회 부회장, 《일본비평》 편집위원장 등을 역임하였다. 주변부 집단의 정체성, 이주와 이산, 여성과 이주, 식민지 조선의 일본인, 재일한인 등의 주제에 관심을 갖고 연구하고 있다.

김백영

광운대학교 인제니움학부대학 교수이다. 서울대학교 사회학과를 졸업하고 같은 과 대학원에서 박사학위를 받았다. 일본 교토대학 방문연구원, 도시사학회 편집위원장, 미국 UC 샌디에이고 방문학자, 한국사회사학회 부회장 등을 역임했다. 도시 및 지역 연구의 관점에서 근현대 한국과 일본의 사회변동에 관심을 갖고 연구하고 있다.

김인수

건국대학교 아시아콘텐츠연구소 학술연구교수이다. 서울대학교 사회학과에서 학사, 석사, 박사를 마쳤다. 박사학위논문은 「일제하 조선의 농정 입법과 통계에 대한 지식국가론적 해석」(2013)이다. 최근에는 한국/동아시아의 사회 조사의 역사를 매개로 하여 사회과학의 역사를 서술하는 일에 주력하고 있다.

정진성

한국방송통신대학교 일본학과 교수이다. 서울대학교 경제학과, 서울대학교대학원 경제학과를 졸업하고 일본 쓰쿠바대학교에서 문학박사학위를 취득했다. 도쿄대학 경제학부 방문학자, 스탠퍼드대학교 동아시아연구센터(CEAS) 방문학자, 경제사학회 회장, 《일본비평》 편집장을 역임했다. 일본의 재벌사, 석탄산업사 등의 주제에 관심을 가지고 연구하고 있다.

정호석

일본 세이가쿠인대학 정치경제학부 준교수이다. 서울대학교 국제대학원에서 일본 국적법에 관한 논문으로 석사학위를, 일본 도쿄대학 대학원 정보학환·학제정보학부에서 '김희로 사건'에 대한 논문으로 사회정보학 박사학위를 받았다. 사회운동, 커뮤니케이션에 대한 이론적 관심에 바탕하여 재일한인의 다양한 실천을 통해 일본 전후사를 재해석하는 데 관심을 기울이고 있다.

한영혜

서울대학교 일본연구소 객원연구원이다. 서울대학교 사회학과에서 석사를 마쳤고, 일본 쓰쿠바대학 사회과학연구과에서 '일본의 사회의식론'에 관한 논문으로 박사학위를 받았다. 서울대학교 국제대학원 교수, 도쿄대학·교토대학 객원교수, 스탠퍼드대학교 방문교수, 한국사회사학회 회장, 서울대학교 일본연구소 소장 등을 역임했다. 최근 수년간은 냉전기·탈냉전기 재일한인과 분단된 본국의 관계 양상에 관심을 기울여 왔다.

한울아카데미 2205

재일한인 연구총서 3

'모국공헌'의 시대

재일상공인과 한국 경제

지은이 **정진성·김백영·정호석** ㅣ 펴낸이 **김종수** ㅣ 펴낸곳 **한울엠플러스(주)**
편집책임 **조수임** ㅣ 편집 **임혜정**

초판 1쇄 인쇄 **2020년 1월 20일** ㅣ 초판 1쇄 발행 **2020년 2월 10일**

주소 **10881 경기도 파주시 광인사길 153 한울시소빌딩 3층**
전화 **031-955-0655** ㅣ 팩스 **031-955-0656** ㅣ 홈페이지 **www.hanulmplus.kr**
등록번호 **제406-2015-000143호**

ISBN 978-89-460-7205-3 93300(양장)
        978-89-460-6848-3 93300(무선)

* 책값은 겉표지에 표시되어 있습니다.

이 총서는 (재)이희건 한일교류재단의 연구지원을 받아 제작되었습니다.